GUIA VIAGENS ECOLÓGICAS

GUIA

VIAGENS ECOLÓGICAS

LUGARES INCRÍVEIS,
EXPERIÊNCIAS VERDES

PUBLIFOLHA

Sumário

Prefácio

de Richard Hammond

Vivemos na iminência de uma nova era no turismo. Entre viagens comuns a cidades europeias e pacotes turísticos de verão, viajamos cada vez mais para mais longe e em maior número. Escalamos as montanhas mais altas, mergulhamos nos recifes de corais do planeta e nos arriscamos no coração das florestas tropicais. Todos os anos, são cerca de 800 milhões de turistas que viajam pelo mundo. E isso é só o começo: estima-se que até 2010 esse número dobre, atingindo 1,6 bilhão.

É enorme o potencial do turismo para gerar desenvolvimento econômico, sobretudo nas regiões mais pobres do planeta. Entretanto, o turismo descuidado também pode causar danos aos lugares aos quais retornamos todos os anos – costas litorâneas se transformam em resorts de turismo em massa, trilhas nas montanhas são encobertas por excursões, marcos culturais perdem o encanto pelo afluxo de visitantes.

A necessidade de ter mais responsabilidade nas viagens nunca foi tão fundamental, sobretudo diante da escalada das mudanças climáticas. Assim como passou a ser necessário calcular as emissões domésticas de gás carbônico, devemos também considerar o custo ambiental de viagens de avião nos períodos de férias. A contribuição do setor aéreo para o efeito estufa cresce rapidamente, enquanto os deslocamentos por trem e ônibus reduzem de forma significativa as emissões

Um trem passa por Yorkshire, Inglaterra; pinguins de Fiordland, Awaroa Lodge

de carbono produzidas em um passeio de férias. É ainda mais importante que se tire o melhor proveito da viagem aérea escolhendo ficar em empreendimentos que retribuam algo a estes destinos.

Cresce, felizmente, o número de destinos com consciência ecológica – locais concebidos para causar menos impacto ao ambiente em que se encontram. São espaços inovadores que reduziram a utilização de energia e recorrem a formas renováveis, conservam água e reduzem a produção de lixo por meio de reciclagem ou reaproveitamento. Muitos ainda desenvolveram políticas sociais importantes, que convertem o dinheiro de suas férias em benefícios para as comunidades locais ao utilizar produtos locais e empregar moradores da região. É fácil esquecer que nossas férias em geral chegam até a soleira da casa de pessoas que vivem ali o ano todo. Vamos aos seus bares, restaurantes e praias, mas daremos uma pequena retribuição aos lugares que apreciamos se escolhermos hotéis de administração local, se adquirirmos produtos fabricados naquela região e se fizermos as compras em seus mercados.

Comparada à vasta escala da indústria do turismo, uma única viagem aparentemente não traz consequências, mas o fato é que todo deslocamento faz alguma diferença – para o ambiente e para a comunidade local. Este livro apresenta uma amostragem de diversos espaços éticos e ecologicamente conscientes e uma oferta crescente de viagens ecológicas pelo mundo que facilita a tarefa de viajar com responsabilidade. Acima de tudo, ele reúne ideias inspiradoras para todas as pessoas interessadas no uso mais esclarecido e ecológico de seu tempo livre.

Richard Hammond escreve a coluna de turismo ecológico "Clean Break" do jornal britânico *The Guardian*. É também o editor de greentraveller.co.uk.

Hoopoe Yurt Hotel; habitante caminha pelo vilarejo, Kalmatia Sangam Himalaya Resort

Introdução

"Viajar é muito mais do que visitar um lugar. É uma mudança profunda e permanente em nossa concepção de vida."
– Miriam Beard

As melhores viagens têm o poder de modificar nossa maneira de ver o mundo. Elas questionam nossas ideias, são inspiradoras e apresentam, além de uma visão de outras culturas, uma percepção de nós mesmos. Mergulhar em um outro modo de vida e observar ambientes, tradições, culturas, linguagens e culinárias que se abrem ao nosso olhar de viajante é uma recompensa e uma grande revelação. Quem não gostaria de viver essa experiência?

Exatamente. O turismo não é apenas um grande negócio, mas a terceira maior indústria de serviços do mundo, que emprega uma em cada 11 pessoas do planeta. Ao seu lado, crescendo rapidamente, está a indústria da aviação, que nos permite voar para qualquer ponto – até os recantos mais isolados, distantes e belos do mundo. Com a revolução dos voos de baixo custo, viajar ficou mais barato do que nunca.

A "verdade inconveniente" do turismo

Os voos podem ser baratos, mas o custo ambiental dessa crescente mobilidade é indiscutivelmente alto. O setor aéreo responde hoje por mais de 3% da emissão global de gases de efeito estufa, e prevê-se um crescimento explosivo desse ramo. Cresce a uma velocidade inigualável a contribuição das viagens aéreas nas emissões de CO_2 resultantes da atividade humana, que deverão se tornar o principal fator responsável pelo aquecimento global até 2020. Um voo de Londres a Sydney, por exemplo, gera cerca de 5 toneladas de gás carbônico – um volume que supera a emissão considerada sustentável para uma pessoa ao ano (3 a 4 toneladas). Há ainda o fato de que os voos aéreos causam, na verdade, um dano superior aos 3% de emissão se for levado em conta que, na altitude, os danos que os gases provocam são três vezes maiores do que no solo.

O impacto ambiental da viagem continua depois que saímos do avião. Queremos ser acolhidos, entretidos, mimados e servidos durante as férias. É preciso criar locais de hospedagem para nós, geralmente à custa do meio ambiente e do deslocamento dos habitantes da área. Surgem os campos de golfe, que causam poluição química, consomem a água e substituem a vegetação natural; máquinas de neve artificial permitem aos esquiadores permanecer nas pistas e ignorar a realidade do aquecimento global; as costas litorâneas são dominadas por complexos hoteleiros que sacrificam energia e recursos naturais para satisfazer as expectativas dos clientes. A ONU avalia que "o turista médio consome em 24 horas o mesmo volume de água que um agricultor do terceiro mundo usaria para produzir arroz por cem dias". Já ficou claro que as demandas desse tipo de turismo são insustentáveis.

O raciocínio segundo o qual a indústria do turismo seria boa para a economia local, apesar de tudo, merece maior atenção. Estudos revelaram que, do montante pago por um pacote tradicional de férias, apenas um quinto retorna para a economia local. A maior parcela acaba em algum país diferente do destino turístico: ela é absorvida por companhias aéreas, agências de viagens e por produtos importados que o turista exige. Nos empregos gerados pelo turismo, a exploração é evidente: salários ruins e condições de trabalho longe de ser razoáveis, sobretudo nos países emergentes. E a segurança para os trabalhadores desse ramo é precária. A oferta de empregos em geral é sazonal ou varia de acordo com a circunstância, negando aos trabalhadores alguma proteção efetiva contra desastres naturais, ameaças ou temores que possam afetar a região como ponto turístico. Os ganhos seguem invariavelmente a mesma direção, e só raramente observa-se entre os turistas e os trabalhadores que os servem uma interação que traga benefícios para ambos.

Gecos no O'Reilly's Rainforest Retreat; interior de uma barraca, Guludo Beach Lodge

É possível viajar e ter consciência ecológica ao mesmo tempo?

Levando-se em conta todos os efeitos negativos do turismo, talvez pareça difícil identificá-lo como uma força positiva no mundo. Muita coisa depende, no entanto, da maneira como viajamos e da consciência em relação ao impacto causado na população e no ambiente. Houve uma mudança radical na compreensão das pessoas a respeito de viagens nos últimos anos. Viagens ecológicas não devem pressupor privação e pobreza, nem se restringir a abraçar árvores e salvar baleias: são alternativas práticas que qualquer pessoa sensata pode considerar – o que envolve respeito pelos lugares visitados e seus habitantes.

Os locais de hospedagem e as experiências ecológicas deste livro são só uma amostra dos diversos destinos aos quais você poderá ir e de coisas que pode fazer para transformar seu passeio em uma contribuição positiva. Pouco importa se você quer ficar na cidade ou no campo, se procura um quarto barato ou uma suíte de luxo. A demanda por empreendimentos ecológicos está crescendo e isso é significativo. Que razão você teria para se hospedar em um hotel que explora seus funcionários se puder escolher outro que pertence a habitantes da região e traz benefícios econômicos de longo prazo à comunidade? Por que ficar em um complexo que polui o ambiente, se existe a opção de uma pousada de impacto ambiental reduzido, que atua pela conservação? E por que ignorar a cultura local ou incentivar o assistencialismo se você pode interagir e criar laços verdadeiros com a população local?

São três os fatores principais que definem uma viagem responsável:

- **Meio ambiente e conservação** O impacto sobre o ambiente deve ser reduzido (pelo emprego de tecnologias para o uso eficiente de

Um casulo acima das nuvens, Whitepod; educação custeada pelo Anjajavy l'Hôtel

energia, pela redução de resíduos e poluição), e são necessárias contribuições positivas a projetos de conservação local e biodiversidade.

- **Consciência social e cultural** Cultura, tradição, valores e direitos locais devem ser respeitados e conservados. Viajantes e habitantes da região devem interagir para promover o entendimento e incentivar a confiança e o orgulho de sua cultura.
- **Benefícios econômicos** Deve haver benefícios financeiros de longo prazo para a comunidade local através de um turismo baseado nos princípios do comércio justo, com salários justos, condições adequadas de trabalho e uma distribuição justa da renda gerada pelo turismo. O dinheiro deve permanecer na comunidade pelo uso de estabelecimentos que são dos próprios habitantes, pelo emprego de mão de obra local e com o apoio dos serviços locais. Este dinheiro pode ser usado para financiar iniciativas da comunidade local, treinamento profissional e autonomia econômica da região.

Os empreendimentos e as experiências deste livro não são exemplos perfeitos de turismo responsável. Alguns são satisfatórios em termos ambientais, como o Whitepod, nos Alpes suíços, que todo ano levanta acampamento sem quase deixar rastro de sua passagem. Outros têm bom resultado cultural, como o Gunya Titjikala, na Austrália, onde os viajantes aprendem a enxergar as formas da terra e dos céus com os olhos dos indígenas titjikalas. Há ainda outros com ótimo resultado econômico, como Guludo Beach Lodge, em Moçambique, que usa o turismo para reduzir a pobreza da região de maneira sustentável. Estes três aspectos estão sempre interligados de algum modo. Em todos os lugares retratados neste livro há um empenho genuíno em maximizar os benefícios sociais e ambientais de sua visita.

Viagens aéreas e emissão de carbono

Todos nós deveríamos nos esforçar para reduzir nossas emissões de carbono. Não ir para muito longe de casa e encontrar meios ecológicos para chegar ao destino são a melhor saída. Mas o que fazer quando a viagem aérea é a única alternativa prática e realista? Viajar de modo mais responsável é contrabalançar os benefícios econômicos, ambientais e sociais da viagem com seu impacto ambiental negativo.

As viagens aéreas talvez sejam a ação mais poluente que uma pessoa pode praticar em um curto período de tempo, mas elas representam somente uma pequena parcela de sua pegada de carbono. A maior parte dela pode ser atribuída ao uso da energia doméstica, ao carro que você dirige e à manufatura dos produtos que consome. Se fizer algumas mudanças em sua casa e em seu estilo de vida para reduzir sua emissão de carbono, poderá aplicar parte do carbono "poupado" em uma viagem de avião. Mas instalar uma lâmpada de baixo consumo em casa não compensa um voo de longa duração. Na verdade, para "pagar" esta viagem você precisaria abrir mão de seu carro. Depois de incorporar ao seu cotidiano todas as atitudes que reduzem sua pegada, você pode pensar em um programa plausível para compensar as emissões resultantes de seu voo (*ver* págs. 154-5). Os planos de neutralização de carbono podem nos ajudar muito a conter as emissões.

Como minimizar o impacto de sua viagem aérea:

- Corte voos curtos e permaneça mais tempo no local de destino.
- Prefira voos sem escalas: em termos proporcionais, as decolagens e aterrissagens consomem grande parcela do combustível do avião.
- Viaje na classe econômica para reduzir ao mínimo a emissão por pessoa.
- Leve pouca bagagem: um avião mais leve queima menos combustível.
- Modifique seus hábitos domésticos para reduzir em termos absolutos a sua pegada de carbono.
- Compense a emissão de carbono do seu voo.

Embora os efeitos nocivos das viagens aéreas mereçam ser tratados com seriedade, o efeito positivo de sua viagem também deve ser anali-

sado. Muitos países pobres dependem do turismo e têm poucas alternativas econômicas. Se você procurar usar o seu voo da melhor forma e realizar viagens que levem benefícios ao local de destino, sua contribuição positiva irá superar o impacto ambiental causado por seu voo.

Estimativas de neutralização de carbono neste guia

As emissões de carbono e os custos de neutralização deste guia foram calculados com o auxílio da companhia britânica Climate Care. Tentamos obter a maior precisão possível, mas não se pode contabilizar todas as escalas e variações das rotas de voos; nossas estimativas devem servir apenas como uma orientação. Os custos foram arredondados para o valor mais próximo a 5 cents ou 5 pence. As emissões de carbono, aferidas em toneladas (toneladas métricas) de CO_2, foram assim calculadas:

- **Voos fretados e comerciais:** a distância entre dois aeroportos foi calculada a partir de suas coordenadas, com trajeto em curva (para mais informações, ver www.climatecare.org/living/calculator-data).
- **Voos não comerciais:** baseado em um avião bimotor com turbo propulsor Dash 8.
- **Carro:** baseado numa emissão de 0,30 kg de CO_2/km (valor dado pelo Depto. do Meio Ambiente, Alimentos e Assuntos Rurais, DEFRA, do Reino Unido para um carro a gasolina com motor 2 L ou superior).
- **Ônibus:** baseado nas estimativas do DEFRA de 0,09kg de CO_2/passageiro/km.
- **Balsa:** baseado na emissão de 0,002kg de CO_2/passageiro/km.
- **Trens:** as emissões das viagens de trem variam muito de um país para outro. Neste caso, as estimativas do DEFRA para viagens de trem no Reino Unido são de 0,06kg de CO_2/passageiro/km. As estimativas para a França foram feitas pelo calculador de carbono do SNCF.

Todas as estimativas de CO_2 foram baseadas em viagens de ida e volta. Quando há mais de uma opção de transporte, o custo da neutralização foi calculado para o meio de transporte que gera a maior emissão de gás carbônico.

climatecare

Viagem responsável

"Se você rejeita a comida, desconsidera os costumes, teme a religião e evita as pessoas, deve ficar em casa."
– James Michener

As instruções a seguir foram elaboradas pela instituição beneficente Tourism Concern, sediada no Reino Unido. Seguindo-as, você poderá extrair mais de sua viagem, dar algo em troca para os moradores da região e levar benefícios para aquele destino turístico:

- **Informe-se sobre o país que visita** Comece a desfrutar de sua viagem antes da partida, explorando o maior número possível de fontes de informação. Pesquisar a cultura, a religião, o meio ambiente, a história e a política de um país pode ser gratificante. Também não faz mal nenhum aprender o vocabulário básico da língua.
- **O custo de suas férias** Pense no rumo de seu dinheiro, seja justo e realista com relação ao custo da viagem. Tente passar o dinheiro para as mãos da população local – beba cerveja local ou suco de frutas,

Caminhada em Kumaon e encontro com habitantes locais, Kalmatia Sangam Himalaya Resort em vez de produtos importados e hospede-se em estabelecimentos cujos proprietários residem na região. Discuta preços com sutileza e sem agressividade. Pague o valor que considerar justo e lembre-se de que, comparado a eles, você é rico.

- **Cultura** Esteja aberto a novas culturas e tradições: elas irão transformar sua experiência. Suas roupas e sua atitude devem ser apropriadas. Assim você será mais respeitado e mais bem recebido pela comunidade. Respeite posições e leis relativas ao consumo de drogas e álcool, que variam de acordo com o país ou comunidade.
- **Sua pegada de carbono** Minimize seu impacto ambiental analisando o que ocorre com o lixo que você produz. Leve produtos biodegradáveis e garrafas de água filtrada para a viagem. Esteja atento a recursos limitados como água, combustível e eletricidade. Ajude a preservar a vida selvagem e seus hábitats respeitando leis e regras como manter-se dentro das trilhas, não subir em corais e não comprar produtos feitos de plantas ou animais ameaçados de extinção.
- **Guias turísticos** Faça dos livros um ponto de partida, e não a única fonte de informação. Converse com a população local e descubra sua própria aventura.
- **Fotografias** Não trate as pessoas como parte da paisagem. Lembre-se de que elas talvez não queiram ser fotografadas. Ponha-se no lugar delas, pergunte antes e respeite sua vontade.

www.tourismconcern.org.uk **TourismConcern**

Mulher berbere e seu filho em Chenni, Tunísia; preces penduradas ao vento no Nepal

Critérios de seleção

Não é fácil descobrir se um lugar é realmente um destino ecoturístico ou apenas tenta tirar proveito do título. Não faltam operadores hoteleiros que, para lucrar com o rótulo "eco", instalam algumas lâmpadas de baixo consumo e definem a si mesmos como "ecológicos". Os estabelecimentos e roteiros presentes neste livro sustentam um compromisso genuíno com uma forma aperfeiçoada e mais ecológica de turismo. Os quadros intitulados ECOINFO trazem uma seção sobre responsabilidade que apresenta resumidamente os caminhos que estes empreendimentos escolheram para fazer a diferença.

Em sua forma mais pura, o turismo responsável causa um impacto mínimo no ambiente e colabora para sua preservação. Ele ainda traz benefícios sociais e culturais para a comunidade local e viabiliza vantagens econômicas de longo prazo (*ver* págs. 10-1). Estas vantagens foram resumidas nas ECOINFO em duas categorias principais:

- **Responsabilidade ambiental** Abrange tecnologia que seja sensível a questões ambientais e empenho pela conservação.
- **Responsabilidade social** Abrange benefícios sociais, culturais e econômicos que os empreendimentos trazem à comunidade local.

Nestas duas categorias, cada estabelecimento recebeu uma classificação de um a cinco, indicada pelo símbolo Ø, conforme os critérios a seguir.

Responsabilidade ambiental

Para avaliar os empreendimentos sob o aspecto do impacto ambiental, foram feitas as seguintes perguntas:

- Quais materiais foram utilizados nas contruções? Elas são naturais e sustentáveis?
- Qual foi o impacto total sobre o solo resultante de sua construção?
- É uma construção ecológica, com características arquitetônicas específicas? (Por exemplo, um telhado ecológico, vedação eficiente, ventilação natural para eliminar o ar-condicionado, uso reduzido do concreto.)
- Qual o impacto visual da construção sobre a paisagem? Ela agride seu entorno ou adapta-se a ele?
- São utilizados equipamentos para reduzir o consumo de água?
- Águas cinza (usadas em máquinas de lavar roupa) ou águas de chuva são recicladas e reaproveitadas? A água subterrânea é utilizada?
- Toalhas e lençóis são lavados com uma frequência desnecessária?
- Há uma piscina? Se houver, quais os produtos químicos utilizados (caso haja algum) e qual o seu efeito no ambiente?
- O lixo é tratado para favorecer o ambiente?

- Há sanitários de compostagem? Caso utilizem descarga, eles têm um botão médio? Águas servidas (residuais) são tratadas naturalmente?
- Os produtos de limpeza e higiene são biodegradáveis?
- O estabelecimento usa fontes de energia renováveis?
- Sugere-se aos hóspedes que desliguem as luzes? Há sensores de luz e lâmpadas de baixo consumo?
- Como o estabelecimento é aquecido?
- O lixo é reciclado e compostado sempre que possível?
- Há projetos de conservação da vida selvagem e do ambiente locais?
- Há informações sobre a vida selvagem da região?
- A comida servida é orgânica e cultivada na região?

Responsabilidade social

Para avaliar os estabelecimentos sob o aspecto do impacto ambiental, foram feitas as seguintes perguntas:

- O negócio é de propriedade de habitantes locais?
- Moradores locais integram o quadro de funcionários? Eles têm treinamento, salários justos e boas condições de trabalho? São empregos estáveis, que contribuem para reduzir a pobreza e o desemprego na região?
- O dinheiro do negócio vai para projetos comunitários?
- Qual o benefício econômico do turismo para a comunidade local?
- Os guias contratados pertencem à região?
- Qual a origem dos alimentos? São produzidos no local? Agricultores e pescadores da região são beneficiados?
- Quais informações sobre a cultura, o povo e os costumes locais estão disponíveis para os hóspedes?
- Há atividades culturais organizadas? São shows de dança "falsificados" ou manifestações locais autênticas?
- Quais as atividades oferecidas? É possível manter contato com a população e a cultura locais?

Esperamos que a seleção de locais de hospedagem e as experiências turísticas responsáveis deste livro o façam descobrir as conquistas de alguns empreendimentos ecológicos espalhados pelo mundo e se sentir motivado a levar estas perguntas a todos os lugares para onde for.

Ao optar por um modo mais responsável de viajar e buscar experiências que levem benefícios ao ambiente e às comunidades locais, sua viagem deixa de ser um ato de caridade e transforma-se numa maneira fantástica de fazer a diferença para aquele destino turístico e seus habitantes. Mudar sua maneira de viajar pode alterar a forma como você vê o mundo.

Um *chef* local da ilha Vamizi com a pesca do dia; frutas e legumes orgânicos cultivados pelos proprietários do Black Sheep Inn para seus hóspedes; banheiro de compostagem no Black Sheep Inn

Mapa das áreas

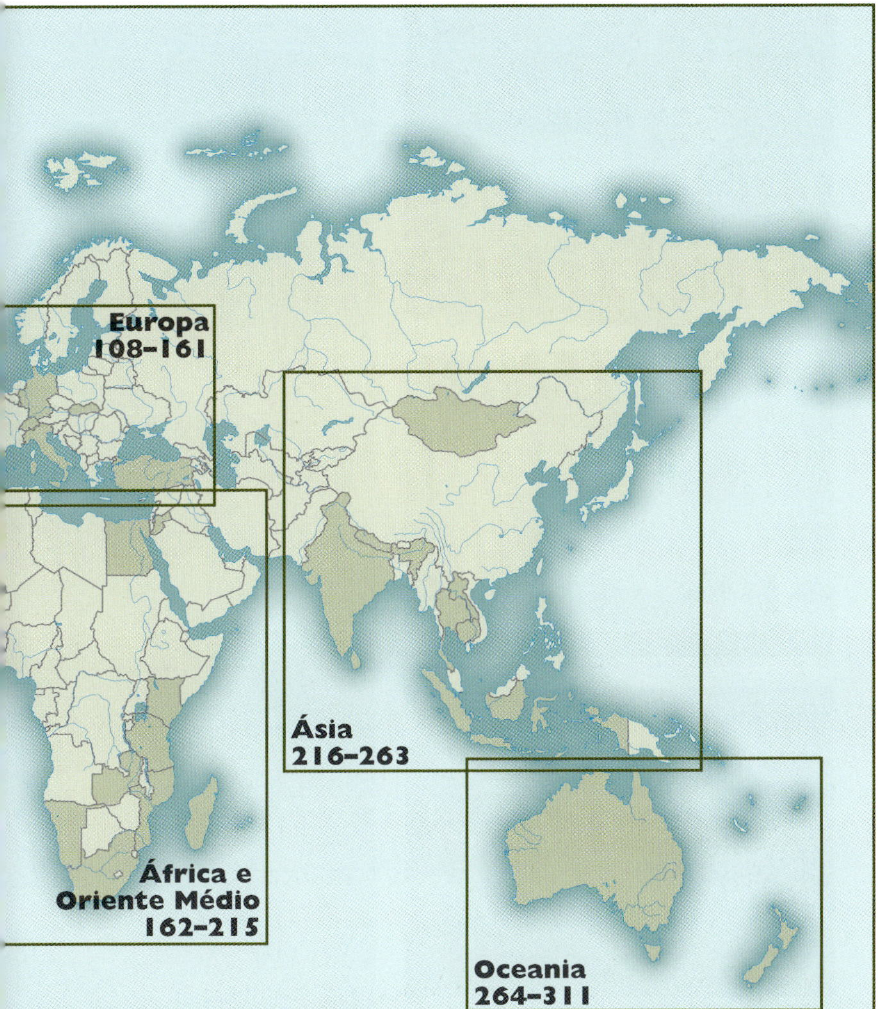
Europa
108–161
Ásia
216–263
África e
Oriente Médio
162–215
Oceania
264–311

América do Norte e Caribe

Foto principal: tartaruga marinha perto da costa de Isla Mujeres, México. Esq., de cima para baixo: Vida selvagem no Bathurst Inlet Lodge; bangalô em Tramo; vista de Maho Bay; gramado no Colony Hotel

Localização e orçamento

- Barato (abaixo de US$100)
- Moderado (US$100-250)
- Caro (US$250-500)
- Muito caro (acima de US$500)

Preços para um quarto de casal, ou duas pessoas, por noite

Onde ficar

Destaques

Dilema ético na viagem

Baía de Baffin
Estreito de Davis
Grande Urso
Grande Escravo
Baía de Hudson
Laurentian Plateau
MONTANHAS ROCHOSAS
Canadá
Grandes planícies
Winnipeg
Calgary
Vancouver
Winnipeg
Superior
Québec
Grandes Lagos
Minneapolis
Ottawa
Montréal
Portland
Toronto
Boston
Chicago
Detroit
Nova York
Filadélfia
São Francisco
St Louis
Washington DC
Estados Unidos
OCEANO
ATLÂNTICO
Los Angeles
San Diego
Phoenix
Dallas
Atlanta
Nova Orleans
SIERRA MADRE
Houston
Miami
Bahamas
Monterrey
Havana
Cuba
República Dominicana
Guadalajara
México
Jamaica
Cidade do México
Belize
Haiti
Porto Rico
Mar das Antilhas
Guatemala
Honduras
El Salvador
Nicarágua
Manágua
Trinidad e Tobago
Caracas
Costa Rica
Venezuela
Guiana
Panamá
Planalto das Guianas
Bogotá
Ilhas Galápagos
Colômbia
Equador

Banff Park Lodge

222 Lynx Street, Banff, Alberta, TIL 1K5, Canadá
+1 403/762-4433 / www.banffparklodge.com / info@banffparklodge.com

BANFF É uma cidade incomum. Bela, sem dúvida; charmosa, com certeza. Mas além do cenário espetacular, dos turistas que se acotovelam na avenida central, dos hotéis lotados e das onipresentes lojas de suvenires, não é fácil compreender o lugar.

Localizada nas montanhas Rochosas, esta pequena cidade de 6.700 habitantes é a estação mais popular do Canadá, e atrai a cada ano mais de 4 milhões de visitantes. É justamente isso que a torna incomum. A qualquer momento a população local é amplamente superada pelos visitantes. A demografia da cidade muda da noite para o dia.

Praticamente desde sua fundação, na década de 1880, existe um empenho pela preservação de seu fabuloso ambiente e pela restrição do impacto humano sobre ele. O Banff National Park, o primeiro parque do Canadá, foi criado em 1885 e cem anos depois recebeu da Unesco o título de patrimônio cultural da humanidade.

A Câmara de Vereadores tem se dedicado a tornar a cidade uma das mais favoráveis ao meio ambiente no país, por meio de iniciativas ecológicas para que um dia possa "zerar o impacto negativo" sobre a natureza ao redor.

Em um lugar em que a maioria da população está chegando ou partindo, é vital que a indústria do turismo dê o exemplo. O Banff Park Lodge foi um dos primeiros hotéis a adotar um rigoroso sistema de gerência ambiental: aprimoramento contínuo em áreas como orientação aos hóspedes, consumo responsável, controle de lixo e reciclagem, conservação da água e emprego eficiente de energia.

O hotel substituiu suas antigas geladeiras industriais refrigeradas a água por modelos a ar que poupam água e eletricidade. Planeja-se ainda a troca do ar-condicionado por um sistema que utiliza água subterrânea para resfriar o hotel passivamente.

ECO**INFO**

Quartos: 192 quartos, 19 suítes.
Preços: A partir de CAN$137 (US$130) por quarto por noite em baixa temporada (out-dez); a partir de CAN$264 (US$250) por quarto por noite em alta temporada (jun-set).
Local: Próximo ao centro de Banff, na região das montanhas Rochosas.
Melhor época: O ano todo.
Como chegar: A viagem de ônibus de Calgary a Banff dura 2h.
Emissão de CO_2: Voo para Calgary, de Nova York 0,71t; de Londres 1,98t; de Sydney 4,09t. Traslado 0,04t.
Custo da neutralização: US$11,25; £15,15; A$77,30.

Responsabilidade: O Banff Park Lodge conquistou vários prêmios por seu trabalho ambiental. Foi o primeiro hotel independente do Canadá a receber "quatro folhas" do Programa Canadense de Classificação Ambiental da Associação de Hotéis, conduzido em parceria com a Audubon International.

Ambiental: 3/5
Social: 2/5

Como resultado dessas medidas, o Banff Park Lodge tornou-se o primeiro hotel canadense a receber o prestigioso Eco-Logo Environmental Choice – um certificado criado pela agência governamental Environment Canada para ajudar os consumidores a identificar produtos e serviços que possuem autênticas credenciais ecológicas.

Quem olha a paisagem do lado de dentro do hotel sabe o que está em jogo. Todos os quartos têm vista para pinheiros e montanhas cobertos de neve. O Banff National Park abriga alguns dos cenários mais surpreendentes do planeta e seduz um número crescente de visitantes – avalia-se que o número anual possa chegar a 19 milhões em 2020.

Ao sul do hotel fica a montanha Sulphur, à qual se pode chegar por teleférico ou por uma caminhada de 1h30. Caminhadas são a melhor opção para chegar ao cume, situado a 2.285 metros de altura. No topo você será premiado com uma vista de 360 graus.

A cidade de Banff está muito abaixo dali, discreta, cercada pelas águas azuis do rio Bow, de um lado, e pela massa monolítica da montanha Tunnel, de outro. Do alto se podem ver ainda os fios de asfalto da autoestrada Trans-Canadá estendendo-se rumo a Calgary, 130 quilômetros dali. A estrada conduz uma corrente infinita de recém-chegados a cada dia. Hotéis sustentáveis como o Banff Park Lodge dão o compasso aos visitantes, ajudando-os a deixar Banff tal como a encontraram.

Bathurst Inlet Lodge

PO Box 820, Yellowknife, Territórios do Noroeste, X1A 2N6, Canadá
+1 867/873-2595 / www.bathurstinletlodge.com

AO ACORDAR você sente que está no topo do mundo. O Bathurst Inlet Lodge fica 50 quilômetros para dentro da costa do Círculo Ártico, muito além do alcance de qualquer tipo de estrada. O ar é claro e límpido e a luz do verão cintila com intensidade espantosa. Pode-se sentir ao ar livre o raro enlevo de estar em um lugar remoto e intocado.

Para chegar aqui é preciso atravessar 580 quilômetros de tundras desabitadas em um hidroavião Twin Otter. A cada quilômetro que passa a civilização parece esvanecer – uma impressão que se fortalece após a chegada ao chalé, assentado em meio a uma coleção heterogênea de edifícios históricos que abrigaram no passado um posto comercial da Hudson Bay Company e uma missão da Igreja Católica.

Entretanto, apesar de seu isolamento, este pequeno posto avançado é altamente vulnerável ao impacto do mundo moderno. Quem observa a enseada a partir da praia está na fronteira da mudança climática. No inverno as águas são contidas pelo gelo, mas em anos recentes o grande gelo custou a chegar e o degelo de primavera se antecipou.

A vida selvagem local é particularmente sensível ao ritmo alterado do clima. Mais de 80 espécies de aves fazem ninhos nesta região, inclusive falcões reais e a viajeira andorinha do pacífico, que migra da

Antártida. Entre os mamíferos da região encontram-se as renas, o boi--almiscarado, ursos-cinzentos, carcajus e lobos árticos. Nas viagens de barco e nas caminhadas, guiado pelo naturalista residente, você será premiado diversas vezes com visões que só ocorrem uma vez na vida.

Você ainda poderá visitar os vários sítios arqueológicos inuítes da área, alguns com milhares de anos, e conhecer de perto os membros do clã inuíte Kingaunmuit que ainda habitam a região. Em termos econômicos, sua existência foi viabilizada graças a este chalé criado em 1969 por Glenn Warner, um militar aposentado da Real Polícia Montada do Canadá que se apaixonou pelo local e por seu povo nos anos em que patrulhou o território com um trenó de cães. Em 1984 os inuítes tornaram-se sócios do negócio ao lado da família Warner, e hoje participam ativamente de sua gestão.

A mudança climática poderia ampliar o período de cinco semanas de funcionamento, mas a outra possível consequência é desanimadora: com a redução da espessura do gelo no oceano Ártico, a Passagem Noroeste começa a abrir uma rota marítima entre o Pacífico e o Atlântico. Planeja-se a construção de um porto na enseada de Bathurst e uma estrada para Yellowknife. O projeto poderá ter efeito catastrófico sobre o chalé e o modo de vida tradicional da população inuíte. Infelizmente percebemos que, mesmo aqui, já não há no planeta nenhum ponto realmente distante.

ECO**INFO**

Quartos: Hospedagem para 20 pessoas no máximo, com banheiros químicos comuns (o permafrost inviabiliza a drenagem de resíduos no solo).

Preços: A partir de CAN$3.592 (US$3.395) por 7 noites por pessoa, pacote completo, inclusive o voo de Yellowknife a Bathurst.

Local: Praia de Bathurst Inlet, ártico canadense, a 580km de Yellowknife.

Melhor época: O chalé abre por 5 semanas, do fim de jun a jul.

Como chegar: De Edmonton, viaje 1h30 de avião turbopropulsor até Yellowknife. Depois, 2h em um avião leve até a enseada de Bathurst.

Emissão de CO_2: Voo de Nova York a Edmonton 0,71t; de Londres 1,91t; de Sydney 4,14t. Traslado 0,41t.

Custo da neutralização: US$16,60; £17,35; A$84,95.

Responsabilidade: Embora o chalé tenha como regra comprar produtos locais sempre que possível, vários suprimentos chegam de avião junto com os turistas. O empreendimento tem um papel essencial na comunidade, e oferece aos hóspedes a oportunidade de interagir com os inuítes e partilhar com eles histórias e canções nos serões culturais.

Ambiental: ØØØØØ

Social: ØØØØØ

A força da canoagem

Uma das formas mais ecológicas de explorar o ambiente marítimo é o caiaque oceânico. **Robin Barton** remou por quatro dias nas águas da protegida ilha de Espíritu Santo.

NA ILHA de Espíritu Santo não há hotéis, restaurantes ou guias turísticos – apenas cactos de 6 metros de altura, escorpiões e espécies ariscas de gato selvagem. A única maneira de se hospedar na ilha é acampar, e o melhor meio para conhecê-la é o caiaque oceânico.

A bordo do meu caiaque, vejo-me contornando ondas de até 1,5 metro de altura e fortes rajadas de vento que cortam a superfície, sentado na cabine poucos dedos acima da linha da água. Este é o primeiro dos quatro dias de uma viagem pela costa ocidental de Espíritu Santo, uma ilha com 9.400 hectares perto de Baja California, no mar de Cortés; este é também o segundo dia em que ando de caiaque na minha vida. Por sorte, já praticamos com nossa guia, Leah Blok, a chamada "fuga pela água" – truque que consiste em bater sobre o casco de um caiaque virado e depois retirar a saia (cobertura que impede a entrada de água) para sair da cabine. Apesar de tudo, sinto-me aliviado quando finalmente alcançamos a praia para montar nosso acampamento noturno.

"O aquário do planeta" – assim Jacques Cousteau descrevia o mar de Cortés, o canal estreito porém profundo entre os 1.600 quilôme-

Remando na Baía de Candelero enquanto o sol nasce sobre o Mar de Cortés

tros de extensão da península de Baja California e o continente mexicano. Em termos de flora e fauna, ele representa um dos mares mais diversificados do planeta, reunindo 31 espécies de mamíferos marinhos (um terço das espécies de baleias e golfinhos do mundo), 500 espécies de peixes e mais de 200 espécies de aves. Representa ainda um ecossistema extremamente frágil, sob pressão de construtores nas duas pontas do mar. Por isso, a ilha de Espíritu Santo, 30 quilômetros ao largo de La Paz e no extremo sul de Baja, foi adquirida pela Nature Conservancy por 3,3 milhões de dólares em 2003, quando passou a ser área protegida.

Nossa viagem, organizada pela empresa Outdoor Activities, com sede em La Paz (dirigida pelo britânico Ben Gillam e por sua esposa Alejandra), exerce o menor impacto ambiental possível. Exceto pelas duas viagens de barco no trajeto entre La Paz e a ilha, consumiremos somente a energia do corpo, transformando calorias em energia cinética. Usaremos rigorosamente toda a bagagem trazida. Trouxemos até um penico portátil – não podemos usar um sanitário de compostagem porque a areia não contém bactérias para decompor os detritos –, e pediram-nos que nos lavássemos no mar com xampu biodegradável.

A costa ocidental de Espíritu Santo consiste numa série de pequenas baías arenosas separadas por cabos rochosos. Quando

Em sentido horário, a partir de cima: águas calmas de uma margem protegida; cacto *Stenocereus thurberi* e a Playa Coralito; checagem de caiaques

Em sentido horário, a partir de baixo: chegada à praia de Candelero; acampamento numa praia isolada; caiaques postos na areia depois de um dia de muito remo

estamos fora do caiaque, armamos barracas em uma de suas vinte praias desertas. Nas horas livres podemos treinar resgates e rolagens, ou mergulhar com snorkel entre os peixes tropicais, fazendo o possível para evitar arraias e baiacus venenosos. Também podemos passear pelo interior rochoso de Espíritu Santo, onde cactos cardones nos advertem sobre a importância de se conservar água.

Poucos locais são tão apropriados ao caiaque como Baja, com sua água morna, clima ameno e mar continental. Mas estas águas não são totalmente amistosas. No ano passado, uma decatleta morreu durante uma travessia de 13 quilômetros no mar de Cortés – o tempo mudou e seu caiaque virou. Diversos barcos fizeram uma varredura na área, mas nenhum avistou o casco branco do caiaque.

"Para entrar no mar de caiaque você deve pensar nas correntezas e no vento e acompanhar a previsão do tempo mais atentamente do que quando vai nadar em um lago", diz Leah. Pensando nisso, sinto-me mais seguro por termos vencido uma onda gigantesca no primeiro dia – prova de que os caiaques oceânicos podem enfrentar condições adversas mesmo nas mãos de principiantes.

Na madrugada do segundo dia (sem luz elétrica) pelicanos alinham-se no céu azul para o café da manhã, lançando-se contra a baía um após o outro, como uma esquadra de aviões caça de mergulho.

Nosso dia começa com 10 quilômetros de remo até a praia de Candelero, a mais bela da ilha ao lado de Musteno. A cada golpe meu contra as águas, aprecio ainda mais o prazer de remar: é tudo que posso fazer para não me perder no rumo do horizonte. Surfando na baía ao cair da tarde vejo arraias deslizando no solo marinho. Reina um silêncio profundo, exceto pela água que borbulha na proa.

Andar de caiaque requer habilidade, e acertar uma série de remadas perfeitas traz o mesmo prazer de surfar. Controla-se a direção com pedais que orientam o leme do caiaque para a esquerda ou para a direita. Porém os mais habilidosos dirigem o caiaque só com o remo.

Nossos caiaques rumam para o norte a 3 quilômetros/hora, buscando abrigo atrás das ilhas Gallina, Gallo e Ballena e afastando-se da rebentação dos cabos rochosos, que cria uma área de águas instáveis. O termo técnico seria *clapitus*, mas "sopa" é a definição que nossa guia sugere para o fenômeno. Quanto maior o comprimento de um caiaque, maior estabilidade e velocidade ele terá em águas revoltas: meu caiaque Seaward Tyee de fibra de vidro, com 5 metros de comprimento, é só um modelo mediano, mas há quem pague um bom dinheiro por caiaques de fibra de carbono, bem mais macios. A flutuação parte de dois compartimentos, na popa e na proa. Pela manhã verificamos se a cobertura de plástico e neoprene em ambos os pontos permanece segura.

O grande teste está reservado para o último dia: cruzar 4 quilômetros de águas abertas entre Espíritu Santo e a pequena Isla Partida, onde uma colônia de leões-marinhos irá garantir a diversão da tarde. Passados três dias, tenho a confiança necessária para apreciar o desafio. A descoberta de Baja California, em 1536, pode ter sido a última grande aventura do conquistador Hernán Cortés, mas você – como eu – vai querer voltar.

ECO**INFO**

Local: Ilha de Espíritu Santo, mar de Cortés, entre Baja California e oeste do México (excursões saem de La Paz, Baja California).

Como chegar: Pode-se ir de avião da Cidade do México para La Paz. As companhias nacionais AeroMéxico (www.aeromexico.com) e Mexicana (www.mexicana.com) e companhias de baixo custo como a Aero California (www.aerocalifornia.com) têm voos de várias cidades mexicanas para La Paz. Além disso, em Los Mochis, no continente mexicano, você pode pegar uma balsa que cruza o mar de Cortés.

Emissão de CO_2: Voo para La Paz de Nova York 1,78t; de Londres 2,92t; de Sydney 4,02t.

Custo da neutralização: US$44; £30,80; A$97,15.

Preços: Reservas feitas diretamente na Baja Outdoor Activities custam a partir de MX$4.600 (US$420) por pessoa para viagem completa de 4 dias. Reservas pela operadora britânica Journey Latin America (www.journeylatinamerica.co.uk) custam a partir de £344 (US$690) por pessoa.

Melhor época: Dez-mar.

Mais informações:
www.kayakinbaja.com
www.vivalapaz.com

Responsabilidade: Sem gerar fumaça ou barulho, o caiaque causa o menor impacto possível. Após a chegada na ilha, você é o responsável pela preservação de seu ecossistema puro. Todo o lixo é coletado e retirado, e a limpeza é feita com produtos que não agridem o ambiente.

Balamku

Majahual, Quintana Roo, México
+52 983 839 5332 / www.balamku.com / information@balamku.com

BALAMKU POSSUI um certo ar quixotesco. Sob o céu azul de Yucatán, as brancas *palapas* – hospedagens circulares de dois andares – são recobertas por vistosos remates de sapê e mais parecem moinhos de vento cortados ao meio, como se aguardassem por quem lhes devolvesse as asas para mover novamente a brisa caribenha.

Localizado numa região que registra um crescimento veloz, a Riviera Maia, este resort acolhedor com apenas oito quartos criou um novo padrão para o turismo litorâneo na costa caribenha do México. Por possuir um sistema autossuficiente de painéis solares e turbinas de ar que fornecem energia 24 horas por dia, o resort não utiliza a rede elétrica. Grande parte da água é reciclada para uma horta de legumes e frutas tropicais; sanitários de compostagem oferecem um mínimo de poluição para o branco reluzente das areias que ficam a poucos passos da porta de cada cabana.

O interior das *palapas* associa o conforto norte-americano ao design e ao colorido maias – o branco ofuscante das paredes é compensado por lençóis cor de açafrão e pela escolha cuidadosa de quadros, máscaras e esculturas. Praticamente todos os quartos possuem conexão sem fio de internet. As melhores acomodações são os andares superio-

res das *palapas*, com vista magnífica para a praia e para o mar verde--azulado. Deitar-se na rede das belas varandas cercadas pelos graciosos lírios-do-vento é um delicioso sossego. A alimentação restringe-se ao café da manhã – uma generosa variedade de frutas tropicais selecionadas, carnes assadas, ovos, queijos, panquecas, pães crocantes e café servidos em uma sala de refeições arejada e iluminada.

Um breve passeio de carro pela estrada arenosa – ou pela água, nos caiaques oferecidos gratuitamente pelo resort – nos leva à cidade de Majahual. Há menos de cinco anos era apenas um punhado de cabanas de pescadores. Hoje, é um balneário em expansão, com lojinhas de presentes e agências de viagens a serviço de um público crescente que desembarca de cruzeiros marítimos, e de estrangeiros ávidos, cujos salões hippie-chiques dividem espaço com restaurantes locais que servem frutos do mar. Nestes se serve a melhor comida.

O mar de Majahual é tão espantoso quanto as brancas areias da praia. Um recife a uns 100 metros da orla é um bom ponto para mergulho com snorkel, onde é bem provável avistar ao menos uma espécie de tartaruga. Há outras boas alternativas de mergulho, sobretudo na Reserva de Biosfera Banco Chinchorro, o segundo maior atol de corais do mundo. Aqui são comuns os encontros com raias-jamantas, tubarões de recifes e barracudas.

Em terra firme, povoada por aves e crocodilos, estão as lagoas da Reserva de Biosfera Sian Ka'an, além de uma série de sítios maias pouco visitados. Entre eles está Calakmul, a maior cidade pré-colombiana ao sul de Teotihuacán, que ocupa 60 quilômetros quadrados da floresta El Petén; Chicanná e Balamku (que dá nome ao resort), com alguns dos mais elaborados baixos-relevos das Américas; e Chacchobén.

O suave bater das ondas na praia e o céu iluminado de estrelas tornam as noites de Balamku muito especiais. Na primavera, são comuns os ninhos de tartaruga. Ao menos por ora, Balamku e suas tartarugas não têm sido perturbadas por jet-skis e por turistas arruaceiros circulando em torno de gigantescas bananas infláveis. Infelizmente, o mesmo valia há 20 anos para o megarresort de Playa del Carmen, poucas horas ao norte de Balamku.

ECO**INFO**

Quartos: 8 quartos em 3 *palapas* com telhados de colmo.
Preços: MX$770-930 (US$70-85) por noite para um quarto de casal, com café da manhã e impostos.
Local: 5km ao sul de Majahual, no estado de Quintana Roo, costa caribenha do México. Aeroporto mais perto em Cancún, 400km ao norte.
Melhor época: Set-mai.
Como chegar: Partindo de Cancún, viagem de 4-5h de ônibus para Majahual, onde se pode pedir traslado.
Emissão de CO_2: Voo para Cancún de Nova York 0,55t; de Londres 2,28t; de Sydney 4,48t. Traslado 0,07t.
Custo da neutralização: US$9,25; £17,60; A$85,10.

Responsabilidade: Os proprietários do Balamku adotam medidas consistentes para a proteção do ambiente, ao mesmo tempo que incentivam os hóspedes a reduzir o impacto de sua estadia. Uma visita a Balamku serve como iniciação a todos aqueles que desejam participar do ecoturismo responsável. A maior parte dos funcionários pertence à comunidade local, que talvez fosse mais beneficiada se o hotel possuísse programas adicionais de treinamento e formação de pessoal.

Ambiental: 3/5
Social: 3/5

Hotel Eco Paraíso Xixim

Município de Celestún, Yucatán, México
+52 988 916 2100 / www.ecoparaiso.com / info@ecoparaiso.com

ECO**INFO**

Quartos: 15 chalés de adobe, com telhado de colmo.
Preços: MX$1.630-2.071 (US$148-188) por um quarto de casal, com café da manhã e taxas; MX$1.983-2.423 (US$180-220) com jantar.
Local: 10km ao norte de Celestún, perto da ponta oeste da península de Yucatán. Mérida é o aeroporto mais próximo, 90km a oeste.
Melhor época: Setembro traz as aves migratórias, as tartarugas recém-nascidas e o fim do verão tórrido.
Como chegar: De Cancún, siga de carro por 5h até Celestún, passando por Chichén-Itzá. Ou pegue um voo de 50min até Mérida, de onde poderá ir para Celestún de ônibus ou táxi. Algumas companhias americanas têm voo direto para Mérida.
Emissão de CO_2: Voo para Cancún, de Nova York 0,55t; de Londres 2,28t; de Sydney 4,48t. Traslado de carro 0,24t; de avião e carro 0,09t.
Custo da neutralização: US$10,40; £18,20; A$86,50.

Responsabilidade: Eco Paraíso Xixim produz o mínimo de resíduos, recicla a água, emprega moradores da região e estimula a educação ambiental em sua comunidade.
Ambiental:
Social:

POUCAS HORAS de carro separam este recanto litorâneo do megarresort de Cancún, mas ele ocupa uma região do Caribe mexicano ainda não devastada por rodovias, hotéis e as armadilhas ligadas ao turismo de massa. As praias de Xixim, como as de Cancún, possuem quilômetros de fino pó de areia clara cercada por um mar azul-turquesa. Mas, exceto por alguns poucos ecoturistas, a região recebe a visita de tartarugas, andorinhas-do-mar e caranguejos. O silêncio se rompe apenas com o vento nas folhagens das palmeiras e o canto das aves.

Eco Paraíso é um lugar reservado que agrupa uma série de cabanas de adobe com telhados de colmo atrás de uma fileira de dunas em meio a um pequeno bosque de coqueiros. Não há TVs, telefones e aparelhos de ar-condicionado, e a mobília é simples. Todas as cabanas possuem um banheiro, uma

área de recepção com um sofá-cama e uma mesa, e uma área de descanso com duas camas *queen-size*. Janelas basculantes deixam passar a brisa do mar e dão vista para um pequeno terraço com duas poltronas e uma redes tecidas com fios do sisal de Yucatán.

A atmosfera relaxante complementa o extenso programa de observação da vida selvagem do resort e as excursões de aventura que proporcionam a interação com a natureza local. A principal atração é o estuário vizinho Ría de Celestún, morada da única colônia continental de flamingos do hemisfério norte (que reúne 30 mil aves), além de 320 outras espécies de aves – entre elas, várias nativas de Yucatán. O resort oferece ainda uma série de atrações ligadas à cultura maia. De Eco Paraíso chega-se com facilidade a Uxmal e a outros sítios arqueológicos no caminho de Ruta Puuc que não perdem para o célebre Chichén-Itzá, situado a leste, e no entanto são menos concorridos.

A comida do Eco Paraíso é decente. Os cafés da manhã são generosos, com uma vasta seleção de cereais, bolos e sucos acompanhados por pratos da região, como *huevos à la mexicana* (ovos mexidos com tomate e cebola) e o pão integral de Xixim. Para a noite, o resort oferece jantares a luz de vela para quatro pessoas, geralmente composto por frutos do mar ou pratos mexicanos.

Ao contrário de muitos resorts de Yucatán, Eco Paraíso é um empreendimento responsável. A piscina e a água do hotel recebem aquecimento solar e os alimentos servidos no restaurante são orgânicos e comprados em vilarejos da região. Após passar por um filtro de carvão mineral, a água cinza irriga uma área onde são cultivadas espécies nativas, e os resíduos da cozinha são compostados e reaproveitados como adubo para o jardim. Escolas da região percorrem as trilhas naturais, são instruídas a respeito dos sistemas de reciclagem e visitam o pequeno museu montado na recepção.

Villas Ecotucan

Laguna Bacalar, Quintana Roo, México
+52 983 834 2516 / www.villasecotucan.info / ecotucan@yahoo.com

É PRECISO acordar cedo para apreciar uma das melhores vistas de Villas Ecotucan. O chalé ocupa as margens de um dos mais belos lagos da América Central, Laguna Bacalar. A palavra maia *bacalar* pode ser traduzida como "o ponto onde nasce o céu", pois o sol emerge, fabuloso, acima da margem oriental do lago, inundando o chalé com sua rica luz tropical dourada, e as tonalidades em mutação da água são as cores do próprio céu. Quando o sol brilha, o lago é uma paleta de tons azuis – próximo ao índigo em águas profundas, graduando entre o azul-real, o marinho e o claro na superfície. Sob céu carregado ele se torna cinza-chumbo, esvanecendo-se em turquesa e creme. As variações decorrem da intensa claridade da água e da cal branca que recobre o leito do rio e cristaliza-se em pedras lisas em suas bordas. A região é um mosaico de rios subterrâneos que atravessam o calcário poroso da península de Yucatán e emerge no lago ou em cisternas naturais vizinhas, conhecidas como *cenotes*.

O encanto de Bacalar não passou despercebido pelas companhias incorporadoras. Casas de repouso de grande escala e residências de veraneio começam a pôr em risco sua beleza primitiva, enquanto resíduos não tratados e córregos que deságuam no rio causam o surgimento periódico de algas que prejudicam um ecossistema frágil e reduzem as várias cores do lago a um verde esmaecido. Ao lado do campo ecoturístico vizinho, em Botadero San Pastor, Villas Ecotucan faz o possível para restaurar o equilíbrio e converter o turismo sustentável em alternativa viável às construções de grande escala. Todos os funcionários moram na região e o chalé oferece educação ambiental para as escolas locais.

O ecoturismo está presente no próprio chalé, que funciona integralmente com energia solar. As áreas comuns foram construídas com madeiras sustentáveis da região e folhas de palmeira; todas as cinco cabanas foram construídas com a madeira das árvores que ocupavam aquele espaço. Cada uma fica isolada das outras por um pequeno bosque de arbustos nativos em um jardim regado pela água recolhida da chuva e por água cinza filtrada. Os interiores são iluminados, espaçosos e multicoloridos; possuem pisos frios ladrilhados e pé-direito alto.

Há muitas atividades disponíveis, desde *mountain-biking* e passeios de caiaque até visitas às diversas cidades maias espalhadas pela floresta de El Petén, que, mesmo sem a fama de Chichén-Itzá, causam impacto similar. Guias naturalistas supervisionam as caminhadas por florestas secundárias ocupadas por mais de duzentas espécies de aves e pequenos mamíferos como a jaguatirica.

Com tantos empreendimentos imobiliários se instalando na maior parte da região de Yucatán, é bom ver o céu surgir a cada manhã em Villas Ecotucan.

ECO**INFO**

Quartos: 5 chalés de pedra e telhados de colmo.
Preços: MX$550-715 (US$50-65) por chalé por noite, para 2 pessoas, com café da manhã.
Local: 5km ao norte de Bacalar, na entrada da Riviera Maia, costa caribenha do México. O resort situa-se 350km ao sul do aeroporto de Cancún.
Melhor época: Out-mai.
Como chegar: De Cancún, uma viagem de ônibus de 5h até Bacalar, dali, uma corrida curta de táxi até o estabelecimento.
Emissão de CO_2: Voo para Cancún, de Nova York 0,55t; de Londres 2,28t; de Sydney 4,48t. Traslado 0,06t.
Custo da neutralização: US$9,15; £17,55; A$84,95.

Responsabilidade: O hotel adotou com seriedade a ética dos "cidadãos da Terra". Medidas como contratação e formação de funcionários da região, reciclagem de água, investimento em energia renovável e redução de sua pegada ecológica nas cercanias criam altos padrões ambientais numa área em que são mais do que necessários.
Ambiental:
Social:

Na trilha do urso

O isolado Katmai National Park, no Alasca, concentra a maior densidade populacional de ursos-cinzentos do mundo. **Richard Newton** cruzou com alguns deles em um passeio guiado.

Não seja comido – essa é a regra básica para quem quiser observar ursos. Um encontro será trágico para você e sobretudo para o urso. No confronto entre o urso e o homem, o animal será abatido e pagará pelo erro que você cometeu.

Nesta página: filhote testa suas garras. Página ao lado: relaxando à margem de um rio; mãe e filhote. Páginas 40–1: ursos pescando salmões

No ambiente natural dos ursos, não existe lugar para os humanos modernos. Para verificar esta regra, basta que eu olhe a mochila atrelada ao meu assento no hidroavião rumo ao Katmai National Park, no Alasca. Além de roupas, alimentos, barraca e saco de dormir, guardo ali uma boa reserva de repelente de insetos, pastilhas para purificação de água, mapas, um sino e uma lata de *spray* de pimenta. Sem estes artigos eu estaria entregue à sorte numa terra desconhecida.

Visto do alto, Katmai parece um planeta alienígena. Depois das costas litorâneas, o terreno é uma massa rústica de vulcões e geleiras. No coração do parque, o ermo Valley of Ten Thousand Smokes (Vale das Dez Mil Fumaças) testemunhou a erupção do monte Novarupta em 1912 – cuja explosão teve o dobro da força do Krakatoa e foi a maior do século 20. A área continua ativa, como vemos com nitidez ao passar pela tenebrosa fumaça dos cumes.

Retornando à costa, sobrevoamos uma floresta de pinheiros para um pouso suave que risca a superfície congelada do lago Kaflia. A tranquilidade logo se reestabelece: os motores silen-

ciam, rumamos até a praia. Salto do barco inflável e caminho pela areia. Viro o rosto na direção do Cessna e noto que minhas pegadas cruzam outras – maiores, largas, profundas e recentes.

"É um macho", diz o piloto ao examiná-las. Não confio em sua palavra. Uns 100 metros adiante o urso-cinzento que as deixou sai de trás das árvores e marcha em nossa direção. O piloto faz sinal para que eu recue para perto do avião. "Com o vento em sua direção, ele sabe que estamos aqui. Vamos deixar o urso passar."

Paramos na areia, duros como estátuas. Uma nuvem de mosquitos circula ao meu redor. Os "no-see-ums", como são chamados estes insetos, atravessam minhas calças e ignoram o repelente. Mal percebo a aproximação do urso com seus pelos eriçados pela brisa gelada vinda da geleira Serpent's Tooth.

A 20 metros o urso pára, rosna e depois altera seu rumo, afastando-se de nós. Visto de perfil, seu porte é impressionante. Mas boa parte de sua massa é sazonal. Estamos em meados de setembro, época em que os ursos do Alasca empanturram-se antes de hibernar no inverno.

Os ursos-cinzentos são onívoros, e por enquanto há comida de sobra. Bagas maduras tomam toda a vegetação rasteira, e nos rios há milhares de salmões migrando para a desova. Em Brook Falls, não muito longe daqui, bandos com mais de vinte ursos atiram-se ruidosamente na água em busca de peixes. São esbanjado-

res, muitas vezes dando uma única mordida na presa antes de devolvê-la à água.

Por isso, ao entrar na mata com meus dois colegas, não temo que os ursos nos persigam – por enquanto eles têm refeições mais fáceis ao alcance. Mas devemos ficar atentos. Katmai orgulha-se de possuir a maior densidade de ursos-cinzentos do mundo, com 2,25 ursos por quilômetro quadrado. Mas o maior perigo viria em um encontro repentino.

Cabe a nós anunciar nossa presença durante a caminhada pelas trilhas dos ursos – afinal, somos nós os intrusos na região. Os sinos atados em nossas mochilas balançam enquanto andamos. Todos falamos alto e nosso vozerio cria canções. Fazer barulho é a primeira defesa.

Caso isso não funcione e ocorra um contato imediato, devemos reprimir nosso impulso primordial: correr. O impulso do urso seria nos perseguir, e ele nos alcançaria sem dificuldade. No caso de um ataque, devemos fincar os pés no chão, erguer os braços para parecer maiores e falar com voz sempre firme diante do urso. Pelo menos é o que diz a teoria.

Temos três outras opções caso o perigo seja ainda mais sério. A primeira seria escalar uma árvore: os ursos-cinzentos não sabem escalar muito bem. Se não houver algum esconderijo por perto, pode-se lançar *spray* de pimenta no seu rosto. A última opção seria encolher-se em posição fetal e fingir-se de morto.

É pouquíssimo provável que se chegue a este ponto. Meus colegas passaram várias semanas nestas terras sem nenhum incidente. São comuns os encontros com ursos, mas ataques são raríssimos. Nesta época do ano, um ataque partiria provavelmente de uma fêmea defendendo os filhotes. Toda vez que avistamos uma família em um cume, paramos. A mãe se ergue sobre as patas

traseiras e nos fareja, depois agacha e afasta-se com as duas crias.

A comida escasseia a partir de outubro, e os poucos ursos em atividade estarão famintos. Mudam-se as regras do jogo: os humanos tornam-se uma boa pedida no cardápio e todas as caminhadas passam a exigir cautela extrema. A veracidade do risco foi ilustrada de modo comovente em 2003, quando o ambientalista Timothy Treadwell e sua namorada Amie Huguenard foram mortos e devorados por um macho na região do lago Kaflia. A tragédia foi documentada no filme *Grizzly Man*, de Werner Herzog – indispensável para todos os interessados em excursionar no domínio dos ursos.

Idealizar os ursos e seu meio ambiente é muito simples. Nestes quatro dias em Katmai sucumbimos ao encanto da bela paisagem selvagem e ansiamos pela adrenalina liberada a cada encontro com um urso. Mas a terra desconhecida pode ser dura conosco. É necessário reconhecer que somos aqui mais do que meros observadores: fazemos parte do meio ambiente. Esse é um privilégio raro, e também uma responsabilidade.

ECO**INFO**

Local: Katmai National Park, na península do Alasca, cerca de 470km a sudoeste de Anchorage, principal cidade do estado.

Como chegar: Não há acesso por terra ao parque. Saindo de Anchorage, siga de avião por 55min até Kodiak Island, depois voe por 40min sobre o estreito de Shelikof em hidroavião.

Emissão de CO_2: Voo para a Kodiak Island de Nova York, passando por Anchorage 1,62t; de Londres 2,15t; de Sydney 3,59t; traslado 0,04t.

Custo da neutralização: US$31; £16,50; A$67,60.

Onde ficar: Katmai Wilderness Lodge (www.katmai-wilderness.com) é a única hospedagem permanente no parque, que oferece acomodações em chalés que não agridem o hábitat dos ursos.

Preços: Estadia de 3 noites, incluindo voos de Anchorage via Kodiak e passeios com guia, custa a partir de US$2.781/pessoa e pode ser reservada na All Alaskca Tours (*ver* abaixo)

Melhor época: Meados de jul-set.

Mais informações: O site do Katmai National Park (www.nps.gov/katm) traz as informações mais atualizadas para quem deseja visitá-lo. Alaska Tours: www.alaskatours.com

Responsabilidade: Observar ursos a pé no sudoeste do Alasca lhe permite mergulhar em um ambiente livre de interferências e gerando um impacto mínimo, pois você segue as trilhas feitas pelos próprios ursos. O parque é habitado por outras espécies além dos ursos-cinzentos – como alces, lobos, raposas-vermelhas e linces.

Colony Hotel

140 Ocean Avenue, PO Box 511, Kennebunkport, ME 04046, EUA
+1 207/967-3331 / www.thecolonyhotel.com / sales@thecolonyhotel.com

O COLONY Hotel, um dos últimos resorts remanescentes dos anos dourados da Nova Inglaterra, permanece imponente num promontório rochoso do Atlântico, perto da embocadura do rio Kennebunk. Sobram adjetivos para este grande edifício branco de madeira: venerável, distinto, grandioso. Mas dinâmico, revolucionário e inovador podem ser acrescentados à lista. Por estranho que pareça, este antigo resort que pertence a uma família está à frente de seu tempo.

ECO**INFO**

Quartos: 124.
Preços: US$199-624 por quarto por noite.
Local: Kennebunkport, na costa sul do Maine, a 144km de Boston.
Melhor época: O hotel funciona entre meados de mai-fim out.
Como chegar: A viagem de carro de Boston a Kennebunkport dura cerca de 1h30.
Emissão de CO_2: voo para Boston, de Nova York 0,10t; de Londres 1,46t; de Sydney 5,32t. Traslado 0,09t.
Custo da neutralização: US$2,75; £11,60; A$101.

Responsabilidade: O Colony Hotel foi o primeiro hotel a assumir compromissos ambientais no Maine. Adotou medidas ecológicas antes que virassem moda. Sua filosofia tem raízes sólidas e algumas peculiaridades. Por exemplo, as colchas velhas são cortadas e vendidas como cobertores para cães na loja do hotel.
Ambiental:
Social:

O hotel faz parte da família Boughton desde 1948 e hoje está sob o comando da militante ecológica Jestena Boughton. Em 1989 ela incorporou sua militância à administração do hotel e formalizou a criação do Colony Hotel Ecology Group em 1994, com o propósito de incorporar a consciência ambiental a todas as atividades do hotel.

Embalagens de isopor, *sprays* de aerossol e sacos plásticos foram trocados por alternativas ecológicas que custavam caro na época. A reciclagem foi introduzida, e hoje todos os quartos têm cestos com quatro compartimentos, que incentivam os hóspedes a separar o lixo conforme sua categoria de reciclagem (se o hóspede não faz a triagem, os empregados cuidam da tarefa). Enquanto outros resorts de luxo implementam práticas ecológicas com toda a discrição possível por temer a reação de clientes mal-acostumados, o Colony Hotel optou pela participação direta. A formação dos funcionários e hóspedes é prioritária e os murais anunciam as novidades ecológicas. Nos sábados de julho e agosto um naturalista lidera excursões pela praia vizinha e discute os problemas ecológicos da área costeira do Maine.

Plantas nativas foram reintroduzidas nos jardins do hotel que ocupam 45 hectares, produtos químicos foram substituídos por métodos biológicos de controle e os restos apro-

veitáveis da cozinha são usados em um programa de alimentação de aves. Estas medidas contribuíram para que o espaço fosse batizado de "hábitat recanto da vida selvagem" pela National Wildlife Federation.

Longe de afugentar hóspedes, o caráter ecológico do hotel tornou-se um atrativo comercial. A taxa de ocupação cresceu 15% desde 1994, e muitos clientes trouxeram seus encontros empresariais para cá justamente pelas credenciais ecológicas do hotel.

A pequena cidade de Kennebunkport, aonde se pode chegar a pé ou por bonde panorâmico, é uma referência para excursões de observação de baleias. Numa viagem de 4 horas pela costa do Maine é possível avistar diversas espécies como a baleia-jubarte, a baleia-anã ou, com sorte, a majestosa baleia-azul.

Impassivo, o Colony Hotel nos acompanha do alto – um marco que observou partidas e chegadas por mais de 90 anos. A atmosfera antiga é um de seus grandes atrativos. Os quartos de hóspedes do edifício central resguardaram seus traços clássicos, com móveis antigos e papéis de parede floridos. Não há televisão nem ar-condicionado. Mas enquanto estamos mergulhados numa era passada, a realidade do século 21 continua a existir. O Colony Hotel prova que é possível viajar de volta para o futuro.

Dobson House

PO Box 1584, El Prado, NM 87529, EUA
+1 505/776-5738 / www7.taosnet.com/dobsonhouse / dobhouse@newmex.com

A DOBSON House comprova que, em arquitetura, dois problemas são iguais a uma solução. Há profusão de lixo e escassez de materiais de construção a bons preços. Para o arquiteto rebelde Mike Reynolds a resposta era simples: por que não erguer casas com o lixo? "Não temos onde colocar todas essas pilhas de pneus", ele diz. "Mas se os estufarmos com terra, eles se transformam na massa termal mais densa que existe. São excelentes para construção."

Após trinta anos de tentativa e erro, Reynolds criou o que chama de "navio terrestre" – uma construção que parece o cruzamento entre uma estufa e um *bunker*. A espessa parede externa curva, que garante aquecimento e resfriamento passivos, utiliza pneus preenchidos com terra batida. As paredes internas foram construídas com latas de cerveja recobertas por adobe. Em sua forma pura, um navio terrestre é autosuficiente em água e eletricidade e reaproveita toda a água usada.

A região de Taos, no Novo México, é o eixo da revolução empreendida por Reynolds. Aqui estas edificações excêntricas por pouco não se tornaram comuns. Na comunidade do Grande Mundo, 19 quilômetros ao norte da cidade, um projeto habitacional reúne 130 navios terrestres de vários tamanhos e formatos. Era inevitável que os aposentados texanos Joan e John Dobson elegessem Reynolds seu arquiteto preferido ao desembarcar no Novo México em 1996, com o projeto de montar um chalé sustentável na colina de um terreno de 10 hectares, com vista para os 100 metros do desfiladeiro do rio Grande.

Além de encomendar a obra, os Dobson ajudaram a erguê-la. Durante os três anos de construção, levaram para lá 2 mil pneus usados e 20 mil latas de alumínio que foram emolduradas em 34 toneladas de arenito vermelho. A energia é fornecida por 26 painéis solares complementados por um gerador; o jardim, cercado por paredes de garrafas de vidro, é irrigado pela água recolhida da chuva.

Vista de fora, a casa de 550 metros quadrados parece ter saído de *Guerra nas estrelas*. Mas o projeto radical não sacrificou o conforto. As duas suítes são espaçosas e arejadas, com áreas de estar e de dormir separadas, e uma vista magnífica para a montanha Sangre de Cristo. O projeto arquitetônico garante uma temperatura ambiente de 24 °C, com raras variações.

Construções ecológicas possuem uma tradição antiga nesta parte da América. A uma pequena distância da Dobson House fica Taos Pueblo, uma aldeia de casas de adobe de vários andares que é habitada há mais de mil anos. Aqui, 2.100 metros acima do nível do mar, os índios de Taos Pueblo aprenderam a proteger-se dos extremos do verão e do inverno utilizando os efeitos de sol e sombra. O modelo do "navio terrestre" incorporou diversos princípios criados por eles nesta região, declarada patrimônio cultural da humanidade pela Unesco, provando que não há realmente nada de novo sob o sol.

ECO**INFO**

Quartos: 2 suítes.
Preços: A partir de US$118 por noite por quarto; mínimo 2 noites.
Local: El Prado, ao norte de Taos, Novo México, a 217km de Albuquerque.
Melhor época: O ano inteiro.
Como chegar: Saindo de Dallas-Fort Worth, o voo para Albuquerque dura 1h50. Depois, alugue um carro e viaje por 2h30 até Taos.
Emissão de CO_2: Voo para Dallas-Fort Worth, de Nova York 0,49t; de Londres 2,17t; de Sydney 4,34t. Traslados 0,35t.
Custo da neutralização: US$11,65; £18,50; A$86,65.

Responsabilidade: A maior prova do compromisso dos Dobsons com o meio ambiente é o trabalho. Enquanto você desfruta do sossego nesta casa fabulosa, leve em consideração o fato de que eles ergueram 80% dela com as próprias mãos. Esta dedicação também se faz presente no cotidiano do B&B.
Ambiental:
Social:

Fairmont Chicago

200 North Columbus Drive, Chicago, IL 60601, EUA
+1 312/565-8000 / www.fairmont.com/chicago / chicago@fairmont.com

VISTA DAS margens do lago Michigan, a silhueta de Chicago é a prova concreta da competição sem limites. Empresas e indivíduos competiram por mais de cem anos para erguer o prédio mais alto no céu de Illinois. A pradaria dos arredores foi devorada pelo caos urbano, e o lago sobreviveu a décadas de poluição industrial, deixando um legado de bactérias, pesticidas, metais pesados e outras toxinas presas em seu leito. Várias vezes por ano, a ação das ondas provoca a liberação de perigoso volume de poluentes, levando ao fechamento temporário das praias da cidade.

Os quartos da frente do Fairmont Chicago dão vista para essas águas danificadas. E cada olhar nos recorda o impacto da cidade sobre o frágil ambiente circundante. Por sorte, a maré virou e uma nova disputa tomou conta da cidade: agora todos querem exibir suas credenciais ecológicas.

O Fairmont assumiu a dianteira. À primeira vista, ele parece um modelo ambiental inusitado. Trata-se de um reluzente hotel cinco estrelas de 37 andares, próximo ao trecho supervalorizado da Michigan Avenue mais conhecido como "Magnificent Mile". Como o consumo desenfreado é o lema obrigatório de qualquer hotel cinco estrelas, o desafio do Fairmont tem sido sustentar um ideal ecológico sem renunciar ao excesso.

Em 1990, o Fairmont Hotels and Resorts – grupo sediado em Toronto que controla o hotel – lançou o programa "Parceria Verde", uma iniciativa radical que visava tornar seus hotéis genuinamente sustentáveis. A unidade de Chicago adotou mais de 200 iniciativas ambientais, desde uma ampla reciclagem, passando pela adoção de lâmpadas de baixo custo até a doação de uniformes gastos (mas sem o emblema) à população carente. Os funcionários são incentivados a dar sugestões para aprimorar o programa e as outras unidades do grupo competem entre si pelo título de "Hotel Ambiental do Ano".

No início do programa "Parceria Verde", o grupo realizou uma minuciosa auditoria ambiental. Alguns dos resultados foram chocantes. Descobriu-se, por exemplo, que um hóspede produz em média 1 quilo de lixo por noite (sobretudo em produtos de papel e bebidas), e que um quarto ocupado consome em média 825 litros de água por dia. Hoje, a maior parte do lixo do Fairmont Chicago é reciclada (o porão do hotel é a sede de um atuante centro de reciclagem), e o consumo de água foi reduzido em um terço.

Em um empreendimento desse porte, até mesmo as pequenas iniciativas podem ter um impacto enorme, e constituem uma alternativa operacional que qualquer hotel pode facilmente adotar. Por exemplo, o esquema para reciclagem de restos de sabonetes que são doados a um abrigo para moradores de rua recupera quase uma tonelada de sabonete por ano. E a doação de produtos do frigobar que estejam perto do prazo de validade a um abrigo para vítimas de violência doméstica totaliza 4 mil latas de Coca-Cola e mil pacotes de pipoca por ano.

Um dedicado "esquadrão verde" formado por funcionários de diferentes departamentos é a garantia do empenho contínuo pela manutenção e aprimoramento da sustentabilidade. A concorrência notou, e vários hotéis adotaram esquemas similares. A competição que move a Cidade Ventosa finalmente está contribuindo para transformar o meio ambiente em Chicago.

ECO**INFO**

Quartos: 692.
Preços: Quartos com vista para a cidade custam US$169 por noite; com vista para o lago, US$259.
Local: Centro de Chicago, a 29km do aeroporto.
Melhor época: O ano todo.
Como chegar: Voe para o Chicago, O'Hare Airport, depois pegue um táxi.
Emissão de CO_2: Voo para Chicago de Nova York 0,27t; de Londres 1,78t; de Sydney 4,76t. Traslado 0,005t.
Custo da neutralização: US$4,05; £13,35; A$89.

Responsabilidade: Em 2006 o programa "Parceria Verde" do Fairmont conquistou o respeitado prêmio Turismo do Amanhã. As inovações não param. Desde 2007 todos os computadores da recepção usam energia eólica. A medida, adotada por todas as unidades do grupo na América do Norte, reduziu as emissões em quase 100 toneladas.
Ambiental: ØØØØØ
Social: ØØØØØ

Hotel Triton

342 Grant Avenue, São Francisco, CA 94108, EUA
+1 415/394-0500 / www.hoteltriton.com

TODOS SUPÕEM que o normal de São Francisco seja quebrar qualquer regra. Um design "ecológico" deveria ter um aspecto bucólico e natural, certo? Então, entre no saguão do Hotel Triton e pense outra vez.

Prepare-se para uma rajada de cores escandalosas. A primeira impressão é fundamental. Enquanto avalia o hotel, você sente que ele também o avalia. Você se ajusta à decoração púrpura e dourada, à mobília espalhafatosa, ao mural *flower power* na parede da recepção? Suas credenciais ecológicas podem ser perfeitas, mas você é descolado?

Localizado bem diante do portão de Chinatown e a 5 minutos de caminhada da Union Square, o Triton está encravado no coração da badalada São Francisco e conquistou a preferência de celebridades com consciência estilística e ecológica. Não são poucos os famosos que deram seu nome às suítes ecológicas que conceberam.

Anthony Kiedis, do Red Hot Chili Peppers, é o responsável pelo visual da suíte "Red Hot Love Nest" (Ninho de Amor Red Hot). O quarto foi decorado com fotos da banda e seus criados-mudos são caixas recicláveis de turnês da banda. Há outros padrinhos famosos que deram seu toque como designers, como o ator Woody Harrelson (cujo "Oásis de Woody" reúne objetos pessoais, cortinas de cânhamo e móveis feitos de árvores caídas), o falecido Jerry Garcia, do Grateful Dead, e o guitarrista Carlos Santana. Cerca de 10% do

ECO**INFO**

Quartos: 140 quartos. Os quartos simples são muito pequenos. Vale a pena pagar mais por uma ecossuíte.
Preços: Os quartos simples custam US$150 por noite; ecossuítes a partir de US$190.
Local: Centro de São Francisco, perto de Chinatown e do Theatre District, a 25km do aeroporto.
Melhor época: O ano todo.
Como chegar: Vá de avião até o Aeroporto de São Francisco e pegue um táxi.
Emissão de CO_2: Voo para São Francisco, de Nova York 1,14t; de Londres 2,43t; de Sydney 3,63t. Traslado 0,004t.
Custo da neutralização: US$17,10; £18,65; A$68.

Responsabilidade: O Hotel Triton serviu como modelo para o premiado projeto EarthCare, do Kimpton Hotel, que depois se estendeu a todas as unidades da rede nos EUA. Para a maior parte dos visitantes, as iniciativas ambientais não são inoportunas, mas todas as operações cotidianas do hotel foram reavaliadas na última década.
Ambiental:
Social:

valor das diárias das ecossuítes é repassado para a entidade ecológica selecionada por seu padrinho.

Concebida pela modelo Angela Lindvell e pela designer Alexandra Spadea, a ecossuíte "Collage" (colagem) traz moldes do ícone da moda John Galliano e ilustra a reinvenção cheia de estilo do design sustentável do Triton. Neste espaço o rosa é o novo verde, com paredes e utensílios rosados. Alexandra conta: "Se queremos chamar a atenção para o verde, precisamos tomar cuidado com o visual verde tradicional. Quero que as pessoas se apaixonem pelo quarto, mas quero também muita energia circulando por ali!"

Esta é, sem dúvida, a energia de São Francisco. Talvez mais do que qualquer outra cidade americana, ela sabe receber ideias radicais. Isso tornou-a a escolha evidente quando os proprietários do Triton, o grupo Kimpton Hotels, decidiram criar um andar inteiro ecológico em uma de suas unidades. Em 2003, foram estendidas para o restante do edifício as práticas ecológicas que haviam sido implantadas no sétimo andar, como a reciclagem de 60% do lixo do hotel (em todos os quartos há cestos de reciclagem), lâmpadas e aparelhos de baixo consumo (que reduziram em 75% o custo da eletricidade), chuveiros de baixa pressão e outros equipamentos para diminuir o consumo de água, além de uma política de aquisições responsáveis.

O Triton não é o primeiro hotel urbano a adotar a sustentabilidade. Mas, do momento em que pisa na portaria até o fim de sua estadia, você verá como um hotel concilia o compromisso ecológico verdadeiro com o espírito de liberdade.

Inn Serendipity

7843 County P, Browntown, WI 53522, EUA
+1 608/329-7056 / www.innserendipity.com / info@innserendipity.com

QUANDO O assunto é vida sustentável, Lisa Kivirist e John Ivanko, proprietários do Inn Serendipity, têm a palavra. Em 2004 eles publicaram *Rural Renaissance: Renewing the Quest for the Good Life (Renascimento rural: renovando a busca da boa vida)*, o cativante guia que narra sua fuga do estresse da indústria publicitária de Chicago rumo à vida idílica na região rural do sul de Wisconsin.

Desde o início eles almejavam "uma vida com um modelo simples, mas plena de significado". O Inn Serendipity é mais do que um charmoso *bed and breakfast*: para muitos visitantes, ele foi um divisor de águas, onde descobriram com seus próprios olhos um modo de vida mais gratificante.

Em 1996 Lisa e John adquiriram uma fazenda de 2,2 hectares próxima à cidade de Monroe, no Green County, uma região que se apresenta com orgulho como "a capital americana do queijo suíço". Nesses campos montanhosos o casal restaurou o passado nesta fazenda centenária ao instaurar sistemas de energia solar e eólica. Hoje 100% de sua energia é renovável.

O casal cultiva produtos orgânicos no terreno do empreendimento e recentemente utilizou paredes e janelas recuperadas de uma escola demolida para construir estufas movidas a energia solar e biodiesel, onde bananas, papaias e outras frutas tropicais são plantadas o ano todo. Na mesa vegetariana e *vegan* oferecida aos hóspedes no café da manhã predominam os produtos da fazenda, muitas vezes colhidos horas antes. As sobras são submetidas a compostagem para plantações que irão compor mesas futuras.

Lisa e John oferecem a seus hóspedes uma excursão pela fazenda. Você logo irá interessar-se por energia ambiental e cultivo orgânico – o entusiasmo do casal é contagiante. Entre suas muitas excentricidades está uma

ECO**INFO**

Quartos: 2 quartos: o Writing Room tem banheiro; o banheiro do Music Room fica do outro lado do corredor.
Preços: Writing Room US$120 por noite; Music Room US$105 por noite.
Local: Browntown, nas imediações de Monroe, sul de Wisconsin. A 240km de Chicago.
Melhor época: O ano todo.
Como chegar: São 3h de carro entre o Aeroporto O'Hare, em Chicago, e Browntown, Wisconsin.
Emissão de CO_2: Voo para Chicago, de Nova York 0,27t; de Londres 1,78t; de Sydney 4,76t. Traslado 0,09t.
Custo da neutralização: US$5,30; £14; A$92,55.

Responsabilidade: "Não é fácil ensinar coisas que você não sabe ou não faz", dizem Lisa e John. O compromisso do casal com a sustentabilidade é evangélico. Todos os que os conhecerem como leitores de seus livros ou hóspedes do hotel sairão transformados deste encontro.
Ambiental: ØØØØ
Social: ØØØØ

estação de recarga solar para o seu carro elétrico CitiCar (modelo 1974), que, embora se pareça grosseiramente com uma fatia de queijo, é a solução ideal para reduzir o impacto ambiental dos deslocamentos dentro da fazenda.

A localização rural praticamente obriga os hóspedes a embarcar nos tradicionais veículos beberrões de gasolina. Para neutralizar as emissões de CO_2 da viagem de ida, são inseridas no valor das diárias doações ao grupo Trees for the Future (Árvores para o Futuro).

Há poucos anos, Lisa e John adquiriram 12 hectares de florestas que hoje formam o Inn Serendipity Woods, no condado de Vernon, 2 horas a noroeste da fazenda. Pode-se alugar ali um chalé suíço com vista para um lago que parece perfeito para quem quiser apenas molhar os pés.

No Inn Serendipity o ambiente é mais formal, mas ele resguarda um certo ar de boemia. Os dois quartos de hóspedes, por exemplo, são o reflexo da criatividade natural de Lisa e John. O Music Room é decorado com itens musicais, e no Writing Room os ocupantes são convidados a participar de um manuscrito contínuo: *Serendipity – a Novel in Many Parts (Acaso Feliz – Um Romance em Diversos Capítulos).*

Esta ligação que podemos criar com o passado e o futuro pactua com a filosofia de Lisa e John. Eles podem ser autossuficientes em larga medida, mas sustentam um compromisso apaixonado com o desenvolvimento de um espírito comunitário. Tudo isso faz parte da busca por uma boa vida.

Devo alugar um carro?

NÃO HÁ muita escolha neste caso. Se você pretende ir além das grandes cidades em seu passeio pelos Estados Unidos, alugar um carro é uma necessidade. O território é amplo, e boa parte dele está fora do alcance dos transportes públicos regulares.

Mas como justificar sua contribuição a um gigantesco problema ambiental? Os veículos norte-americanos respondem por dois terços do consumo nacional de petróleo e por 7% das emissões mundiais de gases de efeito estufa. Como entrar em uma locadora de carros sem trair seus ideais ecológicos?

Felizmente, a escolha não se restringe a dirigir ou não. Alguns carros são mais ecológicos do que outros e cresce o número de locadoras onde há veículos com emissão reduzida. A solução não é perfeita, mas ao menos é um começo.

Uma locadora assim é a Bio-Beetle Eco Rental Cars, fundada pelo ativista Shaun Stenshol (www.bio-beetle.com). Seus carros, disponíveis para locação em Maui e em Los Angeles, são 100% movidos a

biodiesel, um dos combustíveis mais ecológicos. O problema é que só existem três postos de biodiesel em Los Angeles e um único em Maui (que fecha nos fins de semana).

Uma opção mais tradicional é a EV Rental Cars (www.evrental.com), que aluga veículos híbridos (movidos a eletricidade e gasolina) em oito aeroportos do país, inclusive Los Angeles, São Francisco e Las Vegas. Em média, carros híbridos rodam 1.000 quilômetros (600 milhas) com um tanque de gasolina, e podem ser abastecidos em qualquer posto.

Os grandes grupos já perceberam o rápido crescimento da demanda por carros ecológicos. Em 2006 a Hertz (www.hertz.com) lançou sua "série ecológica" de 35 mil carros de baixo consumo. Talvez os puristas recusem o uso que a Hertz faz do termo "ecológico" (os veículos híbridos não eram reconhecidos no início), mas este é um bom sinal de que a indústria americana de locação segue a trilha de um futuro com maior consciência ecológica.

Tiamo

Ilha de Andros, Bahamas
+1242 357 2489 / www.tiamoresorts.com / info@tiamoresorts.com

O CAIAQUE está à sua disposição. Você o arrasta pela areia branca até as águas claras de South Bight, a larga enseada que recorta uma faixa azul de Andros, a maior das 700 ilhas das Bahamas. Você se afasta mar adentro, olha para a terra e sente que alguma coisa está faltando ali. Por que não se vê o resort?

Por causa da arquitetura. Nascidos em Indiana, Mike Hartman e sua esposa Petagay desembarcaram na ilha em 1995, com o sonho de criar um hotel de luxo diferenciado. Encontraram uma bela praia cercada por palmeiras plantadas há muitos anos, nos tempos em que havia ali uma aldeia, hoje soterrada pela vigorosa vegetação tropical, e da qual restaram pedras cobertas por musgos.

"O fato de pessoas terem vivido aqui nos motivou a construir um resort em uma região que parecia intocada", recorda Mike. "Preservamos o máximo possível da vegetação original, construímos os bangalôs com pinheiros de plantações sustentáveis, erguidos sobre palafitas para evitar a erosão e manter a circulação de ar natural".

Tiamo foi inaugurado em 2001. Aparentemente, funciona como qualquer outro pequeno hotel litorâneo, mas o cunho ecológico de Mike e Petagay está presente na concepção e no gerenciamento. Telhados que refletem a incidência de luz e varandas circulares maximizam o resfriamento passivo; a água dos chuveiros passa por aquecimento solar e

os sabonetes não contém fósforo. A energia provém do maior sistema energético particular do Caribe. Pede-se aos hóspedes que levem consigo todos os resíduos não biodegradáveis, e os resíduos orgânicos são filtrados nos sanitários de compostagem instalados em todos os bangalôs. São sanitários eficientes e inodoros, que transformam a mais corriqueira das atividades numa grande missão – ajudar o jardim a crescer. Nos tanques de tratamento instalados sob as 11 acomodações, os resíduos viram turfa após seis semanas. Aciona-se a descarga com orgulho.

A fragilidade da ilha salta aos olhos durante as caminhadas por seu interior. O terreno de calcário sob os pés é plano e irregular, e a paisagem, pontilhada de cavernas e sumidouros. São muitas as aves, e talvez você consiga observar a iguana da Ilha de Andros, ameaçada de extinção (Tiamo financia a conservação da espécie e pesquisas a seu respeito).

A pouca distância da praia você pode mergulhar de cilindro e de snorkel na terceira maior barreira de recifes do mundo, que se estende por 225 quilômetros na margem leste das ilhas, ou explorar os vários buracos azuis de South Bight. As águas contidas nesses buracos são ricas em vida marinha.

À noite os hóspedes se reúnem no prédio central para o jantar servido na mesa ampla. O bate-papo comprova o sucesso de Tiamo. Onde mais se veem hóspedes conversando sobre energia solar e sanitários de compostagem? O impacto de Tiamo sobre seus hóspedes supera o impacto deles sobre Tiamo.

ECO**INFO**

Quartos: 11 bangalôs com resfriamento de ar passivo, energia solar e vista para a praia.

Preços: A partir de BS$295 (US$295) por pessoa por noite, inclusive traslado de barco em Congo Town.

Local: Costa sul de South Bight, ilha de Andros, a 30min de barco de Congo Town e 106km de Nassau.

Melhor época: Nov-mai, quando o risco de furacões é quase nulo.

Como chegar: Em Nassau, voe por 20min em um turbopropulsor para Congo Town. O hotel providencia viagens de barco com duração de 30min.

Emissão de CO_2: Voo para Nassau, de Nova York 0,40t; de Londres 1,97t; de Sydney 4,91t. Traslado 0,03t.

Custo da neutralização: US$6,35; £15; A$92,30.

Responsabilidade: As credenciais ecológicas de Tiamo são impecáveis, desde a concepção até o gerenciamento. Instruindo funcionários locais e hóspedes internacionais, o balneário dissemina sua mensagem. Ao lado de lideranças comunitárias, os proprietários Mike e Petagay Hartman fundaram a South Andros Island Preservation Initiative, para defender a conservação da ilha.

Ambiental: 4/5

Social: 4/5

Papillote Wilderness Retreat

PO Box 2287, Roseau, Comunidade da Dominica
+1767 448 2287 / www.papillote.dm / papillote@cwdom.dm

DOMINICA TEM um problema de identidade. Os livros e panfletos turísticos da ilha invariavelmente estampam o refrão inútil: "Pronuncia-se Do-mi-nii-ca. Não confundi-la com a República Dominicana". Mas a confusão é uma realidade cotidiana, e os dominicanos já se acostumaram a ver boa parte de sua correspondência extraviada para a República de língua espanhola, situada a cerca de 800 quilômetros de distância.

A paisagem de Dominica, no entanto, é inconfundível: são 26 quilômetros de extensão que parecem saltar das águas para atingir quatro cumes que chegam a mais de 1.200 metros de altura. O interior da ilha figura entre os ambientes mais úmidos do planeta, recoberto pela densa floresta tropical que cresce em estado bruto. Cercada por uma

natureza intratável e sem praias para turistas, ela é considerada a "ilha natural do Caribe".

Anne Jno Baptiste partiu dos Estados Unidos para a ilha há mais de 45 anos, e ergueu em 1969 o Papillote Wilderness Retreat numa colina verde do Roseau Valley, a uma curta caminhada da Trafalgar Falls (apenas uma das catorze grandes quedas-d'água da ilha). Com o passar dos anos, seu pequeno hotel fincou raízes na paisagem, mesclando-se a ela.

As sacadas dos quartos dão vista para o denso jardim tropical de 1,6 hectare – o vigoroso caos verde cultivado com paixão. Borboletas e beija-flores adejam por entre as flores e o som da floresta esvanece em meio a garoa contínua. Não se vai a Dominica pensando em tomar banhos de sol.

Papillote define bem o que é a ilha. É como se entrássemos em uma das famosas paisagens de selva de Henri Rousseau. O mergulho pode ser literal: nos terrenos da propriedade há três piscinas naturais com água quente das fontes que emanam do subsolo vulcânico de Dominica. Nada melhor do que relaxar em um destes spas após uma excursão pelas montanhas.

A caminhada mais conhecida passa pelo Morne Trois Pitons National Park até o Boiling Lake (lago fervente), uma fonte vulcânica no Valley of Desolation (vale da desolação). Há ainda o passeio pelos bosques de laranjeiras ao norte da ilha, onde se podem observar duas espécies de papagaios típicas da região, o papagaio-africano e o papagaio-imperial (que estampa a bandeira do país).

É melhor não passar o dia em Papillote se ali desembarcarem os passageiros de um cruzeiro, que costumam tomar todo o espaço. Mas, no restante do tempo, a lentidão encantadora do lugar nos seduz. O restaurante, com janelas abertas para a natureza, serve pratos típicos. Durante o café da manhã, você pode apreciar do alto a vista espetacular das copas da floresta; no jantar, sons exóticos pontuam a escuridão aveludada.

Os hóspedes do Papillote costumam ceder a este encanto. Os jardins opulentos, o atendimento cordial e a marca indelével de Anne Jno Baptiste integram esta magia. Mas, acima de tudo, o hotel nos conecta com a ilha. Aqui, você não visita apenas a Ilha da Natureza, e, sim, torna-se parte dela.

ECO**INFO**

Quartos: 7 quartos, incluindo 4 suítes com mobília e decoração personalizadas.

Preços: EC$267-347 (US$100-130) por quarto por noite.

Local: Sudoeste de Dominica. A maioria dos voos faz seu pouso no Aeroporto Melville Hall, a 38km de Papillote, na costa norte.

Melhor época: Nov-mai, quando o risco de furacões é quase nulo.

Como chegar: Partindo de Antígua, voe por 40min em um turbopropulsor para o Melville Hall Airport, a 1h de táxi do Papillote.

Emissão de CO_2: Voo para Antígua, de Nova York 0,63t; de Londres 1,84t; de Sydney 531t. Traslado 0,08.

Custo da neutralização: US$10,65; £14,45; A$101.

Responsabilidade: A eletricidade provém do sistema regular de Dominica; mais de metade da energia do país é hidrelétrica (em um dia calmo, pode-se escutar o zunido da usina Trafalgar Falls). Papillote mantém um compromisso com produtos, artes e artesanato locais. Os jardins são uma mostra da flora local.

Ambiental: ØØØØØ

Social: ØØØØØ

Maho Bay Camps e Concordia Estate

PO Box 310, Cruz Bay, St John, Ilhas Virgens Americanas
+1340 715 0501 / www.maho.org / mahobay@maho.org

A ILHA de St John, nas Ilhas Virgens Americanas, não parece o lugar provável de uma revolução, e um bilionário do setor petrolífero e um engenheiro civil certamente não têm o perfil de uma dupla revolucionária. Mas os acontecimentos de 1976, em um dos vales da ilha, mudaram a face do turismo global.

O bilionário era Laurance Rockefeller, que comprou grande parcela da ilha na década de 1950 e depois entregou-a aos cuidados do US National Parks Service (Serviço Nacional de Parques dos EUA). Por isso, mais de 60% do território formado por florestas tropicais e moitas de cactos permaneceu imune ao feroz crescimento das ilhas vizinhas. Stanley Selengut era o engenheiro civil que sonhava em construir uns poucos chalés para turistas no parque nacional. Eles formariam um resort de baixo impacto ambiental.

O Maho Bay Camp criou muitas das melhores metodologias adotadas hoje pelos *ecolodges*. Os primeiros 18 chalés eram movidos a energia solar e eólica, interligados por passarelas que protegiam a vegetação circundante e impediam a erosão. Aberturas zenitais captam a brisa marítima e garantem a circulação natural do ar. Sanitários de compostagem e um programa de reciclagem proativa gerenciam os resíduos.

Nas três últimas décadas, o Maho Bay Camp passou a contar com 114 chalés. Simultaneamente, um programa de recuperação ecológica trouxe benefícios às áreas naturais adjacentes. "Fizemos um levantamento de animais silvestres e paisagismo nativo", afirma Selengut. "Depois de mais de um milhão de visitantes, nossos 5,6ha estão muito mais saudáveis em termos de ecossistema equilibrado do que o parque ao nosso redor. As pessoas podem aprimorar o ambiente em vez de destruí-lo".

A concessão desses 5,6 hectares expira em 2012, mas Selengut já elaborou um projeto de 20 milhões de dólares para desenvolver um acampamento semelhante que comprou do outro lado da ilha. Trata-se do Estate Concordia, com 21 hectares numa bela península banhada pelo mar do Caribe. Basicamente, ele será formado por 40 tendas-chalés, um centro de ioga, restaurante e um estúdio 'Trash to Treasures', que irá ilustrar como os resíduos do resort poderão ser convertidos em obras de arte.

O Concordia aperfeiçoou vários princípios testados em Maho Bay. As tendas-chalés isoladas do novo resort, com lugares para até seis pessoas, são mais confortáveis e possuem banheiros e quitinetes. Seus hóspedes, tal como em Maho Bay, são responsáveis pela limpeza, inclusive arrumar as camas e varrer o chão. Não é o típico paraíso de mordomia caribenha, mas você logo passa a se orgulhar de seu chalé.

As duas unidades têm fácil acesso a mais de vinte trilhas que cruzam a extensão do parque nacional. Do topo das montanhas aprecia-se a vista panorâmica de St John, uma ilha fabulosa que, sob vários aspectos, é fundamentalmente ecológica.

ECO**INFO**

Quartos: Tendas moderníssimas, com deque privativo e vista para o mar. Ainda há 9 apartamentos-estúdio para quem quiser mais luxo.
Preços: Tendas em Maho Bay a partir de US$80 por noite para 2 pessoas. Tendas ou apartamentos-estúdio em Estate Concordia a partir de US$95 por noite para 2 pessoas.
Local: Maho Bay situa-se na costa norte da ilha de St John; Estate Concordia, na costa sul da ilha.
Melhor época: Nov-mai.
Como chegar: Saindo do Cyril E King Airport, na ilha de St Thomas, vá de táxi por 30min até Red Hook, onde há um serviço de balsa de 20min para Cruz Bay, em St John. Em Cruz Bay, é uma curta corrida de táxi até Maho Bay ou Concordia.
Emissão de CO_2: Voo para St Thomas, de Nova York 0,58t; de Londres via Nova York 2,12t; de Sydney via Nova York 5,79t. Traslados 0,02t.
Custo da neutralização: US$8,75; £16; A$108,45.

Responsabilidade: Passados mais de 30 anos, os resorts de Selengut já não têm mais onde se esconder. Mais do que por suas aspirações, devemos julgá-los por sua história, que é notável. Seu caráter ecológico não é mera propaganda; eles serviram de base para tudo o que os resorts são e tudo o que fazem.
Ambiental: ØØØØØ
Social: ØØØØØ

América Central e do Sul

Foto principal: o rio Amazonas serpenteia pela floresta. Esq., a partir de cima: um macaco no Yachana Lodge; o Bunkhouse e crianças locais no Black Sheep Inn; varanda sombreada, La Quinta Sarapiquí

Localização e orçamento

- Barato (abaixo de US$100)
- Moderado (US$100-250)
- Caro (US$250-500)
- Muito caro (acima de US$500)

Preços para um quarto de casal, ou duas pessoas, por noite

Onde ficar

Destaques

Dilema ético na viagem

Caribe
OCEANO
ATLÂNTICO
Mar das Antilhas
Belize
Honduras
Guatemala
El Salvador
Nicarágua
Manágua
Costa Rica
Panamá
Caracas
Venezuela
Guiana
Suriname
Guiana Francesa
Medellín
Bogotá
Cali
Colômbia
Planalto das Guianas
Equador
Ilhas Galápagos
Belém
Bacia Amazônica
Peru
Brasil
Recife
ANDES
Lima
Salvador
Brasília
La Paz
Bolívia
Paraguai
Rio de Janeiro
São Paulo
Chile
ANDES
Córdoba
Uruguai
Santiago
Montevidéu
Buenos Aires
OCEANO
ATLÂNTICO
Pampas
Argentina
Ilhas Falkland (Malvinas)
Cabo Horn
Geórgia do Sul

Chaa Creek

PO Box 53, San Ignacio, Cayo District, Belize
+501 824 2037 / www.chaacreek.com / reservations@chaacreek.com

EM UMA reserva natural majestosa de 148 hectares, próximo às escarpas íngremes e selvagens das margens do rio Macal, aninha-se o Chaa Creek, cujos 25 anos de crescimento orgânico deram origem ao mais suntuoso *ecolodge* do país.

A pousada reúne 18 chalés com telhado de palmeira e seis luxuosas suítes com decoração personalizada, cercadas por exuberantes jardins tropicais. As suítes mais requintadas são "mansões-de-árvore" cujos altíssimos telhados descem em cascata numa sequência de áreas de lazer que culminam em um deque onde, da jacuzzi particular, você acompanha do alto a linha da floresta. As outras suítes são mais modestas, mas têm cama de dossel e jacuzzi. Os quartos mais simples disponíveis são *casitas* (pequenos bangalôs) movidas a energia solar no Macal River Camp, no coração da floresta.

ECO**INFO**

Quartos: 24 luxuosos chalés e *villas*, e 10 *casitas* de madeira.
Preços: BZ$590-880 (US$300-450) por noite para um quarto de casal; *casitas* BZ$107 (US$55) por pessoa por noite.
Local: A 15km de San Ignacio, interior de Belize, perto da fronteira com a Guatemala.
Melhor época: Out-mai.
Como chegar: Na Cidade de Belize, alugue um carro e siga por 2h até San Ignácio pela Western Highway. A pousada pode providenciar o traslado por uma taxa extra.
Emissão de CO_2: Voo até Cidade de Belize, de Nova York 0,63t; de Londres 2,38t; de Sydney 4,34t. Traslado 0,06t.
Custo da neutralização: US$10,35; £18,30; A$82,20.

Responsabilidade: O Chaa Creek pertence a uma geração ousada de *ecolodges* que leva o turismo ecológico consciente para muito além do mosquiteiro. Está totalmente comprometido com o emprego local, a recuperação da floresta e o plantio de produtos orgânicos.
Ambiental:
Social:

A pousada tem um dos melhores spas da América Central, que oferece um cardápio de massagens terapêuticas, bandagem de algas marinhas, chuveiro Vichy e até um banquete de tratamentos corporais que exploram o poder curativo do chocolate. Você pode apreciar melhor a paisagem natural se transferir a massagem para o terraço do seu quarto, cercado pelos sons da floresta. E para quem aprecia mordomias, pode-se ficar no recém-criado Spa Villa, instalado em jardins cobertos por hibiscos e buganvílias, e dotado de uma bela sala particular de terapia.

Além de proporcionar tantos prazeres, o Chaa Creek traz diversas oportunidades para explorar a floresta tropical circundante. Os passeios geralmente começam por uma visita ao Blue Morpho Butterfly Farm and Natural History Centre, que apresenta noções gerais sobre fauna, flora e ecologia tropicais. Em seguida, pode-se conhecer a floresta a pé, a cavalo ou com caiaque. Os guias são excelentes e várias caminhadas em torno da pousada dispensam orientação, como a da Rainforest Medicine Trail, onde são ilustradas e documentadas as plantas medicinais da floresta.

A pousada ainda conduz diversos projetos educacionais e ambientais, como o repovoamento da floresta com bugios, o financiamento da educação ambiental em escolas e a Maya Farm, que combina técnicas agrícolas maias e modernas para produzir boa parte dos alimentos orgânicos do resort.

Contando com 100 funcionários escolhidos entre os habitantes das aldeias locais e as melhores políticas de reciclagem, gerenciamento de água e energia renovável, o Chaa Creek prova que sustentabilidade não é austeridade, e que luxo não coincide com ganância. Você pode realizar seus desejos sem peso na consciência.

Steppingstones

Englishtown, Toledo, Belize
www.steppingstonesbelize.com / info@steppingstonesbelize.com

A COMBINAÇÃO entre pesca esportiva e ecoturismo gera polêmica. Os defensores afirmam que, por sua natureza, a pesca esportiva tem impacto e alcance reduzidos, e que sua popularidade ajuda a proteger várias espécies de peixes que os pescadores profissionais não devolvem à água. Para os críticos ela é cruel, pois a estrutura bucal dos peixes que retornam ao mar é danificada a ponto de impedir uma boa alimentação. Esta é a firme convicção de Chris e Sue Harris, o casal britânico que construiu e administra Steppingstones.

Mas o empreendimento não se resume à pesca. A pousada foi construída utlizando-se principalmente material recolhido em uma das pequenas ilhas nas águas azul-turquesa do Caribe belizenho (troncos à deriva, por exemplo). Há somente duas cabanas, além da casa dos Harris e do chalé dos funcionários. Todo o resort reaproveita água da chuva e água cinza, utiliza energia solar e somente recorre a um gerador quando o céu fica encoberto. Apesar disso, as cabanas têm eletricidade 24 horas por dia, geladeira, TV via satélite e tomadas. Uma temporada em Steppingstones é como ficar na casa de praia de um amigo: os hóspedes têm um andar inteiro, com cozinha americana, sala, duas camas de casal e um banheiro. Tudo decorado e mobiliado para fazê-los sentir-se em casa, além de complementos como uma estante com bons romances e jogos de tabuleiro para os dias de chuva. O terraço do segundo andar dá vista para a mítica paisagem do Caribe, sombreia e refresca o ambiente – os ventiladores e o ar-condicionado quase podem ser dispensados nos dias mais quentes.

Os Harris são pescadores conscientes. Explicam como o ubarana e outras espécies reagem aos diferentes kits de pesca e fazem

ECO**INFO**

Quartos: 2 apartamentos independentes em cabana de 2 andares.
Preços: BZ$215-320 (US$110-165) por noite por quarto de casal, com traslado (ida e volta) de Placencia.
Local: Em uma ilha a 1h de barco de Placencia, no sul de Belize. O aeroporto Internacional mais próximo é o da Cidade de Belize.
Melhor época: Abr-jun é a melhor época de pesca.
Como chegar: Da Cidade de Belize, voe até Placencia. Do campo de pouso saem barcos (1h) para o resort.
Emissão de CO_2: Voo para a Cidade de Belize, de Nova York 0,63t; de Londres 2,38t; de Sydney 4,34t. Traslado para Placencia 0,06t.
Custo da neutralização: US$10,35; £18,35; A$82,25.

Responsabilidade: Steppingstones merece elogios por sua autonomia quase integral relativa a água e energia, e por reduzir o impacto sobre o ambiente circundante. Todos os funcionários e guias são moradores da região.
Ambiental: 3/5
Social: 2/5

parte da cooperativa regional de pescadores, sua parceira em projetos de conservação marinha. Quem não gosta de pescar também tem muito o que fazer. A pouca distância da praia há um recife ideal para mergulhos com snorkel (a pousada oferece equipamento de snorkel e caiaques), cerca de 1,5 quilômetro de praias desertas e passeios de barco em que se pode avistar um peixe-boi ou um tubarão-baleia. Um dos melhores abrigos para primatas no país – o Monkey River Village, administrado pela comunidade – também está localizado perto, e Steppingstones organiza excursões para lá e para a floresta belizenha. Em resumo, trata-se da combinação ideal entre férias na praia, sossego, contato com a vida selvagem e – para quem tiver consciência ecológica – pescaria.

Finca Rosa Blanca Country Inn

Santa Bárbara de Heredia, Costa Rica
+506 269 9392 / www.fincarosablanca.com / info@fincarosablanca.com

FINCA ROSA Blanca está encravado em um jardim de flores e árvores tropicais, com uma exuberante floresta secundária ao redor. A paisagem do vale central da Costa Rica é mágica, sobretudo ao amanhecer, quando o sol intenso da América Central espalha suas luzes douradas sobre cafezais e milharais e dá contorno aos vulcões distantes. O hotel associa um dos mais altos padrões de sustentabilidade dos destinos ecológicos das Américas ao luxo, à privacidade e à elegância de um hotel-butique urbano.

Os melhores quartos do hotel são as suítes master e júnior, localizadas no edifício central. Em seu redor há um pátio interno ventilado que serve como área comum de lazer e biblioteca. Os quartos têm estilos definidos. A suíte Rosa Blanca – um quarto circular que ocupa os dois andares mais altos – é extraordinária. As escadas partem de um quarto decorado com murais de florestas até a câmara superior com uma cama no centro; em vez de paredes há apenas janelas com uma estupenda vista de 360 graus para o vale. Formas orgânicas e adornos estilo Gaudí espalham-se pela suíte; e, no banheiro, uma banheira azul, cercada por plantas e abastecida por água mineral que

emana de uma fonte artificial de pedra. As outras suítes são decoradas por belas peças tropicais, reproduções de aves pintadas por Audubon e máscaras indígenas. Outra suíte popular, El Guarumo – um ninho em curvas e arcos escondido no corredor – é perfeito para casais discretos.

Apesar da beleza ao seu redor, Rosa Blanca é mais uma base do que um destino turístico em si. Conta com aluguel de cavalos para passeios ao vulcão Barva ali perto, mas não há espaços naturais em suas imediações. Por isso, carros e excursões de ônibus são uma necessidade; ambos podem ser reservados pelo Rosa Blanca ou em agências como a Camino Travel, que ainda faz excursões para os vários parques nacionais, reservas particulares e florestas enevoadas que ficam a 1 dia de viagem. Entre os destaques estão os vulcões Poás e Irazú, e as florestas ao redor de suas crateras; o Parque Nacional Braulio Carillo; e as excursões por algumas das melhores fazendas de café da América Central. Aventuras como o *rafting* e passeios para observar aves estão sempre ao alcance. O serviço de guias e funcionários do hotel é excelente, e podem-se chamar especialistas em vida selvagem.

ECO**INFO**

Quartos: 15 quartos (2 suítes master, 2 *villas* e 11 suítes juniores) na sede (as melhores) e em casas menores no jardim.

Preços: C140.000-220.000 (US$270-425) por quarto de casal por noite, com café da manhã. O jantar custa C18.000 (US$35).

Local: 15min de carro do Aeroporto Internacional de San José, capital da Costa Rica.

Melhor época: Dez-abr é a época mais seca.

Como chegar: Do aeroporto, o Rosa Blanca fornece traslado para o hotel. Ou, então, pode-se contratar transporte e passeios na Camino Travel (www.caminotravel.com), respeitada operadora de turismo sustentável.

Emissão de CO_2: Voo para San José, de Nova York via Miami 0,79t; de Londres 2,04t; de Sydney 5,19t. Traslado 0,01t.

Custo da neutralização: US$11,85; £18,05; A$97,20.

Responsabilidade: O Rosa Blanca é um dos três estabelecimentos costa-riquenhos que recebeu "cinco folhas" do certificado de turismo sustentável, conforme o rigoroso modelo do *turismo sostenible*. É um modelo exemplar de ecoturismo. Seus trabalhos de reciclagem, conservação de energia e ação comunitária são rigorosos, e os ingredientes dos pratos de seu cardápio provêm de seu jardim de permacultura ou de fontes locais. Árvores podem ser plantadas no local para neutralizar as emissões de carbono.

Ambiental: ØØØØØ

Social: ØØØØØ

Viajar ou não viajar?

MUITOS TURISTAS se perguntam, ao chegar à América Central ou do Sul, se deveriam ter pegado o avião. Um voo de ida e volta de Londres para a Costa Rica, por exemplo, gera 2,5 toneladas de CO_2 por passageiro; o voo de Sydney atinge imensas 4,32 toneladas. Mesmo um voo de Nova York gera 0,78 toneladas. Para se ter a dimensão do problema, cientistas afirmam que devemos reduzir nossa pegada de carbono para 3 ou 4 toneladas ao ano (incluindo as atividades da vida doméstica e outras emissões pessoais) para evitar uma mudança climática perigosa. Se considerarmos esse fato, descobriremos com facilidade que as viagens ecológicas não são tão ecológicas assim. Por outro lado, o fim do turismo seria um desastre para o meio ambiente nas Américas do Sul e Central e, ironicamente, para as emissões globais de carbono.

A Costa Rica tem reputação por sua biodiversidade: aqui se concentram 5% das espécies de todo o mundo – em 0,1% de sua massa terrestre. A menos de uma geração, reinavam a caça e o desmatamento. Mas o turismo científico resultou na criação dos primeiros parques nacionais, e depois o ecoturismo fez com que mais de um quarto do país fosse transformado em reservas. Hoje a Costa Rica é a única nação do mundo em que o reflorestamento supera o desmatamento.

O modelo costa-riquenho está se espalhando pelo mundo. A pressão de cientistas e ecoturistas levou à criação de várias reservas estatais e privadas nos continentes, como os parques nacionais del Manú, no Peru, e Noel Kempff Mercado, na Bolívia, a Reserva de Desenvolvimento Sustentável de Mamirauá, no Brasil, e a Reserva Florestal de Iwokrama, na Guiana. E ainda gerou uma fonte de renda para populações locais que, do contrário, cortariam árvores para criar sítios de desmatamento e caçariam animais. Até na Costa Rica quase todos os guias são ex-caçadores que se tornaram guardas florestais.

Numa visita às Américas do Sul e Central, além da escolha de empreeendimentos ecológicos, há outras medidas que podem otimizar o benefício à população local, à floresta e, por consequência, ao planeta. Prefira projetos que não sobreviveriam sem o turismo e preservam áreas em que o desmatamento representaria um grande risco – caso de Cristalino, no Brasil (*ver* págs. 84-5), ou Sarapiquí, na Costa Rica (*ver* págs. 76-7). Recorrer a guias locais, comer em restaurantes locais (não em cadeias internacionais) e comprar produtos fabricados na região são atitudes que impulsionam a economia do país visitado e mostram à sua população que o turismo sustentável é uma alternativa econômica concreta à caça e ao desmatamento. A vida selvagem mal é percebida pela maioria da população de países das Américas do Sul e Central, quanto mais valorizada. Demonstrar interesse genuíno pela natureza e vida animal, e sentir prazer pelo contato com a cultura e língua locais, pode modificar valores. A Costa Rica é um exemplo.

Hotel Punta Islita

Península de Nicoya, Guanacaste, Costa Rica
+506 231 6122 / www.hotelpuntaislita.com / info@hotelpuntaislita.com

O HOTEL Punta Islita dá uma adorável sensação de isolamento. Instalado em torno de um penhasco, com vista para uma baía em forma de meia-lua de areias amareladas, em suas imediações há promontórios rochosos e colinas de floresta tropical seca. A viagem de ida reforça a sensação de isolamento romântico, e deve ser planejada de acordo com o ritmo das marés antes de se cruzar os dois rios de água salgada que separam Punta Islita do resto do mundo por metade do dia.

Com 47 quartos e *casitas* dispersos pela faixa que vai do topo do penhasco até a borda da baía, um campo de golfe de nove buracos e um clube de praia completo, com playground e piscina para crianças, Punta Islita supera as ambições de um retiro ecológico comum. Mas seu paisagismo e design delicados – os quartos

são simples e estão aninhados na encosta, com cenários de vegetação que criam uma sensação de intimidade – impedem que você se sinta enclausurado e o sintonizam com a natureza ao redor.

A elegância rústica é o traço principal dos quartos, que possuem camas de dossel feitas de madeira talhada na região, peças pitorescas da arte local e água para todos os lados. Vistas do Pacífico aparecem em quase todos os quartos. As suítes têm um deque particular com jacuzzi, e as *casitas* e *villas* com dois quartos contam com piscinas particulares.

O resort é responsável pela manutenção da praia de Islita (que já lhe rendeu o prêmio Blue Flag), onde se chega com um ônibus circular que parte do ponto mais elevado. O mesmo padrão foi adotado para sua reserva florestal de 20 hectares, gerenciada em tempo integral por um biólogo que trabalha pela propagação e preservação da flora e da fauna endêmicas, como bugios e araras-vermelhas. O hotel também financia um programa para tartarugas na praia de Camaronal, cujo objetivo é resgatar uma população ameaçada pela caça.

Fiel à sua vocação ecológica, o Punta Islita ainda causa um impacto positivo na comunidade. Seus prestativos funcionários vieram quase todos de vilarejos próximos, e tudo, da mobília aos frutos do mar, é comprado na região.

O balneário também revitalizou as manifestações locais ao encomendar pinturas e esculturas a artistas e artesãos, e ainda montar uma galeria de arte a céu aberto. Além de belas e multicoloridas, estas obras representam o orgulho individual e simbolizam uma população que renovou seu destino com o auxílio do turismo bem gerenciado.

Enquanto você não está dando sua cota para salvar a cultura local, refresque-se no bar da magnífica piscina de borda infinita; aqui você pode planejar um dia cheio de atividades, desde arvorismo até uma relaxante massagem na Casa Spa do hotel. Existe lugar melhor para descobrir os prazeres da responsabilidade social?

ECO**INFO**

Quartos: 47 quartos com telhado de sapé, em *casitas* tipo chalé e *villas*.
Preços: C93.000-285.000 (US$180-550) por quarto de casal por noite, com café da manhã, sem impostos.
Local: Na costa do Pacífico, na península Nicoya, noroeste da Costa Rica. O aeroporto mais próximo é o de San José, embora alguns voos internacionais cheguem a Liberia, a 80km do hotel.
Melhor época: Início de dez, com clima perfeito e tarifas menores.
Como chegar: Saindo de San José, vá de carro ou avião para Liberia. Dali, um avião fretado leva os hóspedes ao pequeno campo de pouso em Islita. Ou, então, siga de carro pela península numa estrada de paisagem fascinante (alugue um 4X4).
Emissão de CO_2: Voo até San José, de Nova York via Miami 0,79t; de Londres 2,04t; de Sydney 5,19t. Traslado 0,11t.
Custo da neutralização: US$13,35; £18,80; A$99,05.

Responsabilidade: O Hotel Punta Islita empenha-se para ter um impacto positivo sobre a região, com programas inovadores que incentivam as comunidades através da educação e da criatividade. Ele também assumiu a linha de frente na administração ambiental, com o objetivo de manter intocadas as florestas e praias da região.
Ambiental:
Social:

Lapa Rios

Puerto Jiménez, Costa Rica
+506 735 5130 / http://laparios.com / info@laparios.com

ECO**INFO**

Quartos: 16 bangalôs particulares.
Preços: C114.000-176.000 (US$220-340) por pessoa por noite, em quarto para 2 pessoas, com 3 refeições, transporte de ida e volta para Puerto Jiménez, excursão com guia, impostos e taxas.
Local: 332km a sudeste de San José.
Melhor época: O período seco (dez-abr), embora haja poucos visitantes nos outros meses.
Como chegar: Voe de San José para Puerto Jiménez (50min).
Emissão de CO_2: Voo para San José, de Nova York via Miami 0,79t; de Londres 2,04t; de Sydney 5,19t. Traslado 0,07t.
Custo da neutralização: US$12,85; £18,55; A$98,45.

Responsabilidade: Lapa Rios é um dos poucos empreendimentos turísticos da Costa Rica a ter recebido "cinco folhas" do Certificado de Turismo Sustentável. A cozinha funciona com metano produzidos por porcos criados no local, há água com aquecimento solar e a conservação de recursos, energia e água é prioritária. Quase todos os funcionários são da comunidade local, treinados pelo Lapa Rios. Seus filhos podem frequentar uma escola especial financiada pelo hotel.
Ambiental: ØØØØØ
Social: ØØØØØ

LAPA RIOS é a prova viva de que é possível administrar um negócio com responsabilidade social e ecológica em uma floresta tropical e ao mesmo tempo oferecer acomodações luxuosas, comida excelente e serviços de primeira classe.

O hotel está instalado dentro da reserva particular Lapa Rios, formada pela mata secundária da península de Osa, no extremo sudeste da Costa Rica. A reserva faz fronteira com a mata primária do Parque Nacional Corcovado, uma das regiões mais agrestes do país. Embora não se compare à extensão e gran-

deza da Amazônia, o parque é margeado por belas praias, e nele transborda a vida selvagem: o sucesso do ecoturismo marginalizou quase totalmente a caça.

O empreendimento é formado por uma série de construções com telhados de colmo instaladas em jardins em uma colina, interligadas por belas trilhas de seixos. A vista das varandas dos bangalôs e do restaurante é mágica – acima de helicônias e bananeiras tomadas por tucanos e macacos-prego; ao longe, a selva, que vai até a praia de Carbonera, e depois o mar. A natureza virgem, entremeada por riachos de água clara e habitada por milhões de pirongas, surucuás e manaquins, ergue-se na parte de trás do hotel e sobe até o Parque Nacional Corcovado. O ar é preenchido pelo som de sapos e cigarras e adensado pelos aromas da floresta e pelas ondas do Pacífico.

Os bangalôs figuram entre os mais espaçosos e confortáveis de qualquer floresta. Cada um possui duas camas *queen-size* com mosquiteiro, dispostas em pisos polidos de madeira de lei sob o teto de sapê, no ambiente de pé-direito alto. Ao fundo, sobre a bela cômoda de madeira de lei, uma bacia de porcelana e um grande espelho, que estão na passagem para um forte chuveiro quente. Há também um sofá e uma mesa ampla, e janelas do tamanho de um lençol de casal por onde flui a luz natural. Apesar dessas dimensões, cada bangalô garante privacidade absoluta, vigiado apenas pela própria varanda, pelo jardim e pela paisagem magnífica.

A comida de Lapa Rios é excelente, servida em uma *palapa* vasta e aberta, com uma varanda externa voltada para a floresta e o Pacífico. Caso consiga libertar-se desta vista, você pode participar de diversas atividades, desde caminhadas com guias e acampamentos noturnos no parque nacional até passeios para ver golfinhos, excursões de sustentabilidade ou um futebol com os empregados do hotel.

La Quinta Sarapiquí Country Inn

PO Box 43-3069, Sarapiquí, Costa Rica
+506 761 1300 / www.laquintasarapiqui.com / info@laquintasarapiqui.com

QUEM VAI a La Quinta pode ter certeza de que irá deixar seu dinheiro nas mãos de um empreendimento 100% costa-riquenho. Na América Central há muitos hotéis de americanos ou europeus ou administrados por eles. Porém, La Quinta é o resultado da dedicação e do carisma de um casal costa-riquenho – Leo e Beatriz Jenkins.

A família Jenkins está no país há várias gerações, e nela vive a mistura de energia e otimismo típica dos centro-americanos. Leo e Beatriz ergueram La Quinta com recursos escassos, sem os generosos financiamentos ou poupanças investidos em diversos *ecolodges* costa-riquenhos que pertencem a norte-americanos. Enquanto estes proprietários se fazem notar pela ausência, Leo e Beatriz sempre estão em La Quinta, excursionando pela floresta ou tecendo elogios à arara-verde, ameaçada de extinção.

A hospedagem ocupa uma antiga fazenda de Sarapiquí, ao norte das famosas praias de Tortuguero, onde são criadas tartarugas, na costa caribenha. Tudo isso faz de La Quinta uma boa parada a caminho das principais atrações da Costa Rica – Arenal, o vulcão em erupção permanente, e as florestas enevoadas de Monteverde.

Sarapiquí precisa dos ecoturistas – esta é uma das regiões mais pobres do país, que tem os mais altos índices de degradação ambiental. Aqui, a proteção do meio ambiente está nas mãos de agentes privados responsáveis, como o casal Jenkins.

As florestas baixas que abundavam em Sarapiquí abrigam hoje uma das maiores e mais raras araras do mundo, a arara-verde-grande, que faz ninho somente em amendoeiras maduras, árvores muito procuradas por sua madeira. Para proteger aves e árvores, La Quinta criou o projeto Lapa Verde, batizado por causa da arara (*ver* ECOINFO).

Em La Quinta os quartos são simples: uma cama de casal ou duas de solteiro, com banheiro, mosquiteiros e terraço. As cabanas de alvenaria são interligadas por trilhas que cortam um pequeno jardim de helicônias. Sugere-se aos hóspedes que plantem árvores aqui para compensar as emissões de carbono gerada por seus voos. Leo e Beatriz introduziram arbustos, flores e lagos para onde são atraídos sapos, borboletas e beija-flores multicoloridos. Boa parte dos alimentos de La Quinta são cultivados na horta; são integrais, diversificados e abundantes, sempre servidos na sala de jantar coletiva. O hotel ainda possui bar, piscina e um riacho para amenizar o calor tropical.

La Quinta é o local perfeito para famílias com crianças pequenas. Não está encravado na floresta tropical; é um campus fechado que oferece uma base segura para visitas a santuários e reservas de vida selvagem nos arredores. La Quinta organiza ainda *raftings*, passeios com pôneis e aulas de culinária e fabricação de papel.

ECO**INFO**

Quartos: 28 quartos em bangalôs, simples ou superiores (com ar-condicionado).

Preços: A partir de C34.000 (US$65) por quarto por noite, sem impostos e alimentação (cada refeição sai cerca de C6.000/US$12).

Local: 90km a noroeste de San José.

Melhor época: Dez-abr é a temporada mais seca.

Como chegar: Siga de avião para San José, de onde o hotel oferece traslado de carro. Como opção, a Camino Travel (www.caminotravel.com) oferece transporte para a pousada e excursões pela região.

Emissão de CO_2: Voo para San José, de Nova York 0,79t; de Londres 2,04t; de Sydney 5,19t. Traslado 0,06t.

Custo da neutralização: US$12,60; £18,40; A$98,15.

Responsabilidade: La Quinta desenvolveu um projeto para aumentar a população da ameaçada arara-verde-grande por meio da proteção às amendoeiras, das quais as aves dependem. O projeto tem dois objetivos: replantar amendoeiras e comprar exemplares maduros (alguns com ninhos de araras) de fazendeiros da região. O hotel ainda apoia outros projetos locais de conservação pouco valorizados na Costa Rica e trabalha com escolas locais e comunidades agrícolas. Além disso, é possível plantar árvores em La Quinta para neutralizar as emissões de carbono.

Ambiental:

Social:

Chalalán Ecolodge

Calle Sagarnage, 189, 2º andar, sala nº 35, La Paz, Bolívia
+591 2 231 1451 / www.chalalan.com / info@chalalan.com

ENCRAVADO ENTRE os Andes e a planície amazônica, no coração de um dos maiores ambientes naturais das Américas, o Chalalán Ecolodge comprova a força do ecoturismo. Em 1992, a população tacana de San José de Uchupiamonas resolveu dar fim ao corte ilegal nas florestas de seus antepassados. Com o auxílio da Conservation International e um empréstimo do BID, concebeu e implementou um projeto de turismo sustentável que protege suas florestas e tradições. O resultado é uma bela pousada que foi pioneira na associação entre ecoturismo natural e interação cultural, um aspecto que distingue as melhores hospedagens ecológicas da Amazônia.

A pousada foi construída em torno da lagoa Chalalán, onde uma frota de canoas de madeira está à disposição dos interessados em explorar a floresta e um píer se curva como um trampolim para os mergulhos matinais. Os seis chalés adjacentes – três coletivos e três individuais – procuram reproduzir as tradicionais habitações tacanas, e utilizam material sustentável recolhido exclusivamente da mata secundária. Telhados e paredes são feitos com palmeiras e os pisos têm madeira da região. O terraço espaçoso e sombreado tem vista para a lagoa e redes feitas com tecidos amazônicos tradicionais. As únicas

concessões materiais ao mundo externo são os azulejos, as descargas dos banheiros e os mosquiteiros.

Todos os gerentes e funcionários do Chalalán residem na aldeia tacana de San José, a 25 quilômetros da pousada, na subida do rio Tuichi. Há um sistema de energia solar e todos os resíduos são reciclados, filtrados ou compostados. A culinária é orgânica, com destaque para os peixes de água doce. O maior atrativo é o *dunuquavi*, prato típico feito com bagre cozido em um maço de folhas. Ele é servido na última noite da estadia, e vale como introdução a uma noite de danças e histórias tradicionais dos tacanas.

Entre as atividades estão viagens de barco e caminhadas – com ou sem a supervisão dos tacanas – pelos 30 quilômetros de trilhas que cercam a pousada. Cada uma traz informações sobre a floresta, como o uso de plantas medicinais, o comportamento de seus animais, os fungos e as aves. O percurso de 5 horas até os rios Rayamayo e Eslabón reserva encontros surpreendentes com a fauna local: bugios, macacos-aranha, javalis ou, se a sorte ajudar, a espécie recém-descoberta pelo Parque Nacional Madidi, o *Callicebus aureipalatii*, ou "macaco-titi". O nome bizarro do primata, definido em leilão, rendeu 650 mil dólares aos fundos para conservação do parque. Entre caminhadas e passeios de canoa, você pode nadar no lago ou aprender a fazer artefatos dos tacanas.

ECO**INFO**

Quartos: 3 chalés particulares e 3 bangalôs coletivos, em estilo tacana.

Preços: \$b2.930-3.500 (US\$379-449) por pessoa, por 5 dias/4 noites, com refeições e traslados.

Local: Parque Nacional Madidi, a 5h de canoa de Rurrenabaque, nordeste da Bolívia.

Melhor época: A estação seca, entre jun e nov.

Como chegar: Voe para La Paz; depois pegue um ônibus (18h) ou um avião para Rurrenabaque (410km), onde começa uma viagem de barco de 5h para a pousada. Rurrenabaque faz parte do circuito dos mochileiros, com boas acomodações e restaurantes, caso queira fazer uma pausa.

Emissão de CO_2: Voo para La Paz, de Nova York 1,78t; de Londres 2,92t; de Sydney 4,02t. Traslado para Rurrenabaque de avião 0,09t; de ônibus 0,07t.

Custo da neutralização: US\$27,70; £22,55; A\$76,65.

Responsabilidade: Chalalán é um modelo para as comunidades indígenas que querem proteger suas terras da exploração, e prova que o ecoturismo pode beneficiar tanto o ambiente como os habitantes locais.

Ambiental: ØØØØ
Social: ØØØØØ

De olho na onça-pintada

No Parque Nacional Noel Kempff Mercado as onças-pintadas da Amazônia ainda se esgueiram por seu hábitat natural. **Alex Robinson** saiu em sua busca e viu coisas que pouquíssimas pessoas tiveram chance de ver.

Eu mal havia saído do pequeno avião quando avistei um homem idoso, com uma camisa rosa puída, correndo do acampamento em nossa nossa direção. Estava nitidamente desorientado. "Tirem-me daqui", ele falou balbuciante. "Todas as noites aparece uma onça-pintada no acampamento... bem na frente do meu quarto! Eu sei que ela vai saltar pela janela e me pegar! Não consigo dormir! Levem-me de volta para Santa Cruz!"

Olhei para Tim, nosso guia pelos dez dias que viriam. "Não se preocupe", ele me disse, "onça-pintada não come gente", e depois acalmou o homem falando em um espanhol de gringo. Mas ele, que morava na região, não parecia confiante. Também eu fiquei em dúvida.

No dia anterior eu tivera meu primeiro encontro com uma onça--pintada, separado pelas paredes de um poço no zoológico de Santa

Nesta pág.: Huanchaca, no centro do parque. Pág. ao lado: 'El Encanto'

Cruz – e não era um bichano. Encarando-me de frente com ar imponente, estavam 120 quilos de músculos, garras e dentes. Eu sabia que aqui na selva elas seriam mais corpulentas e ferozes, e olhei hesitante para Los Fierros, o conjunto de pequenas cabanas onde ficaríamos nas duas noites seguintes.

Cultivei durante anos o sonho – semeado por David Attenborough – de chegar ao coração de uma floresta tropical. Ele me levou a caminhadas em meio às sanguessugas na Sumatra, à floresta australiana de Daintree e aos templos maias de El Petén, no sul do México. Mas, passados os primeiros minutos em Los Fierros, percebi que aquelas viagens eram inocentes passeios pelo bosque se comparados à Amazônia. A vida selvagem estava por toda parte. Pegadas enormes de felinos cobriam a estrada de terra, que, vista do ar, mais parecia um risco talhado num enorme mar verde. Araras-de-barriga-amarela grasnavam nas árvores, e uma família de quatis deslizava pela vegetação rasteira.

O Parque Nacional Noel Kempff Mercado é um dos mais fabulosos destinos com florestas tropicais do mundo: 1,5 milhão de hectares de florestas, cerrados e planícies de inundação cujo centro é Huanchaca, uma chapada íngreme de 250 quilômetros quadrados que parece saltar da planície adjacente. Essas muralhas de pedra se estendem ao norte pelo Brasil e cortam as grandes planícies centrais da América do Sul. Mas só aqui, no Jalapão e nos arredores do rio Negro, elas se aproximam

Nesta página: Tirando fotos e deixando pegadas; a densa vegetação do parque é o local perfeito para observar onças-pintadas

de seu estado primordial. Huanchaca foi descoberta pelo piloto e biólogo Noel Kempff Mercado, que ficou extasiado com sua beleza e biodiversidade. Ele defendeu a chapada no Parlamento boliviano, e seu trabalho resultou na transformação da área em um parque nacional. Resultou também no seu assassinato na chapada por traficantes de cocaína, em 1986. O parque foi declarado patrimônio da humanidade pela Unesco e, apesar disso, depende de financiamento e ainda corre riscos.

Mas é um lugar selvagem – a tal ponto que quase não dormi na primeira noite. Puseram-nos numa cabana nos limites de Los Fierros, que fica do lado da floresta. Entre nós e a Amazônia só havia uma tela de plástico sobre uma janela de um metro quadrado. A escuridão produzia ruídos sobrenaturais – latidos, pigarros e grunhidos de todo tipo. A poucos metros da porta havia algo que farejava e ofegava. Resolvi dormir no chuveiro.

Talvez a adrenalina tivesse me deixado aceso no dia seguinte, pois levantamos ao amanhecer e corremos pelo cerrado rumo às bordas de Huanchaca. No caminho, o jipe cortava espessas teias de aranha presas às árvores, e ao descer vimos que as grades frontais estavam cobertas por aranhas-verdes em plena atividade. "Agora vamos a pé", disse Tim, indicando uma trilha estreita rumo à floresta escura. Eu me sentia prestes a entrar na Mirkwood de *O Senhor dos Anéis*. Subimos por um baixo aclive sob árvores gigantescas. Macacos--aranha passeavam pelas copas e o azul-vivo das borboletas brilhava a todo instante pelo caminho. O sol alaranjado gravava sua cor no chão e estranhos perfumes pairavam no ar, vindos de flores, folhas umedecidas, além do odor penetrante da horda de porcos selvagens que cruzava o caminho. Estavam bem distantes de nós, mas Tim ficou preocupado e obrigou-nos a parar perto de algumas árvores altas, onde ficamos em silêncio até que os grunhidos dos porcos e o ranger de dentes se dissipassem em meio ao zunido das cigarras.

A trilha ficou mais íngreme e rochosa, e 3 horas depois comecei a escutar ao longe o estrondo de uma queda-d'água gigantesca. Passada uma curva, a floresta abriu-se como a cortina de um palco para apresentar a mais bela queda-d'água que já vi.

"El Encanto", disse Tim. "Poucos milhares de pessoas a viram além de vocês." A água jorrava de uma fenda saída da alta face rochosa de Huanchaca, cerca de 100 metros acima de nós. A corrente descia, depois parecia parar e retornava, sempre em direção a um lago profundo, de águas frescas e claras. As pedras estavam cobertas por camadas de musgo, e um bando de araras-vermelhas flutuava à sua frente no instante de nossa chegada, em perfeito contraponto ao seu verde aveludado.

Nadamos e nos secamos ao sol durante várias horas, e foi difícil ir embora de El Encanto – a despedida veio tarde. Retornamos ao acampamento com a noite avançada, cruzando um atalho pelo cerrado e espantando raposas, guaxinins e tamanduás em nosso caminho. Em seguida, jantamos e retornamos à estrada com lâmpadas de halogênio que Tim conduzia em meio à poeira vermelha. Ao fundo, dois olhos verdes de um felino miravam em nossa direção, depois piscaram e desapareceram em meio às árvores.

No voo para Santa Cruz eu acompanhava com os olhos o carpete verde que cinge Huanchaca. O que antes parecia um horizonte infinito transformava-se agora, em meia hora, em uma colcha de retalhos de pastos e plantações de soja. Cheguei à conclusão de que a floresta ao redor de Huanchaca resistia somente graças à curiosidade de um turista – Noel Kempff Mercado. Ele certamente ficaria contente por saber que o dinheiro dos ecoturistas (como eu) está contribuindo para resguardar onças-pintadas e árvores da ação de caçadores e madeireiros.

ECO**INFO**

Local: A 600km de Santa Cruz, no nordeste da Bolívia, no rio Iténez/Guaporé, que faz fronteira com o Brasil.

Como chegar: De avião, com a Fundación Amigos de la Naturaleza (FAN; *ver* "Outras informações"), ou em excursões organizadas por operadoras como a Neblina Forest (www.neblinaforest.com) ou a local Ruta Verde (www.rutaverdebolivia.com).

Emissão de CO_2: Voo para La Paz, de Nova York 1,78t; de Londres 2,92t; de Sydney 4,02t. Traslado 2,23t.

Custo da neutralização: US$44; £30,80; A$97,15.

Onde ficar: Há dois acampamentos florestais no parque: Los Fierros, no meio da floresta (para observar animais); e Flor de Oro, às margens do Iténez. Hóspedes de Los Fierros ficam em chalés simples com ventiladores, banheiros e camas *queen size*. Flor de Oro é um pouco mais confortável: alguns quartos têm varanda e ar-condicionado.

Preços: Variam de acordo com o transporte e a operadora, mas em geral ficam em torno de $b1.160 (US$150) por dia, com as refeições.

Melhor época: Mar-set.

Outras informações:
Noel Kempff Mercado NP +591 3 355 3835, www.noelkempff.com
FAN +591 3 329 717, www.fan-bo.org

Responsabilidade: A FAN é parceira do governo boliviano, de ONGs e operadoras ecoturísticas. Seu trabalho garante a sobrevivência deste bioma único na América do Sul e ajuda as aldeias dos arredores. Todas as operadoras trabalham por meio da FAN; assim, você com certeza estará contribuindo para a proteção do parque.

Cristalino Jungle Lodge

Alta Floresta, Mato Grosso, Brasil
66 3512 7100 / www.cristalinolodge.com.br / info@www.cristalinolodge.com.br

ADMIRADORES DE aves, preparem-se. Esta pousada notável é a melhor da América do Sul para quem deseja observar espécimes da planície Amazônica. Entre as 550 espécies catalogadas aqui, é comum encontrar o gavião-real e o socoí-ziguezague. Além de Iwokrama, na Guiana (*ver* págs. 100-1), em nenhum outro ponto da Amazônia são tão boas as chances de observar antas, onças-pintadas e outros grandes mamíferos.

A Fundação Ecológica Cristalino – reserva particular que pertence ao hotel – e o adjacente Parque Estadual Cristalino, cujas terras alcançam o estado do Pará, são um refúgio para a vida selvagem amazônica que foge da devastação da soja, da madeira e do gado no Centro-Oeste brasileiro. A região foi classificada como "área prioritária de conservação da biodiversidade" na Amazônia brasileira, segundo a definição do histórico seminário "Biodiversidade na Amazônia", realizado em 1999 em Macapá. Até meados da década de 1970, a região era o cerne de uma enorme faixa de floresta de planície que se estendia desde o distante norte do rio Amazonas até quase mil quilômetros ao sul do Pantanal de Mato Grosso. Hoje, porém, as fazendas tomaram boa parte do Pantanal, e mesmo o Parque Estadual Cristalino sofre pressões do poderoso *lobby* da agricultura, que controla a política local. A existência do Cristalino depende muito do turismo, assim como suas campanhas de conservação (conduzidas pela Fundação Cristalino) e os trabalhos científicos e comunitários; por isso, podemos afirmar que pouquíssimos hotéis merecem mais a visita de turistas conscientes, e que nenhum outro na América do Sul faz mais por merecer o dinheiro dos ecoturistas.

O hotel possui aposentos de vários tipos. Os bangalôs VIP são as acomodações mais confortáveis das florestas ao sul da Costa Rica: chalés elegantes, com lambris de madeira e muitas vidraças, camas de casal e banheiros com chuveiros aquecidos por energia solar, áreas de lazer com sofás e varandas com redes. Os quartos simples são chalés de concreto com piso de lajotas, camas de solteiro ou casal e banheiro. Localizam-se numa clareira pontilhada por árvores e estão interligados entre si e ao restaurante por trilhas. Há quartos mais austeros na área do restaurante.

As atividades no Cristalino giram em torno da vida selvagem, mas quem se interessa por aventuras encontra opções como rapel e acampamento na floresta (dormindo em redes). As instalações são excelentes e o serviço de guias é o melhor da Amazônia. A lista de aves foi compilada por ornitologistas lendários como Robert Ridgley e Kevin Zimmer, e reúne várias espécies endêmicas. É possível agendar excursões com especialistas capazes de identificar todas as espécies existentes, e os guias saberão onde e quando encontrar todos os animais, até os mais esquivos. A torre de observação de 50 metros de altura é a melhor dos trópicos, e permite ver muitas espécies que sobem em árvores, como os raros macacos saqui e titi. Há também um abrigo para a observação de antas, porcos selvagens ou, quem sabe, um grande felino. Telescópios, binóculos e gravadores ficam à disposição, e há uma excelente biblioteca com guias regionais. Caminhadas, guiadas ou não, passeios de canoa e lancha permitem que o hóspede veja outros animais, e há visitas opcionais às comunidades ribeirinhas e ao ninho do gavião-real na unidade do hotel em Alta Floresta, a 2 horas de viagem.

ECO**INFO**

Quartos: 4 bangalôs VIP, 8 bangalôs simples, 5 quartos para 2 pessoas e banheiro coletivo.

Preços: R$240-340 (US$125-175) por pessoa por noite, incluindo refeições, guias locais, naturalistas e traslado de Alta Floresta.

Local: 819km ao norte de Cuiabá, no Centro-Oeste do Brasil.

Melhor época: O ano inteiro.

Como chegar: Siga de avião para Cuiabá via São Paulo; depois, vá de avião (2h) ou ônibus (12h) até Alta Floresta, onde fará um percurso de 1h30 em barco motorizado até a pousada.

Emissão de CO_2: Voo para Cuiabá, de Nova York via São Paulo 2,49t; de Londres 3,08t; de Sydney 4,46t. Traslado para Alta Floresta de avião 0,19t; de ônibus 0,15t.

Custo da neutralização: US$39,80; £24,45; A$86,90.

Responsabilidade: Cristalino merece "cinco folhas" por contar com uma reserva florestal que representa um bastião contra a destruição da mata na região. A pousada adota reciclagem, tratamento da água usada, e ajusta-se bem à floresta.

Ambiental: ØØØØØ

Social: ØØØØØ

Fazenda San Francisco

Estrada Miranda-Corumbá, Pantanal, Mato Grosso do Sul, Brasil
67 3242 1088 / 3242 3333 / www.fazendasanfrancisco.tur.br / sanfco@terra.com.br

É PRECISO tomar cuidado no Pantanal, região onde proliferam jacarés, capivaras (maior roedor do mundo), sucuris (que dispensam apresentação) e, para completar, grandes felinos. A mescla de pastos e ambientes naturais – brejos, florestas, cerrados e terrenos com vegetação rasteira – recobre uma área comparável à da França e concentra 3% das planícies de inundação do planeta; está recheada de aves como a ema e o tuiuiú, que chega a atingir 1,5 metro de altura. Aves de rapina estão por toda parte, como os corvos nos milharais, e o canto estridente de papagaios e araras ecoa céu adentro. O melhor lugar do Pantanal para ver essas criaturas é a Fazenda San Francisco.

O hotel ainda está muito distante do ecoturismo de alto padrão praticado pelos empreendimentos brasileiros Cristalino (*ver* págs. 84-5) e Uakari (*ver* págs. 88-9). A reciclagem é irrisória, a conservação de energia é inconstante e a educação ambiental dos funcionários limita-se ao mínimo. Apesar de tudo, a Fazenda San Francisco desempenha um papel vital para o ecoturismo. Ela é pioneira no Mato Grosso do Sul,

uma região de criadores de gado, e seu programa singular de proteção a grandes felinos garante a sobrevivência de onças-pintadas, suçuaranas e jaguatiricas ao lado de rebanhos de gado.

Na virada do milênio o hotel lançou o projeto Gadonça, que visa determinar se é possível manter uma fazenda de gado lucrativa sem afugentar os grandes felinos. A pesquisa demonstrou claramente que, quando os fazendeiros preservam populações de cervos, capivaras e porcos-selvagens, os grandes felinos escolhem matá-las em vez de abater o gado. O Gadonça provou ainda que a arrecadação proveniente de turistas que viajam para ver onças-pintadas em seu ambiente natural supera de longe (em cabeças de gado) o valor poupado com seu extermínio.

Para os hóspedes de uma só noite a Fazenda San Francisco garante a vista de pelo menos um grande felino. É certo encontrar muitos jacarés, capivaras, emas e cervos-do pantanal. Exceto pela Amazônia, não se vê tantas aves em nenhum outro lugar.

As acomodações são casas simples de alvenaria em um jardim de buganvílias, visitadas por centenas de cardeais-da-amazônia, bandos de periquitos e famílias de emas. Os quartos com cama de casal ou solteiro têm ar-condicionado e contam com piso de lajotas, banheiro e geladeira. Trilhas conduzem os quartos à piscina e ao refeitório aberto, onde são servidas generosas porções de carne, complementadas por pratos locais como feijão, arroz, farofa e salada – para saciar a fome de qualquer turista.

ECO**INFO**

Quartos: 9 apartamentos em chalés de alvenaria, com capacidade para 28 pessoas.

Preços: R$249 (US$128) por um quarto para 2 pessoas, ar-condicionado, ventilador e geladeira. O valor inclui duas excursões diurnas e uma noturna, café da manhã, almoço e jantar, um guia local e seguro de viagem.

Local: 36km de Miranda e 232km de Campo Grande.

Melhor época: Em ago-set para a vida selvagem. Nov-mar é um período úmido e o Pantanal alaga; no resto do ano há seca. A temperatura pode chegar a 40 °C entre jul-ago.

Como chegar: De São Paulo ou do Rio de Janeiro, voe para Campo Grande. Ali, siga de ônibus para Miranda; a pousada providenciará seu traslado.

Emissão de CO_2: Voo para São Paulo, de Nova York 2,17t; de Londres 2,75t; de Sydney 4,14.t; traslado de avião e de ônibus 2,88t.

Custo da neutralização: US$74,45 £41,90; A$130,45.

Responsabilidade: A lei brasileira proíbe a caça de grandes felinos. Mesmo assim, onças-pintadas, suçuaranas e jaguatiricas são vistas como ameaça ao gado, e mortas com frequência. Suas peles decoram paredes e pisos, até mesmo em alguns supostos *ecolodges*. A Fazenda San Francisco, por sua vez, além de negar esta tendência, apresenta um modelo gerencial que pode ser decisivo para a sobrevivência dos grandes felinos nas Américas.

Ambiental:

Social:

Reserva Mamirauá e Pousada Uakari

Tefé, Amazonas, Brasil
97 3343 4160 / www.uakarilodge.com.br

A RESERVA de Desenvolvimento Sustentável Mamirauá habita o coração da floresta Amazônica, em meio a duas grandes artérias fluviais: o rio Amazonas e seu afluente de águas escuras, o rio Negro. Somada a dois vizinhos, a Reserva Amanã e o Parque Nacional do Jaú, Mamirauá forma a maior extensão de florestas tropicais sob proteção do planeta, com uma área superior à de muitos países europeus. Sua mera existência deve-se sobretudo ao trabalho realizado aqui, e uma viagem à reserva pode contribuir para sua continuidade.

Na época das chuvas, o Negro e o Amazonas são unidos por uma rede de cursos d'água onde a vida prospera. A abundância de aves e peixes chega a tal ponto que a área é uma das poucas protegidas pela Convenção sobre Zonas Úmidas de Importância Internacional, que a classifica como inestimável para o futuro da biodiversidade no planeta. Entre os milhares de espécies raras ou ameaçadas estão grandes mamíferos fluviais (entre os quais duas espécies de botos), o peixe-boi e o jacaré-do-pantanal. A concentração de primatas não é superada por nenhuma outra região do mundo, sem mencionar a paisagem com labirintos aparentemente infinitos de água, céu aberto e extensões ininterruptas de floresta.

Os visitantes da Mamirauá hospedam-se na Pousada Uakari, batizada em homenagem ao macaco-vermelho cuja proteção deu ensejo à criação do estabelecimento em Mamirauá. Apenas uma pousada que sobe e desce com as águas e emprega descendentes de etnias que ocuparam o rio por milhares de anos poderia integrar-se tão bem à Amazônia. A vida selvagem está por toda parte. O som de sapos, cigarras, macacos e aves nas árvores é a incessante trilha sonora. Botos-cor-de-rosa saltam nas águas dos rios e um enorme jacaré-açu vive a poucos passos do restaurante.

Os quartos, de madeira, são simples porém espaçosos, com banheiro, cama de casal com mosquiteiro e enormes janelas com tela. O cardápio oferece peixes de água doce, arroz, feijão e saladas; e para beber, sucos extraídos de uma enorme variedade de frutas desconhecidas para quem não for amazonense: cupuaçu, taperebá ou camu-camu, fruta com a maior concentração de vitamina C da qual se tem notícia.

Mamirauá é dominada pela água – o coração da Amazônia mais parece uma sequência de gigantescos rios e lagos entrelaçados e cortados por trilhas de terra firme do que uma reunião de rios. Por isso, quem vai à reserva passa boa parte do dia no rio – em lanchas motorizadas ou em canoas –, faz curtas caminhadas pela floresta e visita a população cabocla. O serviço dos guias é de primeira classe, e a pousada ainda conta com uma pequena mas útil coleção de manuais.

Embora a reserva tenha sido criada para proteger e manter as florestas, seu povo e sua vida selvagem (graças sobretudo à perseverança de cientistas brasileiros e europeus), o ecoturismo é fundamental para sua sobrevivência. Mamirauá recebe auxílio estatal e privado (por intermédio de organizações como a Wildlife Conservation Society), mas a renda do turismo financia diversos projetos comunitários desenvolvidos na reserva. Os turistas garantem ainda uma das várias fontes de renda sustentável para uma população cabocla de cerca de 10 mil pessoas que moram na reserva, com a qual eles terão a oportunidade de interagir.

ECO**INFO**

Quartos: 10 chalés flutuantes de madeira, com camas de solteiro ou de casal, todos com banheiro.

Preços: R$290 (US$150) por pessoa por noite, incluindo todas as refeições e o traslado de Tefé; descontos para estadias mais longas.

Local: Reserva de Desenvolvimento Sustentável Mamirauá, a 2h de barco de Tefé, cidade à beira do rio Amazonas, 663km a oeste de Manaus, capital do Amazonas.

Melhor época: O ano inteiro. Os rios ficam cheios entre abr-ago.

Como chegar: Saindo de Manaus, siga para Tefé de avião (40min) ou de barco (2 dias pelo rio Amazonas; alimentação incluída no preço da passagem; para dormir no deque, você leva sua própria rede e amarra-a na viga). De Tefé, siga por 1h em barco motorizado até a Pousada.

Emissão de CO_2: Voo para Manaus, de Nova York via Miami 1,47t; de Londres 3,09t; de Sydney 5,89t. Traslado para Tefé por avião 0,15t.

Custo da neutralização: US$24,10; £24,30; A$113.

Responsabilidade: Mamirauá tem sido decisiva para a criação da maior área protegida de floresta tropical do mundo. Reciclagem, conservação de energia e ampla colaboração com as comunidades locais fazem dela um modelo de ecoturismo na Amazônia.

Ambiental:

Social:

Favela chic?

As favelas cariocas são mais conhecidas pelos altos índices de criminalidade do que por excursões turísticas, mas **Alex Robinson** descobriu que as comunidades acolhem visitas organizadas.

Pode ter sido obra de Seu Jorge, do bar de Paris Favela Chic ou de seus CDs; ou quem sabe dos videoclipes e anúncios de televisão inspirados no filme *Cidade de Deus*. Mas, ao que parece, as favelas cariocas são bacanas. Ao menos cinco novas empresas criaram excursões para as favelas nos últimos anos, e outras oferecem idas a bailes nos morros. Em 2005 surgiu a opção de hospedar-se em um hotel na favela. Alguns brasileiros ficam perplexos: por que os gringos querem ir à favela? Eles não sabem do perigo? Outros se ofendem: os ricos vêm ao

Da esq. para a dir.: as favelas do Rio; o turismo gera fonte de renda para este artista da favela; uma creche para órfãos financiada pelo turismo; crianças da favela

Rio para um safári na selva urbana do Terceiro Mundo? Querem ver um "povo exótico"? Eu havia resistido à tentação de visitar uma favela, mas durante minha viagem ao Rio, na primavera de 2007, decidi que estava na hora de investigar o assunto.

Fiz algumas leituras e logo me arrependi. Em 2005, a Unesco Brasil divulgou um relatório sobre a violência no país, que se concentra nas favelas. O relatório traz, entre outras, as seguintes constatações: "No Brasil foram registradas mais mortes por armas de fogo do que em conflitos como a Guerra do Golfo, a Primeira e a Segunda Intifada, a disputa entre Israel e Palestina e os conflitos na Irlanda do Norte, seja em números absolutos, seja em médias anuais". Armas de fogo, afirma o relatório, são a causa de morte mais comum entre brasileiros com menos de 25 anos de idade, e mais pessoas (de qualquer idade) são mortas por armas no Brasil do que em acidentes de carro. Lembrei-me da história que uma amiga carioca havia me contado: ela foi visitar uma colega de escola no dia seguinte a um confronto com a polícia e viu "sangue que escorria de um beco até cair na sarjeta".

Os irlandeses e ingleses que foram comigo à favela da Rocinha – a maior do Rio de Janeiro – pareciam menos informados. "Se vocês escutarem tiros", disse Luís (nosso guia), "são os traficantes avisando uns aos outros que a polícia chegou". Estranhamos o aviso. Havíamos visto uma viatura cruzar a rua estreita que dá acesso à Rocinha poucos minutos antes – policiais com os braços morenos para fora das janelas, armas AK47 apoiadas no vidro. Parecia uma tira de jornal. Luís não viu graça. "Eu só estou avisando", ele disse muito sério. "A comunidade nos recebe bem aqui, mas tomem cuidado com as fotografias se houver tiros." "A comunidade" significa "os traficantes": a maioria das favelas cariocas é controlada pelo crime organizado. Entrevistei Anderson Sá, cantor do grupo AfroReggae nascido na favela carioca de

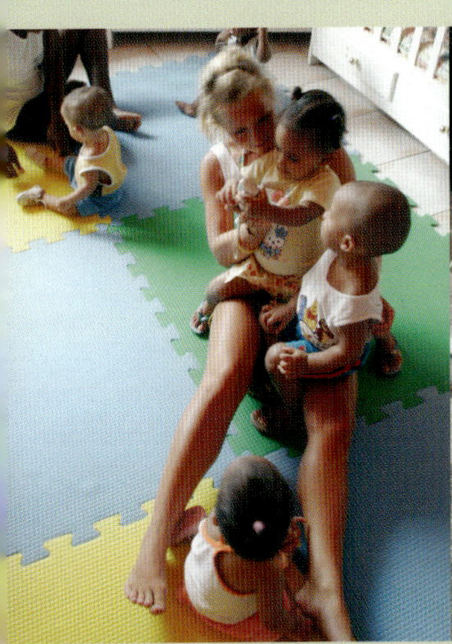

Nesta pág.: turistas e moradores locais na pista do baile funk de uma favela carioca

Vigário Geral. Ele me disse que brincava de polícia e ladrão com as outras crianças, e os ladrões eram sempre os heróis. "Era natural que nós admirássemos as gangues, como se fossem o nosso time do coração. Toda criança tem seus ídolos e os nossos foram os traficantes. Eles tinham poder e eram respeitados. Vestiam as melhores roupas e andavam com as mulheres mais bonitas. Eu não queria ser diferente deles."

Ao que parecia, nós – os turistas – estávamos na Rocinha porque os traficantes nos queriam ali. Mas por quê?

Luís nos conduziu por um labirinto de escadarias coladas a barzinhos e lojas. Em um cabeleireiro, uma mulher enorme usava um secador. Um senhor idoso lia o jornal sem pressa, um cachorro dormia numa esquina. Garotas batiam papo. Depois, descemos um beco por onde mal passavam duas pessoas e subimos uma escadinha que terminava no estúdio de um grafiteiro. Paisagens ingênuas da cidade e arremedos de arte conceitual cobriam as paredes. Gentil, o artista apresentou seu trabalho e eu lhe perguntei o que achava da visita de turistas. "Muito legal", ele disse. "Eu vendo quadros; com o dinheiro dos turistas, outros trabalham numa creche para órfãos." Depois virou-se para mim e completou: "Olha, tem gente que sai da Rocinha todo dia com terno e gravata para trabalhar em agência de banco. Eu quero que os outros saibam que somos pessoas comuns."

Mais tarde, naquela noite, fui a um baile funk. São festas realizadas nos fins de semana em grandes imóveis vazios das favelas cariocas. Leões-de-chácara nos revistam em busca de armas e seguimos para a área VIP, nervosos, acompanhados pelo guia. Mas logo depois já estamos na pista de dança, sacudindo e remexendo o corpo junto com os brasileiros.

Todos eram simpáticos e receptivos. "Meu melhor amigo mora em Clap Ham, em Londres", disse, sorrindo, um sujeito enorme que estava sem camisa, num inglês macarrônico. "Você fala português? Você é de Brighton!", exclamou uma garota. "Meu primo mora lá! Você conhece o Honey Club?" Conheço bem. Havia estado lá três semanas antes. Sorri e observei o baile funk ao meu redor. Um grupo de garotas se esquivava de homens ligeiramente alcoolizados que tentavam chamar sua atenção. Homens musculosos em camisas apertadas apoiavam-se contra as paredes tentando parecer sossegados e à vontade. Casais se esfregavam pelos cantos. De repente, o lugar ficou muito parecido com o Honey Club: suburbano e totalmente normal; nem tão exótico, nem tão familiar.

A excursão e o baile me fizeram mudar de opinião. Empresas como Be a Local, Rio Hiking e a Favela Tour, de Marcelo Armstrong, atuam com responsabilidade e apoiam projetos nas favelas visitadas. Em dez anos de atividade, nenhum turista enfrentou problemas – claro sinal de que eles são, aos olhos das favelas, amigos que mostram sua dignidade para o mundo.

O sambista Bezerra da Silva dizia, na célebre canção *Eu sou favela,* que ela era um "problema social da cidade, e não reduto de marginais". Embora os políticos brasileiros tenham fracassado neste ponto, cidadãos como Luís e Marcelo podem fazer a diferença. Visitar uma favela por intermédio de um operador responsável é uma ótima decisão.

ECO**INFO**

Local: Rio de Janeiro.

Como chegar: Não é recomendável ficar em uma favela ou visitá-la sem guia; procure uma operadora local. As melhores são Be a Local e Favela Tour, comandadas por ótimos agentes. Se considerar arriscado visitar uma favela, a Santa Teresa Tour, administrada pela Rio Hiking, oferece uma experiência fascinante em uma das áreas mais belas da cidade, com guias que vivem nas favelas da cidade.

Emissão de CO_2: Voo para o Rio de Janeiro, de Nova York 2,20t de Londres 2,68t; de Sydney 4,20t.

Custo da neutralização: US$32,65; £20,10; A$78,55.

Onde ficar: Providencie hospedagem pela operadora Be a Local.

Preços: Variam; em geral entre R$60 e100 (US$30 e 50) por pessoa ao dia.

Melhor época: O ano todo.

Outras informações:

Be a Local 21 9643 0366, www.bealocal.com

Favela Tour 21 3322 2727, www.favelatour.com.br

Rio Hiking 21 2552 9204, www.riohiking.com

Responsabilidade: Be a Local, Favela Tour e Rio Hiking repassam boa porcentagem de seus lucros para projetos comunitários nas favelas.

Black Sheep Inn

Chugchilán, Cotopaxi, Equador
+593 3 281 4587 / www.blacksheepinn.com / info@blacksheepinn.com

NO NORTE equatoriano, em um ponto do pouco conhecido Circuito de Quilotoa – uma trilha de terra enlameada que circunda o lago de cratera vulcânica de Quilotoa – o Black Sheep Inn é mais do que um modelo para uma vida de baixo impacto: é um lugar confortável e acolhedor. Os nove chalés particulares e o alojamento são feitos com palha tradicional, adobe e lajotas, caiados no estilo equatoriano clássico e aquecidos por fornos a lenha. Uma reforma recente instalou banheiros em três quartos, e a água dos chuveiros é aquecida pelo sistema de energia solar.

A comida vegetariana do Black Sheep é excelente, cultivada quase totalmente na propriedade. As refeições são servidas na mesa comunitária da aconchegante cozinha e podem vir acompanhadas por água purificada por ozônio ou por uma garrafa de vinho chileno.

Suas credenciais ecológicas são de primeira classe. Os proprietários, Andreas Hammerman e Michelle Kirby, são partidários da permacultura. Eles ainda reciclam a água cinza, montam paredes de sauna com garrafas vazias e alimentam suas ovelhas felpudas com restos de salada. Cortes, reaproveitamento e reciclagem são tão abrangentes que a pousada gera apenas 30g diárias de resíduos por hóspede. O Black Sheep ainda informa funcionários, moradores locais e hóspedes sobre práticas ecoturísticas.

O empreendimento não quer se restringir às boas práticas ecológicas, por isso também integra projetos comunitários. Michelle leciona inglês e computação na escola local e Andreas foi eleito "o rei do lixo" de Chugchilán, após trabalhar no projeto de reciclagem da aldeia em 2005. Os dois oferecem cursos de permacultura aos moradores, mantêm uma "bi-

ECO**INFO**

Quartos: 9 quartos particulares e um alojamento coletivo.
Preços: US$25-70 por pessoa por noite, com jantar e café da manhã.
Local: Vilarejo de Chugchilán, norte do altiplano do Equador. O aeroporto mais próximo é o de Quito, que fica 180km ao sul.
Melhor época: A região andina do Equador possui estações bem definidas.
Como chegar: De Quito, siga de táxi por 4h até Chugchilán, ou de ônibus por 6h (baldeação em Latacunga).
Emissão de CO_2: Voo para Quito, de Nova York 1,26t; de Londres 2,66t; de Sydney 4,23t. Traslado de táxi 0,11t; de ônibus 0,03t.
Custo da neutralização: US$20,30; £20,80; A$81,15.

Responsabilidade: Os proprietários do Black Sheep vivem e respiram o espírito da permacultura e do ecoturismo, com uma abordagem prática que favorece a comunidade local. O hotel também serve de inspiração para diversos hóspedes, que, muitas vezes, permanecem como voluntários.
Ambiental:
Social:

blioteca" de instrumentos musicais para preservar as tradições da cultura local e treinam jovens nativos para trabalharem como intérpretes e guias na ameaçada Reserva Ecológica Ilinizas, que faz divisa com sua propriedade.

A beleza do lugar por pouco não nos faz ceder ao ritmo vagaroso da vida no campo e assistir em sossego à passagem das nuvens andinas. Mas assim desviaríamos os olhos de todas as caminhadas (mapeadas) que a pousada recomenda ao redor do lago Quilotoa. Na melhor de todas há um trajeto acidentado em meio ao desfiladeiro cinzento do rio Toachi. Há outras atividades, como a visita ao mercado indígena em Saquisilí, onde os camponeses quéchuas barganham os preços de hortaliças e gado, e os artesãos vendem belas gravuras e roupas tricotadas.

Kapawi Lodge

Urbanizacion Santa Leonor, Manzana 5, Solar #10, Guayaquil, Equador
+593 4 251 4750 / www.canodros.com / canodros@canodros.com

SITUADO EM um ponto muitíssimo bem escondido do sudeste equatoriano, a dez dias de uma dura jornada a contar da estrada ou da cidade mais próxima, o Kapawi conquistou um posto especial no ecoturismo indígena. O empreendimento representa uma parceria entre a população indígena achuar e a companhia com fins lucrativos Canodros, com o objetivo de realizar o que nenhum outro grupo fizera: criar uma pousada no meio do nada para depois abrir mão dela, tudo em nome da preservação da floresta e de uma cultura ancestral.

A pousada está abrigada no interior da floresta, próximo ao sopé da cordilheira dos Andes, uma área onde as chuvas tropicais são frequentes e intensas. Deitado em sua rede, na varanda sob o telhado de sapê, você ouve uma intensa rajada de trovões e vê relâmpagos cruzando a lagoa em meio às pancadas de chuva. Cinco minutos depois, a tempestade segue para longe, e o céu azul é tomado por chilros de tiês e guinchos de bugios.

O Kapawi soube preservar elegância e conforto sem causar danos ao ecossistema local. As vinte cabanas espaçosas com telhados de colmo são feitas de materiais tradicionais e tecnologia local (os funcionários fazem questão de mostrar os inventivos "pregos" indígenas que prendem os batentes das portas). Todas elas foram erguidas sobre palafitas em uma lagoa muito frequentada por répteis e aves. Cerca de 60% da energia é solar, todos os resíduos biodegradáveis são enterrados na selva ou filtrados e convertidos em fertilizantes, e todo o lixo reciclável é encaminhado para Quito, capital do país.

Nas cabanas a decoração é discreta – camas confortáveis com mosquiteiro, uma ou duas espreguiçadeiras, um banheiro azulejado onde há sabonete e xampu biodegradáveis, e chuveiro aquecido por energia solar. Do lado de fora, um pequeno terraço com rede e uma bela vista – o lugar perfeito para observar as intensas variações do clima e o nascer do sol sobre a enevoada lagoa.

Mas, além do contato com a natureza, Kapawi nos ajuda a compreendê-la. São oferecidas várias atividades. Todas as excursões são lideradas por um guia achuar e por um naturalista. Juntos eles são capazes de identificar todas as 540 espécies de aves observadas nas cercanias de Kapawi. Os dias geralmente começam com caminhadas por trilhas próximas ao hotel, excelentes para a observação de primatas e pequenas e grandes aves. Após o café da manhã, um passeio de canoa pelas águas calmas do rio Capahuari em busca de araras, e à tarde, o descanso – ou então pegar a trilha enlameada da floresta que leva à aldeia achuar.

Pelo menos 70% dos funcionários provêm de aldeias da região, se não contarmos os guias. A criação de um grupo com plena autonomia é a meta estabelecida para 2011, ano em que os achuares assumirão o controle de Kapawi. Até essa data, a pousada terá repassado aos índios a soma de 600 mil dólares. Desse modo, eles poderão abdicar de sua antiga atividade econômica – a criação de gado, que demanda o desmatamento – para preservar os 5 mil quilômetros quadrados de floresta primária da reserva.

ECO**INFO**

Quartos: 20 chalés de colmo, construídos no tradicional estilo achuar, sobre palafitas em uma lagoa serena.
Preços: A partir de US$670 por pessoa, com base em dupla ocupação, por 3 noites/4 dias, a US$1.405 por 7 noites, mais US$224 de translado de ida e volta a Quito.
Local: No rio Pastaza, 240km a sudeste de Quito, perto da fronteira entre Peru e Equador.
Melhor época: Fev-mai é bastante úmido, a melhor para a vida selvagem.
Como chegar: Voe para Quito; depois, sobrevoe os Andes por 45min até Coca; dali, traslado de 1h em barco a motor que cruza o rio Pastaza.
Emissão de CO_2: Voo para Quito, de Nova York 1,26t; de Londres 2,66t; de Sydney 4,23t. Traslado 0,07t.
Custo da neutralização: US$19,75; £20,50; A$80,50.

Responsabilidade: A inovadora "empresa-comunidade" de Kapawi é um modelo a ser seguido. Embora o avião seja a única alternativa de transporte, seu impacto de longo prazo sobre o desmatamento supera de longe as emissões dos pequenos turbopropulsores de 19 lugares.
Ambiental: ØØØØ
Social: ØØØØ

Yachana Lodge

Mondaña, Oriente, Equador
+593 2 252 3777 / www.yachana.com / info@yachana.com

NA LÍNGUA quéchua, "yachana" significa "lugar para aprender". Hóspedes, voluntários que integram seus vários projetos para a comunidade e as crianças quéchuas dirão que a pousada faz jus ao nome. Além das excursões pela floresta, comuns à maioria dos *ecolodges* sul-americanos, o Yachana proporciona a oportunidade de cultivar os mais diversos talentos e explorar disciplinas acadêmicas de todos os tipos – como fazer flechas envenenadas usando sapos venenosos, chocolate com o cacau, ou farinha a partir da mandioca; ou, ainda, assistir a palestras sobre agricultura sustentável, ecologia florestal ou biologia neotropical.

A pousada fica próxima à forte correnteza do rio Napo, um afluente do Amazonas que nasce na cordilheira dos Andes. Ela fica 3 horas rio acima, partindo da cidade de Coca, numa reserva de 1.200 hectares que combina florestas primárias e secundárias. Foi criada pela Funedesin, uma fundação sem fins lucrativos que trabalha pela proteção da floresta através da educação e emancipação de seus povos nativos.

Além da sede da pousada, há uma fileira de chalés de madeira de lei sombreados por grandes árvores e voltados para o rio. Todos são claros, arejados e decorados por peças indígenas multicoloridas. Os chuveiros possuem aquecimento solar e as varandas dão vista para árvo-

res por onde passam saguis-pigmeus. Nas refeições, servidas numa ampla mesa comunitária, predomina a comida vegeteriana, com muitos dos ingredientes colhidos na horta de permacultura da pousada.

O Yachana integra um campus rústico às margens do rio, complementado por uma escola de permacultura, um centro comunitário de saúde e uma escola técnica de computação com internet sem fio. Há também uma fábrica de chocolate – uma empresa que pratica o comércio justo: compra de fazendeiros locais, por um bom preço, o cacau cultivado organicamente, e o processa em Yachana. O chocolate é vendido na loja da pousada e no exterior. Grande parte dos lucros é revertida para projetos comunitários e ambientais.

Ensino e intercâmbio cultural se mesclam nas excursões que revelam a fauna e a flora da floresta. O olhar afiado de Juan, o guia-chefe que já descreveu as maravilhas da Amazônia nas escolas do Reino Unido, é capaz de descobrir os animais mais esquivos no topo das árvores, conhece como poucos as plantas da florestas e sua utilização, e acerta, a 35 metros de distância, o dardo de sua zarabatana em uma ameixa.

Quem visita Yachana expõe-se à sabedoria acumulada nos milhares de anos vividos pelos quéchuas na Amazônia. Mas deixa a sua retribuição ao valorizar sua cultura, subestimada no Equador. E ainda permite aos quéchuas aprender habilidades que poderão garantir a sobrevivência de sua cultura em um mundo conduzido pelas forças do mercado, do qual eles não conseguem se esquivar.

ECO**INFO**

Quartos: 17 quartos modernos com vista para o rio, alguns na casa principal, outros em chalés separados.
Preços: De US$405 por pessoa por 3 noites até US$540 por 4 noites, com refeições e traslado para Coca.
Local: 50km a oeste de Coca, onde está o aeroporto mais próximo.
Melhor época: Set-dez é a época mais seca.
Como chegar: De Quito, siga de ônibus por 10h ou de avião por 35min até Coca (260km), onde irá encontrar seu guia.
Emissão de CO_2: Voo para Quito, de Nova York 1,26t; de Londres 2,66t; de Sydney 4,23t. Traslado de Coca por avião 0,07t; por ônibus 0,05t.
Custo da neutralização: US$19,80; £20,50; A$80,50.

Responsabilidade: A pousada adotou reciclagem e conservação de energia, planta seus alimentos e apoia as comunidades indígenas, o que a torna um excelente modelo de turismo responsável.
Ambiental: ØØØØØ
Social: ØØØØØ

Iwokrama Field Station e Canopy Walkway

PO Box 10630, 77 High Street, Kingston, Georgetown, Guiana
+592 225 1504 / www.iwokrama.org / iwokrama-general@iwokrama.org

É DIFÍCIL compreender a rara presença da Guiana nos roteiros de turistas que viajam pela América do Sul. O país tem a maior porcentagem do território ocupada por floresta primária do continente, e talvez do planeta; reúne paisagens fabulosas, como as Kaieteur Falls, de 300 metros de altura, que compete com Iguaçu pelo título de mais espetacular; traz uma fascinante mescla entre culturas nativas da América, afro-caribenhas e indianas. Como se não bastasse, não existe lugar melhor para se observarem animais selvagens neotropicais.

A Iwokrama Forest Field Station faz parte de um conjunto de locais interessantes e hospedarias do interior da Guiana. Entre elas estão as pousadas de Dadanawa e Karanambo, na vasta planície de inundação Rupununi, o *ecolodge* Rock View, no topo das montanhas Parakaraima, e a aldeia dos índios macuxis, em Surama. O acampamento-base em si fica no centro da floresta primária protegida pela Iwokrama Wilderness Preserve, nas encostas do Essequibo, principal rio guianense.

A Iwokrama Canopy Walkway – uma passarela suspensa que atravessa a copa das árvores –, também na reserva, fica a 2 horas do acampamento-base, perto da aldeia de Surama. Ao contrário da maioria das florestas acessíveis da Amazônia, a caça e o desmatamento (seletivo ou generalizado) não a atingiram, e a variedade e abundância de sua fauna é surpreendente. Encontros com onças-pintadas e suçuaranas não causam surpresa, sobretudo na estrada entre Surama e a passarela.

E a diversidade de espécies da planície não tem paralelo no continente. Exceto pelo Cristalino Jungle Lodge, no Brasil (*ver págs. 84-5*), não há melhor lugar no mundo para observar o estupendo gavião-real.

Apesar de rústicas, as acomodações no acampamento-base são confortáveis. Os quartos ficam em albergues coletivos de madeira, interligados por uma varanda externa coberta, ou em cabanas individuais com telhados de colmo. Estas contam com banheiro e mosquiteiro nas camas e janelas. Ficam em uma grande clareira da floresta, ao lado do centro de pesquisa e de um enorme restaurante com uma vista maravilhosa para o rio Essequibo.

ECO**INFO**

Quartos: 3 chalés com telhado de colmo com lugar para 6 pessoas cada. Há vagas na sede, que também é utilizada por cientistas. Seis acampamentos-satélite pela floresta podem ser usados pelos andarilhos.

Preços: G$27.000 (US$135) por chalé por dia, com todas as refeições, mas não o traslado.

Local: 331km ao sul da capital, Georgetown.

Melhor época: Qualquer uma, exceto a época das chuvas (mai-jul).

Como chegar: De Georgetown, vá de carro ou ônibus por 6h ou 7h até o acampamento. Ou pegue um voo de 1h pela Trans Guyana Airways.

Emissão de CO_2: Voo para Georgetown, de Nova York 1,14t; de Londres 2,04t; de Sydney 5,07t. Traslado de carro 0,19t; de ônibus 0,05t; de avião 0,09t.

Custo da neutralização: US$9,85; £16,80; A$98,55.

Responsabilidade: Iwokrama protege 371.000 hectares de floresta tropical virgem. Ali habita a maior variedade de espécies de peixes e morcegos de qualquer área do mundo deste tamanho. Possui uma diversidade de aves extraordinária para uma planície, contando com mais de 500 espécies. O ecoturismo é fundamental para Iwokrama, que almeja tornar a reserva autossuficiente. A ONG oferece apoio efetivo a 14 comunidades indígenas, inclusive as aldeias dos macuxis, que recebem treinamento, emprego e formação.

Ambiental: ØØØØØ

Social: ØØØØØ

Pantiacolla Lodge

Calle Saphy 554, Cusco, Peru
+51 84 238323 / www.pantiacolla.com / pantiac@terra.com.pe

ESTA POUSADA simples e rústica fica próximo ao Parque Nacional del Manú, onde a cordilheira dos Andes se entrelaça à Amazônia, criando uma das paisagens de selva mais espetaculares da América do Sul. A diversidade da floresta del Manú também a torna um dos altos pontos da biodiversidade mundial e o local com o maior número de espécies de aves registradas, perdendo apenas para o Parque Nacional Madidi, na Bolívia (*ver* págs. 78-9). Mais de 500 espécies diferentes foram registradas nos arredores de Pantiacolla, e há outras mil em meio aos 18.811 quilômetros quadrados da Reserva de Biósfera del Manú. O parque ainda é habitado por saudáveis populações de répteis e mamíferos raros, entre os quais a anta e a onça-pintada.

Os 14 bangalôs duplos, com telhado de colmo, possuem um despojado estilo indígena e ocupam uma pequena área da selva. Oferecem o conforto que se pode ter em uma floresta tropical: são mobiliados por uma mesa simples com cadeiras e uma grande cama de casal com mosquiteiro; as janelas dão para o terraço comunitário. De cada bangalô parte uma trilha que leva até o bloco dos chuveiros e banheiros, e ao bar e sala de refeições comunitária, onde há uma pequena biblioteca sobre aves e vida selvagem. Idas noturnas ao toalete podem ser uma aventura – não há eletricidade, a floresta ao redor é uma cacofonia de insetos e sapos, e a tocha ilumina os olhos verdes de jaguatiricas e outros felinos.

As várias trilhas ao redor da pousada amanhecem cobertas por pegadas frescas de porcos-selvagens, tamanduás, antas e grandes felinos. Com facilidade, os hóspedes conseguem avistar macacos nas árvores ao redor, além de coloridos manaquins, cotingas e outras aves notáveis que adejam entre os galhos. Esconderijos e torres nas cercanias permitem a vista de espécies mais esquivas. Os excelentes guias de Pantiacolla são instruídos pela proprietária, a bióloga holandesa Marianne van Vlaardingen. É possível solicitar a presença de especialistas.

Pantiacolla é mais do que uma pousada. As viagens para cá geralmente são feitas em conjunto com expedições de acampamento na Zona da Reserva del Manú, que começam após cerca de 2 horas de viagem de canoa rio abaixo, na junção dos rios Madre de Dios e Manú. Entre elas está a excursão de nove noites pelo rio até a famosa *collpa* de Blanquillo (onde milhares de periquitos e araras se reúnem pelas manhãs) e pelas lagoas marginais Otorongo e Salvador, famosas por suas gigantescas onça-pintadas e lontras. Cada excursão é uma aventura, com caminhadas e passeios de canoa durante o dia e, ao anoitecer, conversas em torno da fogueira, quando os guias narram a busca do tesouro da cidade perdida inca de Paititi, nas montanhas de Pantiacolla. Apesar do sacrifício, é fabuloso acampar na floresta.

ECO**INFO**

Quartos: 14 bangalôs rústicos, cada um com chuveiro separado, em um acampamento florestal.

Preços: De S/2.500 (US$795) por pessoa por 5 dias até S/2.600 (US$825) por 9 dias, traslados de Cusco, refeições e excursões. Não inclui a taxa de S/160 (US$50) de ingresso no parque.

Local: Na base dos Andes, 200km a nordeste de Cusco.

Melhor época: Abr-out.

Como chegar: Saindo de Lima, vá de avião (1h) ou de ônibus (20h) até Cusco (1.165km). Dali, siga de carro por 2 dias (11h) pelas florestas andinas, dormindo em cabanas no trajeto, até chegar a Atalaya. Mas você pode ir a Atalaya em um voo que leva de 45min a 1h. Em Atalaya, os hóspedes seguem em barcos a motor para a pousada, por 5 a 7h.

Emissão de CO_2: Voo para Lima, de Nova York 1,71t; de Londres 2,56t; de Sydney 4,43t. Traslado para Atalaya via Cusco de avião 0,42t; de ônibus e carro 0,32t.

Custo da neutralização: US$31,75; £22,40; A$90,85.

Responsabilidade: O ex-madeireiro Gustavo Moscoso e a bióloga Marianne van Vlaardingen utilizam sua propriedade para conservação, pesquisa e educação. E trabalham ao lado da população yiné para criar um projeto autossustentável de turismo indígena.

Ambiental: 4/5

Social: 4/5

Tambopata Research Centre e Posada Amazonas

Reserva Nacional Tambopata, Peru
+51 14 218347 / www.perunature.com / sales@perunature.com

O TAMBOPATA Research Centre (TRC) oferece acomodações simples num lugar inesquecível. Portas e vidros podem ser frágeis, as paredes, meras divisórias, e a mobília, discreta, mas o TRC é a hospedagem mais afastada na Zona de Reserva Tambopata-Candamo, cuja biodiversidade figura entre as maiores da Terra. Ela ainda fica perto de um dos pontos mais espetaculares (e fotografados) da Amazônia – o *collmo* Tambopata, autêntico cenário de filmes de selva. Antes do amanhecer, multidões de várias espécies de papagaios e aves juntam-se todos os dias numa cacofonia de sons e cores infinitos.

A simplicidade do TRC é reflexo de sua história. O empreendimento nasceu como estação científica para pesquisa nas florestas adjacentes, que estão entre as melhores da Amazônia para a observação de espécies ariscas como a anta, a onça-pintada e o gavião-real. O turismo foi trazido na década de 1990 pela Rainforest Expeditions, que hoje administra o TRC e financia atividades de pesquisa. A pousada abriga com frequência cientistas e biólogos voluntários que fazem uma pausa em suas teses de doutorado para orientar excursões. Vários guias da Rainforest Expeditions (todos eles peruanos) são biólogos.

A Rainforest Expeditions também cuida da Posada Amazonas, bem mais perto de Puerto Maldonado e, por conseguinte, mais barata. O grupo gerencia a pousada em parceria com o povo indígena ese-eja, que fornece funcionários, recebe 60% dos lucros operacionais e participa de um programa de formação e treinamento prático. Doações de hóspedes financiam o fascinante centro etnobotânico, uma espécie de farmácia comunitária informal em que as enfermidades são tratadas gratuitamente com plantas medicinais.

Mesmo sem o ambiente rústico do TRC, a Posada Amazonas também fica próxima da Zona de Reserva Tambopata-Candamo, e traz diversas atrações naturais que podem ser apreciadas na companhia de um guia ese-eja ou de um ornitólogo. Os quartos estão agrupados em três chalés simples de madeira de lei, interligados por deques ao tradicional estilo ese-eja, com paredes abertas que facilitam a circulação de ar e telhados de colmo. A selva não é invadida por luz ou aquecimento elétrico de água (embora o gerador seja brevemente acionado para carregar baterias), porém as lâmpadas de querosene que iluminam as trilhas durante a noite criam a atmosfera de uma reunião em torno da fogueira para a hora do jantar.

ECO**INFO**

Quartos: O Tambopata Research Centre (TRC) tem 18 quartos simples em uma hospedaria remota; a Posada Amazonas tem 30 quartos em chalés com paredes de bambu.

Preços: De S/700 (US$225) por pessoa por 2 noites na Posada a S/3.000 (US$945) por pessoa por 7 noites no TRC, com refeições e traslados.

Local: No rio Tambopata, sudeste do Peru. O aeroporto mais próximo é o de Puerto Maldonado.

Melhor época: O clima é ameno e úmido entre mai-set.

Como chegar: De Lima ou Cusco, voe para Puerto Maldonado, onde é possível obter traslado. A viagem de barco para a Posada Amazonas dura 90min, enquanto a viagem para o TRC exige pernoite no Refugio Amazonas, que pertence ao grupo.

Emissão de CO_2: Voo para Lima, de Nova York 1,71t; de Londres 2,56t; de Sydney 4,43t. Traslado para Puerto Maldonado 0,21t.

Custo da neutralização: US$28,50; £20,75; A$86,75.

Responsabilidade: O Tambopata Research Centre é um dos principais centros biológicos de pesquisa da Amazônia, e depende do turismo para existir. A Posada Amazonas enfrentou questões culturais controversas ao mostrar o valor da conservação ambiental e de sua própria cultura às comunidades locais, que praticavam a caça e o desmatamento.

Ambiental:

Social:

Awarradam

Dr J F Nassylaan 2, Paramaribo, Suriname
+597 477088 / www.surinamevacations.com / mets@surinamevacations.com

POUCOS TURISTAS vão ao Suriname, um país escondido no norte da América do Sul. Mas, a exemplo de seus vizinhos, ele é um tesouro que aguarda descobridores – sobretudo os amantes da natureza. Exceto pela faixa estreita da praia e pela área costeira, o país é formado somente pela floresta Amazônica, dividido pelas ancestrais montanhas rochosas do escudo das Guianas, entremeado por rios encantadores e repleto de fauna e flora. Embrenhado na floresta virgem de uma ilha cercada pelo Gran Rio – o mais belo de todos – está o *ecolodge* Awarradam.

A pousada está localizada não só no coração da Amazônia, mas também de um complexo formado por aldeias saramacanas fundadas nos séculos 17 e 18 por escravos fugidos que até hoje preservam sua cultura africana. Os turistas são convidados a conhecer e tomar parte nos rituais e danças saramacanos que são representados na língua *kromanti*, hoje quase extinta em Gana, sua terra nativa. Além disso, muitas das técnicas de caça e agricultura dos saramacanos são africanas ou foram ensinadas por outras tribos indígenas da América.

A pousada Awarradam é resultado de uma parceria entre os saramacanos e o Movimento pelo Ecoturismo no Suriname (METS), e sua renda é fundamental para uma população que abandona cada vez mais seu modo de vida tradicional pelas seduções da capital, Paramaribo.

O empreendimento em si compõem-se de uma série de cabanas idênticas de madeira de lei, com telhado de colmo e mobiliadas com camas simples (cobertas com mosquiteiros, felizmente!), uma mesa e cadeiras. A inexistência de luz elétrica intensifica a magia de Awarradam. Sem a conversa animada dos saramacanos, escuta-se apenas o som de tucanos e araras e o correr das águas limpas do rio sobre as pedras.

Apesar do sossego, há muito que fazer, como passeios de canoa pelos afluentes do Gran Rio e caminhadas pela floresta com guias saramacanos (que falam inglês e holandês). Para recarregar as energias há uma comida simples e saborosa que inclui peixes de água doce, frango e bife acompanhados por legumes. Um pequeno bar vende cerveja.

Os funcionários saramacanos de Awarradam são simpáticos e eficientes. Flores tropicais decoram as camas arrumadas com capricho e as lamparinas acesas ao anoitecer pontuam as trilhas e as entradas dos quartos. Mas a escuridão nunca atinge Awarradam, tão afastada das luzes da cidade que o denso bordado de estrelas ilumina a noite e reluz, como um milhão de velas, sobre a correnteza do rio.

ECO**INFO**

Quartos: 7 chalés para 2 pessoas e 1 chalé para 4 pessoas (camas de solteiro com mosquiteiro), todos com vista para o rio.

Preços: S$1.500 (US$545) por pessoa por 3 noites e 4 dias, incluindo traslado, refeições e excursões guiadas durante o dia.

Local: 225km ao sul de Paramaribo, no Gran Rio.

Melhor época: Ago-nov.

Como chegar: Siga de avião a Paramaribo via Quito (Equador). Chega-se a Awarradam apenas com o avião do METS que sai de Paramaribo e leva 40min. Depois, pegue um barco por 2h – um lindo passeio pelo rio Suriname, passando pelo lago Brokopondo e entrando na floresta.

Emissão de CO_2: Voo para Paramaribo, de Nova York 1,19t; de Londres 2,02t; de Sydney 5,16t. Traslado de avião 0,08t.

Custo da neutralização: US$18,90; £15,70; A$98.

Responsabilidade: Até onde sabe este autor, o projeto ecoturístico Awarradam é o único que preserva o modo de vida de comunidades negras sul-americanas que escaparam à escravidão. A renda do ecoturismo é fundamental para a sobrevivência destas comunidades e contribui para conter a fuga rumo às cidades. A pousada é bem integrada ao seu ambiente natural e implementou a reciclagem, a conservação de energia e o uso responsável de água.

Ambiental: 3/5

Social: 4/5

Europa

Foto principal: o Yorkshire Dales National Park, Inglaterra. Esq., a partir de cima: papoula na Locanda della Valle Nuova; Hoopoe Yurt Hotel; Anna's House; a Casa del Grivo pronta para o inverno

Localização e orçamento

● Barato (abaixo de US$100)
● Moderado (US$100-250)
● Caro (US$250-500)
● Muito caro (acima de US$500)

Preços para um quarto de casal, ou duas pessoas, por noite

Onde ficar

Destaques

Dilema ético na viagem

Finlândia
Suécia
Noruega
Helsinque
Estocolmo
São Petersburgo
Oslo
Estônia
Letônia
Dinamarca
Moscou
Copenhague
Lituânia
Rússia
Mar Báltico
Rússia
Belarus
Holanda
Berlim
9
Polônia
Alemanha
Bélgica
Rep. Tcheca
Luxemburgo
14
Eslováquia
Ucrânia
Áustria
Hungria
Moldávia
Suíça
Rostov
17
Alpes
Eslovênia
11
Romênia
Croácia
Bósnia-
-Herzegóvina
Sérvia
10
12
Mar Negro
Itália
Montenegro
Bulgária
Geórgia
Istambul
Roma
Albânia
Macedônia
Turquia
Grécia
Planalto Anatólio
Mar Mediterrâneo
Túnis
B
18
Síria
Chipre
Tunísia
Líbano
Trípoli
Israel

Bedruthan Steps Hotel

Mawgan Porth, Cornualha, TR8 4BU, Reino Unido
+44 (0)1637 860860 / www.bedruthanstepshotel.co.uk / office@bedruthan.com

ECO**INFO**

Quartos: 101 quartos de casal e suítes.
Preços: £80-124 (US$160-250) por pessoa por noite, com café da manhã e jantar.
Local: Entre Newquay e Padstow, a 415km de Londres.
Melhor época: Sempre que precisar de descanso e sossego.
Como chegar: De Londres, pegue um trem por 4h de Paddington a Bodmin Parkway, depois vá de táxi por 45min para o hotel ou de trem para Par e faça baldeação para a linha de Newquay (5h no total). Ali você está a 15min de táxi do hotel. Outra alternativa é um voo direto de Londres para Newquay.
Emissão de CO_2: Voo para Londres, de Nova York 1,55t; de Sydney 5,63t. Traslados de trem e de carro 0,06t; de avião e carro 0,12t.
Custo da neutralização: US$24,70; £0,85; A$107,50,

Responsabilidade: Bedruthan Steps pensou em todos os aspectos comerciais e em seu impacto ambiental. Medidas "maiores", como redução do uso de energia e água, e "menores", como canudos biodegradáveis, foram contempladas – e o hotel revisa periodicamente suas iniciativas e seu procedimento.
Ambiental: 4/5
Social: 4/5

A VISTA incomparável da praia de Mawgan Porth já vale a estadia no Bedruthan Steps Hotel, cujo nome provém da escadaria íngreme no rochedo que hoje pertence ao National Trust. Acresça a este esplendor cênico quadras de tênis, um ótimo restaurante, spa e instalações para a família, e você começará a entender por que tantas pessoas voltam para cá ano após ano.

Empoleirada acima da selvagem costa norte da Cornualha, Bedruthan Steps é uma construção da década de 1960, agigantada e um tanto tosca, com capacidade para 300 hóspedes – o que faz crescer o valor de seus prêmios e credenciais ecológicos. Os quartos são claros, simples e espaçosos, com TVs de plasma e acesso a internet de banda larga. A maioria possui vista para o mar. O conforto é a base, e você logo se sente em "férias": quando menos espera, nota que passou horas na janela, observando ao longe surfistas cortarem as ondas como focas desajeitadas; ou cochilando após uma massagem facial ou corporal completa, impregnado pelo odor de óleos e essências.

O custo ambiental de todo este conforto é pequeno. Comandada por uma família engajada na transformação ambiental de todas as suas atividades, o Bedruthan Steps foi muito além da instalação de lâmpadas de baixo consumo, do uso de panos e papéis feitos à mão ou de novos condensadores para caldeiras. A piscina ao ar livre é aquecida por painéis solares, um excêntrico teto verde garante um bom isolamento térmico e tudo passa por reciclagem, do papelão às latas. Os produtos de limpeza não agridem o ambiente e os cartões-chave não permitem que o hóspede esqueça

as luzes acesas ao sair do quarto. A proposta de utilizar produtos locais, sazonais e orgânicos – se possível – agradou aos cozinheiros. Eles visitam os fornecedores para garantir que os produtos sejam não só ecologicamente corretos, como também éticos. A pesca é local e sustentável, como a perca-do-mar pescada com anzol. A carne vermelha vem de uma fazenda próxima; perus e ovos são caipiras, sem falar dos queijos, geleias e laticínios da região ou das saladas com verduras da horta do hotel. A cozinha também contempla vegetarianos e hóspedes com dietas especiais.

Os funcionários participam ativamente das iniciativas ecológicas, que abrangem desde a limpeza da praia de Mawgan Porth a cada dois anos até rodízio de carona no trajeto entre o hotel e Newquay, onde moram quase todos eles. São sugeridas aos hóspedes doações de £10 (US$20) a um projeto de neutralização de carbono destinado ao plantio de árvores. Na baixa temporada, há descontos para hóspedes que chegam por transporte público. O hotel apoia instituições beneficentes locais como o Cornwall Wildlife Trust e incentiva os hóspedes a comprar as fraldas de sua loja em vez dos tipos convencionais.

Bedruthan Steps é uma base excelente para surfistas e andarilhos. E fica a poucos quilômetros de belas cidadezinhas da Cornualha – como Padstow, a meca pesqueira dos fãs de Rick Stein, o famoso *chef* britânico. Você terá muito que fazer caso consiga desviar os olhos da paisagem.

Bloomfield House

146 Bloomfield Road, Bath, BA2 2AS, Reino Unido
+ 44 (0)1225 420105 / www.ecobloomfield.com / info@ecobloomfield.com

DISTINTA E conservadora, Bath não é o tipo de lugar em que podemos resistir às convenções. Nesta cidade sossegada, não se adaptar significa não levantar o dedo mínimo ao beber uma xícara de chá. Certamente este é um local improvável para um eco-hotel – em especial um que surge com a missão de criar uma tendência em toda a Grã-Bretanha. Mas foi isso o que Robert e Karen Barnard-Weston fizeram, conscientizando gradativamente os hóspedes e os moradores da cidade quanto às questões ambientais.

Sua elegante e retirada casa georgiana, antiga residência do lorde prefeito, fica numa colina nos arredores de Bath. A casa está a cinco minutos de táxi de atrações como os soberbos Banhos Romanos (Roman Baths) e o moderno Thermae Bath Spa. Bloomfield é uma casa de família de verdade – o casal tem cinco filhos, cinco gatos e um cachorro. Os hóspedes podem até trazer seus cães. Suba a escada cor de mel, passe pela porta de entrada e você estará num vestíbulo ovalado insólito, com

paredes decoradas com pavões vistosos e folhagem luxuriante. A casa já pertenceu a um cenógrafo, que a pintou com a técnica do *trompe-l'oeil*; graças a isso – e aos lustres antigos e elegantes – o hotel tem uma atmosfera teatral. Os Barnard-Weston ativeram-se a esse tema, mobiliando os quartos com peças de antiquário: "a melhor forma de reciclagem", segundo Robert. Não existe um quarto igual a outro, mas todos são iluminados e limpos, e dispõem de camas grandes; alguns têm vista para Bath e o campo ao redor. Acompanhando a decoração, o salão do café da manhã é confortável e atravancado, com portas que se abrem para um tranquilo jardim, criado a partir das plantas que seriam jogadas no lixo – resgatadas, elas agora são parcialmente regadas com água cinza gerada pela casa.

Como a Bloomfield House é tombada pelo patrimônio histórico, os Barnard-Weston não puderam instalar todos os equipamentos ecológicos que julgavam necessários. No entanto, eles reciclam de papelão a latas de alumínio – e asseguram-se de que não vão parar no aterro sanitário; eles utilizam o máximo possível de lâmpadas econômicas; e usam produtos de limpeza ecológicos sempre que possível. O casal também instalou radiadores isolados nos quartos, em vez de aquecer a casa inteira sem necessidade, e utiliza energia de fontes renováveis. Seu carro funciona com um biocombustível fabricado a partir de óleo de semente de colza, e os hóspedes que chegam de transporte coletivo têm desconto de 10%.

Robert é consultor ambiental e dá palestras sobre turismo sustentável. Ajudou a fundar a feira de produtores de Bath e se orgulha de servir aos hóspedes os mesmos alimentos locais consumidos por sua família. Pela janela ele mostra a proximidade da fazenda que fornece o bacon orgânico e os ovos caipiras servidos no café da manhã. O pão vem de uma padaria próxima, e o mel e o leite também são produzidos nos arredores. O café e o chá vêm do comércio justo, e os vegetarianos são muito bem tratados.

ECO**INFO**

Quartos: 6 de casal.
Preços: £70-140 (US$140-280) por quarto, por noite, com café da manhã.
Local: Nos arredores de Bath, Somerset. A 185km de Londres.
Melhor época: Primavera ou outono, para evitar as multidões.
Como chegar: De Londres, pegue um trem por 1h30 em Paddington e desça em Bath Spa. Em Bath, pegue um táxi para o hotel, o que leva 5min.
Emissão de CO_2: Voo para Londres, de Nova York 1,55t; de Sydney 5,63t. Traslado de táxi 0,02t.
Custo da neutralização: US$23,30; £0,15; A$105,70.

Responsabilidade: A Bloomfield House serve alimentos orgânicos de produtores locais. Ela faz reciclagem e compostagem, e mantém o consumo de energia no mínimo. Suas instalações também são oferecidas a instituições de caridade locais para levantar fundos.
Ambiental: ØØØØØ
Social: ØØØØØ

Eco-lodge

Rose Cottage, Station Road, Old Leake, Boston, Lincolnshire, PE22, 9RF, Reino Unido
+44 (0)1205 871396 / www.internationalbusinessschool.net/eco-lodge.htm /
gclarke@internationalbusinessschool.net

SE VOCÊ imaginava não ser possível isolar-se de tudo bem no coração da Inglaterra, enganou-se. Este chalé de madeira, instalado em meio a 3,2 hectares de terreno intacto, com bosques, prados e um grande lago, oferece a oportunidade de uma verdadeira "volta à natureza" – com todas as comodidades do lar. O chalé tem cozinha, espaço para quatro pessoas e exerce um impacto mínimo no meio ambiente. A eletricidade vem de um gerador eólico e o aquecimento, de um fogão a lenha – embora haja gás para quem não quiser cozinhar com lenha. A água potável vem do sistema de abastecimento da cidade, mas o chuveiro usa água da chuva filtrada. O vaso sanitário é do tipo ecológico: a descarga é feita numa fossa séptica e depois numa camada de juncos, que filtra os detritos naturalmente.

O chalé foi construído com madeira proveniente de Lincolnshire, nas proximidades. O espaço interno é amplo, com piso de madeira e poltronas confortáveis. O chalé dispõe de uma varanda, que é muito agradável nas noites de verão. Não existe televisão no local, de modo que você terá bastante tempo para colocar a leitura em dia.

O Eco-lodge tem cozinha, e a comida fica por conta do hóspede.

No entanto, se quiser ser realmente ecológico, não apareça com o carro cheio de sacolas de supermercado. Em vez disso, peça com antecedência uma lista de produtos orgânicos; quando chegar, o leite, a carne, o pão e os ovos caipiras estarão esperando por você. Também é possível pedir frutas, legumes e verduras orgânicos variados e produzidos no local. Além disso, há diversos pubs e restaurantes na área, além das lojas da aldeia de Old Leake e de Boston.

Esta região não faz parte da rota normal dos turistas, que costumam preferir as localidades de Cambridge e East Anglia, ao sul, e Yorkshire, ao norte. Porém, há muito aqui para ver. Boston, cidade comercial e portuária, possui laços históricos com os Estados Unidos. No século 17, moradores desta cidadezinha imigraram para o Novo Mundo e fundaram um povoado na costa leste da América: Boston, em Massachusetts.

O Eco-lodge situa-se numa planície de Lincolnshire, numa área tão próxima do nível do mar que as inundações são contidas com uma complexa série de barreiras. Estas terras baixas, com seu céu sombrio, são maravilhosas para a observação de aves, e a cabana fica próxima das reservas de aves dos charcos marinhos. O visitante também conta com uma infinidade de opções de caminhadas e passeios de bicicleta – e o terreno é tão plano que é possível percorrer quilômetros. Depois é só voltar para o seu aconchegante chalé, comer uma boa refeição e mergulhar num livro.

ECO**INFO**

Quartos: Chalé com 2 quartos.

Preços: Seg-sex ou sex-seg £170 (US$340) mais £5 (US$10) por pessoa por estadia; sex-sex £340 (US$680) mais £5 (US$10) por pessoa por estadia.

Local: A 2,5km de Old Leake, Lincolnshire. A 208km de Londres.

Melhor época: Verão.

Como chegar: De Londres, são 2 horas de viagem de trem da estação Kings Cross até Boston (baldeação em Grantham). Podem-se arrumar traslados em Boston; de táxi são 20min.

Emissão de CO_2: Voo para Londres, de Nova York 1,55t; de Sydney 5,63t. Traslados 0,03t.

Custo da neutralização: US$23,45; £0,25; A$105,90.

Responsabilidade: O Eco-lodge é uma ótima maneira de experimentar uma vida mais ecológica, com baixo impacto ambiental. Ao oferecer aos hóspedes a chance de pedir produtos orgânicos, ele também ajuda os produtores locais.

Ambiental: 4/5

Social: 2/5

Hen House

Tregarne, Manaccan, Helston, Cornualha, TR12 6EW, Reino Unido
+44 (0)1326 280236 / www.thehenhouse-cornwall.co.uk / henhouseuk@aol.com

CERCAS REPLETAS de flores silvestres ladeiam o caminho até Tregarne, uma aldeia minúscula escondida no coração verde de Lizard Point. Esta península é um recanto da Cornualha que o tempo parece mal ter tocado: uma terra salpicada de caminhos estreitos, aldeias íngremes e cavernas tão recônditas que quase esperamos encontrar contrabandistas de tabaco e conhaque se escondendo dos homens da lei. Localiza-se aqui a Hen House, um refúgio ecológico imaculado que não proíbe as comodidades modernas. Os acolhedores proprietários, Sandy e Gary Pulfrey, criaram este simpático *bed and breakfast* nos barracões de uma antiga casa de fazenda antes habitados por vacas, porcos e – como o nome sugere – galinhas. Atualmente a Hen House dispõe de dois quartos de casal e de um chalé com cozinha dispostos em torno de um jardim onde os hóspedes relaxam nas noites quentes de verão.

Os quartos são espaçosos e têm cama *king-size*, lençóis brancos, TV, internet sem fio e banheiro – até aqui, tudo convencional. Mas alguns móveis foram criados a partir de madeira reciclada, as lâmpadas são econômicas, os produtos de higiene não contêm fosfato e os vasos sanitários usam pequenas quantidades de água. A eletricidade vem de fontes renováveis, e a horta é regada com água de chuva. Os quartos têm sacolas para

que os hóspedes separem o lixo, de modo que ele será reciclado junto com os resíduos da casa principal. Sandy e Gary pensaram em tudo – desde utilizar produtos de limpeza ecológicos até oferecer aos hóspedes saquinhos biodegradáveis para recolher as fezes dos cachorros. A responsabilidade social também faz parte da filosofia dos Pulfrey, e a Hen House está muito integrada à comunidade local: Sandy canta no coro, e Gary trabalha como guarda costeiro. Porém, tudo é feito sem catequização.

Como se espera de um B&B ecológico, todos os produtos servidos no café da manhã são produzidos no local e, em sua maioria, orgânicos – do bacon e das salsichas até o suco de maçã e o leite. Os ovos vêm da granja dos proprietários, e os pães e as geleias são caseiros.

Há muitas fontes de informação para ajudar os hóspedes a explorar a área, como guias de caminhadas e passeios de bicicleta. Entretanto, é grande a tentação de passar a maior parte do tempo sentado no prado de flores nos fundos da casa, apenas lendo, observando as aves ou praticando alguns dos movimentos de *tai chi* que Gary ensina numa das aulas diárias que antecedem o café da manhã. Para desestressar de vez, submeta-se a sessões de reiki ou reflexologia, embora o simples fato de mergulhar na atmosfera tranquila da Hen House baste como terapia.

ECO**INFO**

Quartos: 2 de casal e um celeiro com cozinha (acomoda 3 pessoas).
Preços: £75 (US$150) por noite por casal, com café da manhã (£65/US$130 por mínimo de 3 noites); £200-350 (US$400-700) por semana no celeiro.
Local: Tregarne, perto de St Keverne, na costa leste de Lizard Point, Cornualha. A 467km de Londres. A estação de trem mais próxima é Redruth, a 25km.
Melhor época: Primavera.
Como chegar: De Londres, pegue um trem na estação Paddington e siga até Redruth (5h); depois pegue um ônibus até Helston (1h30). A Hen House pega os hóspedes aqui. Pode-se também pegar um avião para Newquay (1h) e dirigir até Tregarne por 1h10.
Emissão de CO_2: Voo para Londres, de Nova York 1,55t; de Sydney 5,63t. Traslado de trem e ônibus 0,05t; traslado de avião e carro 0,15t.
Custo da neutralização: US$24; £1,15; A$108,15.

Responsabilidade: A Hen House leva a sério sua responsabilidade social e ambiental: prestigia os produtores locais e mantém a pegada de carbono no menor nível possível. O lixo é reciclado, os quartos são limpos com produtos ecológicos, e os animais andam pelo jardim. Os proprietários procuram sempre melhorar e têm planos para um gerador eólico.
Ambiental: 4/5
Social: 4/5

Devagar e sempre

Numa excursão de *slow food* pela Inglaterra e pelo País de Gales, **Rebecca Ford** degustou vinhos, provou queijos e descobriu que as coisas boas demandam tempo.

Nesta pág.: vinhos espumantes em Ridge View Estate, Sussex; o vinhedo Three Choirs, Gloucestershire

A CENA era deslumbrante. Do vinhedo eu avistava campos, pastos e cercas-vivas a perder-se no horizonte, como uma colcha amarrotada, toda com retalhos em tons de verde. As uvas dobravam as parreiras de tão cheias. O taberneiro me deu uma taça de vinho – fresco, rascante e frutado – e eu o saboreava enquanto via desaparecer o sol dourado do fim de tarde. As condições eram perfeitas. Tudo dizia que a safra seria excelente.

Eu não estava na França, na Espanha ou na Itália: estava no sul da Inglaterra. Pois aqui, nas terras de Kent e Sussex, os vinhedos prosperam, e a qualidade dos produtos rende prêmios internacionais a um número cada vez maior de produtores ingleses. Já se foram os dias em que o vinho inglês era sinônimo de suco espesso feito com pastinaca ou ruibarbo. Hoje eles são aclamados até na França – sobretudo os espumantes.

O sucesso não se explica apenas pela mudança climática, que causou um aquecimento nos campos e certamente teve a sua importância. Ele se deve também às semelhanças geológicas entre o sul da Inglaterra e o solo francês da região de Champagne, separados apenas pelas águas do canal da Mancha. E também foi decisivo que, nos últimos anos, os produtores percebessem que aqui as condições eram ideais para o plantio de uvas acidíferas – indispensáveis para fazer um vinho espumante perfeito.

A fabricação de vinhos não se restringe ao sudeste, e hoje há vinhedos vicejando na Cornualha, em Costwolds e mesmo em Yorkshire. Muitos deles oferecem excursões e degustações, e alguns até cuidam da acomodação. A indústria cresceu a ponto de ter sido criada a Semana do Vinho Inglês, que ocorre na segunda quinzena de maio. Com o auxílio da internet e de centros de turismo locais você pode montar sua própria excursão de vinhos – e descobrir recantos adoráveis do país ao longo do caminho. Experimentei um rosé em Capel Down, vinícola pitoresca numa colina em Kent; descobri um espumante fabuloso em Ridge View, encoberta pela floresta de Sussex; e bebi *kir royal* em um vale sereno e estupendo nas imediações de Lewes – onde Peter Hall fabrica vinhos e *kir* na Breaky Bottom ("garrafa quebradiça") – o sugestivo nome de seu vinhedo ao lado de uma antiga cabana de pastores.

O interesse pelo vinho recupera uma tradição antiga. Os romanos o apresentaram aos britânicos e os normandos produziam-no em larga escala por aqui. Ele desapareceu somente após a dissolução dos mosteiros.

Diversos pratos e bebidas britânicas tradicionais começam a receber a atenção que merecem, à medida que os *chefs* e consumidores descobrem os benefícios dos produtos locais, sazonais e, se possível, orgânicos. Além de mais saudáveis e saborosos, não agridem o ambiente. Hoje se pode descobrir, de Abergavenny a Aberdeen, feiras agrícolas e festivais gastronômicos que enaltecem alimentos de alta qualidade produzidos com uma pegada de carbono muito pequena. Neste cardápio incluem-se a carne bovina escocesa, o carneiro galês e frutos do mar da Cornualha – sem esquecer das cervejas, da tradicional cidra, dos doces caseiros e tipos suaves de mel.

Nesta pág.: queijo orgânico de Caws Cenarth, produzido em Carmarthenshire, País de Gales. Pág. 121: produtos locais no mercado agrícola

Um número crescente de produtores e artífices vendem diretamente ao público, e alguns organizam excursões guiadas ou degustações. Por isso, hoje é possível montar diferentes roteiros de *slow food* pela Grã-Bretanha que irão apresentá-lo a excelentes pratos locais e ainda o levarão a regiões do interior que, de outra forma, talvez nunca viesse a conhecer. Você poderá assistir à produção de chocolates na ilha de Arran, acariciar cabras curiosas em uma leiteria de Yorkshire e cruzar rios margeados por agrião nas proximidades de Winchester. Em Wakefield você poderá visitar um galpão de ruibarbos, onde a colheita se faz a luz de velas para resguardar sua doçura – ouve-se de vez em quando o "estouro" de um bago na escuridão. Há algumas surpresas, como a plantação de chá escondida na costa sul da Cornualha. O chá é plantado no afastado Tregothnan Estate (perto de St. Mawes), que apresenta condições muito similares às de Darjeeling, na Índia. Ele é leve e delicado – o champanhe dos chás.

Para onde for, você vai encontrar bons fabricantes de queijo. A Northumberland Cheese Company, em Blagdon, por exemplo, produz fatias de queijo embrulhadas em urtigas; na famosa Hawes Creamery, em Yorkshire Dales, você assistirá à produção do clássico Wensleydale.

O País de Gales tem vários produtores de queijo que merecem uma visita. Numa excursão gastronômica por Pembrokeshire, no sudoeste do principado, descobri agricultores que produziam tudo, desde o macio queijo branco de cabra até queijos azuis, amargos e consistentes. Na entrada da Fazenda Caerfai, ao lado de St. Davids, há uma lojinha onde a família vende seu queijo orgânico não pasteurizado. Trata-se de um trabalho ecológico admirável: as vacas são alimentadas sobretudo nas pastagens, a água da fazenda é aquecida por energia solar, a fazenda utiliza biogás feito a partir do esterco das vacas e a máquina de ordenha é movida por uma turbina eólica.

Descobri uma outra loja escondida em Rosebush, um povoado perto das agrestes Preslei Hills, onde os bretões descobriram as pedras de Stonehenge. Ali flagrei a família Jannings embrulhando os queijos Pant Mawr, feitos de leite de cabra e de vaca. Eles me serviram fatias generosas, algumas claras e esfareladas, outras encorpadas e escuras.

Mas o lugar mais impressionante foi Caws Cenarth (em galês, *caws* significa "queijo"), outra fazenda familiar escondida nos limites de Carmarthenshire. Para chegar ali cruza-se uma estrada interminável, margeada por cercas-vivas e cicutárias, até que se alcancem os campos da fazenda, que oferece vistas estonteantes da paisagem galesa. A família fabrica diversos tipos de queijo orgânico aqui, e montou uma pequena galeria onde se pode acompanhar o misterioso processo de produção. Há também uma lojinha onde se podem experimentar queijos como o Caerphiully – o mais galês de todos –, além de rodadas de Bries cremosos e amanteigados. Basta que sejam acompanhados por uma dose fresca de um premiado vinho inglês.

ECO**INFO**

Local: Em toda a Grã-Bretanha – os vinhos concentram-se em Kent e Sussex; há vários fabricantes de queijo em Pembrokeshire.

Como chegar: De Londres, siga de trem para estações em Kent, Sussex e Pembrokeshire. Como a maioria dos fornecedores fica em regiões isoladas, é preciso um carro.

Onde ficar:

Vinhos Ockenden Manor, Cuckfield, West Sussex, +44 (0)1444 416111, www.hshotels.co.uk (a partir de £165/US$330 por quarto por noite).

Queijos St Brides Hotel, Saundersfoot +44 (0)1834 812304, www.stbrideshotel.com (a partir de £140/US$280 por quarto por noite); e Llys Meddyg, Newport, +44 (0)1239 820008, www.llysmeddyg.com (a partir de £90/US$180 por quarto por noite). Café da manhã incluso nas tarifas.

Informações adicionais:

Vinhos www.ridgeview.co.uk
www.breakybottom.co.uk

Queijos www.wensleydale.co.uk
www.northumberlandcheese.co.uk
www.cawscaerfai.co.uk
www.pantmawrcheeses.co.uk
www.cawscenarth.co.uk

Outros www.taste-of-arran.co.uk
www.lownadairy.com
www.yorkshirerhubarb.co.uk
www.tregothnan.co.uk

Responsabilidade: Fazer um percurso de *slow food* na Grã-Bretanha é mais do que uma boa maneira de descobrir recantos do interior; é também uma escolha ambiental e social interessante. Ao privilegiar produtores locais de alimentos, você reduz a distância percorrida pelos produtos (se estes forem orgânicos, melhor ainda).

Primrose Valley Hotel

Porthminster Beach, St. Ives, Cornualha, TR26 2ED, Reino Unido
+44 (0)1736 794939 / www.primroseonline.co.uk / info@primroseonline.co.uk

O CHIQUE urbano domina este hotel-butique da elegante St. Ives, provando que para ser ecologicamente correto não é preciso dizer adeus ao estilo. O Primrose Valley Hotel é uma mansão eduardiana de tons claros, com grandes janelas que absorvem ao máximo a luz natural, escondida numa graciosa rua sem saída a poucos metros das areias brancas da praia de Porthminster.

Os proprietários Andrew e Sue Biss concederam um tratamento contemporâneo ao seu interior, criando ambientes suaves e simples que completam a arquitetura original. Há vários pisos de madeira polida (certificada pelo Forest Stewardship Council), móveis incomuns e arranjos esculturais de flores frescas, além de um bar onde se pode saborear desde um café italiano até uma seleção de cidras, cervejas e vinhos da Cornualha.

Cada um dos 10 quartos tem uma composição única, mas a vista privilegiada e as varandas dos quartos 2 e 3 fazem deles os mais concorridos. Quem busca outras comodidades terá uma suíte com sala de estar, chuveiro espaçoso, banheira e o toque romântico da iluminação do piso.

A despeito do ligeiro ar de presunção, Primrose Valley deixa uma pegada de carbono muito pequena. Existem limites para inovações, por se tratar de uma construção

antiga, mas a eletricidade provém de fontes renováveis, as lâmpadas são de baixo custo e cerca de 60% do lixo é reciclado. Os proprietários adotaram produtos de limpeza que não agridem o ambiente, solicitam aos hóspedes que peçam toalhas extras somente quando necessário e disponibilizam sabonetes da Cornualha feitos a mão.

O café da manhã é um banquete, e Andrew e Sue saíram em busca dos melhores fornecedores locais: salsichas, ovos, queijo defumado de cabra, iogurte, manteiga e leite são todos produzidos nas imediações. Os hóspedes mais atentos reservam espaço para uma ou duas fatias de pão caseiro ou para as deliciosas compotas da Cornualha. A refeição matinal irá prepará-lo para um dia na praia ou passeios pelos recantos pitorescos de St. Ives. A cidade é o centro das artes da Cornualha e abriga várias galerias contemporâneas, entre elas a Tate St. Ives e o Barbara Hepworth Museum. A pouquíssimos passos do hotel há pistas para caminhada e ciclismo, além de um dos passeios mais graciosos de trem da Grã-Bretanha – o trecho entre St. Ives e St. Erth.

Sustentabilidade e responsabilidade social andam juntas neste hotel que conta com um programa voluntário para contribuições de hóspedes, que podem acrescentar £1 (US$2) ao valor da diária de um quarto. Esta soma é transferida para a Marine Conservation Society. O hotel ainda é parceiro do Cornwall Wildlife Trust e, além do dinheiro, doa seu tempo à comunidade local: Andrew é membro do corpo de salva-vidas de St. Ives – uma informação útil para quem quiser nadar.

ECO**INFO**

Quartos: 9 quartos para 2, 1 suíte.
Preços: £85-145 (US$170-290) por quarto por noite (£160-225/ US$320-450 pela suíte), com café da manhã. Entre jul-ago, o período mínimo de reserva é de uma semana.
Local: St. Ives, costa norte da Cornualha, a 456km de Londres.
Melhor época: Para quem gosta de sol, o verão; para quem aprecia a natureza, qualquer época. Fechado em dez e jan.
Como chegar: De Londres, viaje de trem por 5h30 de Paddington até St. Ives (baldeação em St. Erth). Ou voe até Newquay (1h) e depois alugue um carro (45min) até o hotel.
Emissão de CO_2: Voo para Londres, de Nova York 1,55t; de Sydney 5,63t; traslado de trem 0,05t; de avião e carro 0,13t.
Custo da neutralização: US$25,05; £1,05; A$106,30.

Responsabilidade: Primrose Valley mantém um compromisso genuíno com o turismo ecológico, sem negar aos hóspedes o luxo que todos buscam. O hotel apoia fornecedores locais, recicla resíduos, utiliza o comércio justo e produtos éticos, e incita os hóspedes a refletir sobre o impacto ambiental que produzem.
Ambiental: 3/5
Social: 4/5

Strattons

4 Ash Close, Swaffham, Norfolk, PE37 7NH, Reino Unido
+44 (0)1760 723845 / www.strattonshotel.com / enquiries@strattonshotel.com

UMA CASA elegante em estilo Rainha Ana com camas de dossel, móveis de antiquário e galinhas que riscam jocosamente o gramado não pode parecer a vanguarda de uma revolução. Mas a definição é perfeita neste caso, pois Strattons, escondida na bela aldeia de Swaffham, em Norfolk, já era ecológica quando a moda verde sequer havia nascido. Os proprietários Les e Vanessa Scott vieram para cá em 1990, quando a casa estava em ruínas, e transformaram-na em um sedutor hotel com uma pegada de carbono irrisória.

O estilo é eclético e teatral: antiguidades acotovelam-se com peças contemporâneas, entre elas muitas encomendadas de artistas locais. A recepção conta com uma lareira de mármore cujo fogo é aceso com tijolos caseiros de jornal nos dias mais frios, um tapete de couro de vaca, uma multidão de ornamentos e um gigantesco lustre claro que parece saído do cenário do *Lago dos cisnes*. Há muitos livros e revistas coloridas e uma atmosfera de conforto atravancado, onde o ambiente caseiro é reforçado pelos afetuosos gatos siameses do casal.

Os 10 quartos possuem design personalizado e são todos notáveis. O estilo pode variar desde o conforto sereno do quarto "sem alergênios" até o resplendor manifesto do quarto "alcova", cujos papéis de parede, feitos sob encomenda, retratam um voo de querubins. O casal

Scott se conheceu na escola de artes e empregou seus talentos para provar que a reciclagem pode, mais do que trazer resultados ambientais, ser criativa: os dois fizeram um mosaico de sereias para um dos banheiros com louças e conchas quebradas.

Swaffham situa-se em Brecklands, região de Norfolk conhecida pelas frágeis campinas ocupadas por aves como o esquivo alcaravão e o raro noitibó. De dia você pode caminhar e passear de bicicleta por alguma das várias rotas que partem diretamente do hotel. À noite você pode acomodar-se no jardim e observar a vida selvagem que o casal Scott tenta proteger – aves, morcegos e até sapos. O restaurante oferece pratos da estação feitos com produtos locais, orgânicos em sua maior parte. Os funcionários costumam acompanhar de perto a produção dos alimentos. No cardápio há um pouco de tudo, desde o pombo de Norfolk até o queijo azul de Bingham, além de uma seleção de vinhos de Suffolk. Até o óleo de canola é caseiro.

As iniciativas do Stratton para reduzir o impacto ambiental são abrangentes e cobrem tudo, desde o tratamento dado aos tecidos do hotel até as tarefas cotidianas como reciclagem, uso de produtos de limpeza não poluentes ou o acréscimo de cascas de legumes ao farelo que alimenta as galinhas. Além disso, foram instaladas lâmpadas de baixo custo e uma chave geral de eletricidade, e implantou-se a reutilização da água cinza nas hortas. A vida ecológica é uma arte.

ECO**INFO**

Quartos: 5 quartos para 2 pessoas e 5 suítes, algumas com varanda.
Preços: £150-225 (US$300-450) por quarto por noite, com café da manhã.
Local: Swaffham, na região de Breckland em Norfolk, a 160km de Londres.
Melhor época: O verão para ver o céu, o inverno para ver as aves.
Como chegar: De Londres, pegue um trem em King's Cross para Downham Market e um táxi para o hotel (2h no total), ou fique no trem até a Kings Lynn Bus Station, de onde sai um ônibus para Swaffham (3h no total). Ou pegue um ônibus em Londres (Victoria Station) para Swaffham.
Emissão de CO_2: Voo para Londres, de Nova York 1,55t; de Sydney 5,63t; traslado de trem e táxi ou de ônibus 0,03t; de trem e ônibus 0,02t.
Custo da neutralização: US$23,45; £0,25; A$105,90.

Responsabilidade: Com sua política abrangente e bem planejada, da qual todos participam, Strattons representa um exemplo para outros hotéis. Os donos buscam continuamente novas estratégias para reduzir a pegada de carbono do hotel, registrando o gasto de energia e os níveis de resíduos para definir metas.
Ambiental: ØØØØØ
Social: ØØØØØ

Auberge Les Liards

63490 Égliseneuve-des-Liards, Auvergne, França
+33 (0)4 73 96 89 44 / www.lesliards.com / info@lesliards.com

TALVEZ SÓ encontre esta pousada aconchegante em um recanto pouco conhecido de Auvergne quem esteja à sua procura. A propriedade – parte de uma pequena fazenda – ocupa a escarpa de Puy-de--Dôme, o vulcão extinto nos limites da vila de Égliseneuve-des-Liards. Seus proprietários, o casal holandês Astrid Ursem e Walter Verhoeve, criaram-na a partir de duas antigas casas de fazenda: a sede, com dois quartos, e uma casa adjacente que possui dois quartos "ecológicos".

O casal fez reformas cuidadosas, e os quartos ecológicos foram construídos com materiais naturais e tradicionais – madeira, argila e palha. O isolamento térmico é garantido por uma mistura de cânhamo, cal, barro e palha – além da terra úmida, que, como os dois viriam a descobrir depois, contribui para o isolamento do piso. Os quartos, com cores naturais e móveis de madeira, têm decoração simples. Por enquanto, os banheiros dos quartos têm vasos sanitários convencionais, mas Astrid e Walter planejam uma reforma que irá converter a água da chuva em água de descarga. Os hóspedes recebem um sabonete ecológico; há lâmpadas de baixo consumo e os produtos de limpeza doméstica são biodegradáveis.

A pousada serve jantar e café da manhã, e boa parte dos alimentos são orgânicos e produzidos na região. O casal também fica feliz em

preparar um cardápio especial para vegetarianos. Os pães são fornecidos pelo padeiro local; os ovos, pelas galinhas da pousada. As geleias são caseiras – em sua maioria, de amoras silvestres colhidas ao redor das casas – e lentilhas e cereais são cultivados nas imediações.

Auvergne é o sonho de todo geólogo. Tornou-se famosa por suas fontes minerais e paisagens dominadas por vulcões. Do Auberge Les Liards, instalado no fértil parque regional natural de Livradois-Forez, podem-se avistar no horizonte diversos vulcões – inclusive o famoso Puy-de-Dôme. A área abriga criaturas de todo tipo, de aves a texugos, que Astrid e Walter procuram proteger plantando urtigas, por exemplo. Os dois criam vários animais: ovelhas, gansos, coelhos e galinhas, assim como um bode, jumentos e alguns pavões, os favoritos das crianças.

Mas a pousada não oferece somente ar puro e tranquilidade: é uma boa base para quem quer circular e fazer exercícios. Você pode entrar em uma das diversas trilhas sinalizadas, cuja duração varia entre 1 e 5 horas; há circuitos para passeios de bicicleta e mountain biking, além de passeios a cavalo oferecidos por centros próximos. Se você procura atividades mais intensas, a pousada pode inscrevê-lo em uma excursão guiada (em inglês) pela montanha. Depois de tanto exercício, você merece degustar a taça de *kir* no terraço, diante do sol que se põe atrás do silencioso Puy-de-Dôme.

ECO**INFO**

Quartos: 2 quartos com duas camas e 2 com cama de casal.
Preços: €38-69 (US$52-94) por quarto por noite, sem café da manhã. Em jul-ago, pernoite mais caro.
Local: 40km ao sul de Clermont-Ferrand, no Parque Natural Regional Livradois-Fore, Auvergne.
Melhor época: Verão, pelo pôr-do-sol. Fechado entre nov-abr.
Como chegar: Siga de avião ou de Eurostar para Paris, depois vá de trem por 3h50min para Clermont-Ferrand e dirija por mais 40min até a pousada. Ou pegue um voo de Paris para Clermont-Ferrand.
Emissão de CO_2: Voo para Paris, de Nova York 1,62t; de Sydney 5,62t; Eurostar de Londres a Paris 0,01t; traslado para Égliseneuve-des-Liards de avião e carro 0,21t; de trem e carro 0,11t.
Custo da neutralização: US$27,25; £1,65; A$108,90.

Responsabilidade: A pousada encara as questões ambientais com seriedade; tem feito grandes esforços para restaurar edifícios tradicionais e os resíduos são reciclados ou compostados onde for possível. Com o projeto para a instalação de painéis solares e uso de água cinza, trata-se de fato de um albergue ecológico.
Ambiental:
Social:

Perché dans le Perche

La Renardière, 61130 Bellou-le-Trichard, Orne, Normandia, França
+33 (0)2 33 25 57 96 / www.perchedansleperche.com / perchedansleperche@gmail.com

CAI A tarde. Sentado na varanda, empoleirada no alto, sobre os galhos de um castanheiro formidável, você avista o lago e procura com os olhos uma raposa ou um texugo, ou quem sabe um cervo que caminha em silêncio para matar a sede. Chega a escuridão, você se recosta na cadeira, respira o ar da noite e tenta identificar as constelações em um céu aveludado. A cidade parece distante.

No entanto, este refúgio arbóreo no Perche – que integra o opulento distrito de Orne, na Normandia – fica a 2 horas de Paris. Ele é, digamos, uma luxuosa casa de árvore – um chalé confortável construído em um castanheiro de duzentos anos de idade pela britânica Claire Stickland e seu marido francês, Ivan Payonne. A árvore fica em La Renardière ("covil de raposas"), uma propriedade de 10 hectares que o casal comprou há poucos anos e tem sido tratada por eles como um santuário da natureza.

Brotam todos os tipos de plantas neste solo pedregoso onde antes havia uma pastagem. Hoje ele atrai várias formas de vida selvagem, sobretudo aves. Observando com atenção você poderá avistar desde um javali selvagem até um búteo, gavião de asas largas. Claire e Ivan querem transformar La Renardière em exemplo de gerenciamento ecológico, por isso convocaram organizações ambientais da região para maximizar a biodiversidade. "Queremos dividir o espaço", diz Claire. São frequentes as visitas da escola local, onde estudam seus dois filhos, para atividades ambientais.

O chalé é simples, com piso de madeira polida, muitas janelas por onde entra a luz natural. Há um quarto, uma sala de estar com uma cozinha pequena e um banheiro. A água cinza da casa e do chalé onde moram Claire e Ivan é purificada por uma sucessão de cubas com pedras vulcânicas, junco e plantas, antes de ser canalizada para uma área inundável. Os produtos de limpeza são biodegradáveis, assim como os do banheiro. O lixo é reciclado ou colocado em uma pilha de compostagem.

Pela manhã você recebe uma cesta com alimentos frescos da região: manteiga e iogurte orgânicos, suco de maçã, a geleia caseira de Claire e frutas da estação colhidas provavelmente nos terrenos de La Renardière. Não faltará o pão orgânico de uma fazenda do Perche, chá e café. À noite, você pode jantar em um restaurante ou deliciar-se com camembert e cidra de algum vilarejo vizinho.

La Renardière faz parte do Parque Regional Natural do Perche, onde há muitas regiões campestres para explorar. Você pode caminhar, sair de bicicleta ou de canoa – ou frequentar um curso de cozinha vegetariana em uma fazenda orgânica das imediações. À noite, você sobe os degraus e se aconchega na cama, em seu tranquilo "poleiro".

ECO**INFO**

Quartos: 1 quarto de casal no chalé principal e outro no andar inferior.
Preços: €150 (US$205) por casal por noite, com café da manhã; €250 (US$340) por 2 noites.
Local: a 36km de Nogent-le--Rotrou, Orne, Normandia.
Melhor época: Verão.
Como chegar: Vá de avião ou de Eurostar até Paris, alugue um carro e viaje por 2h até Bellou-le Trichard, que fica a 2-3km de La Renardière. Ou viaje de trem por 1h30 de Paris a Nogent-le-Rotrou, e dirija por 30min até a pousada. Caso venha da Inglaterra, pegue a balsa de Portsmouth para Caen (3h30) e siga de carro por 1h30 até a pousada.
Emissão de CO_2: Voo para Paris, de Nova York 1,62t; de Sydney 5,61t; Eurostar de Londres a Paris 0,01t. Traslado de carro 0,11t; de trem e carro 0,02t; balsa e carro de Portsmouth 0,09t.
Custo da neutralização: US$25,60; £1,60; A$107.

Responsabilidade: Trata-se de um projeto criativo que visa oferecer conforto no campo e, ao mesmo tempo, mostrar aos hóspedes a necessidade e os benefícios de um gerenciamento ecológico. Seu programa passa por constantes revisões e beneficia a flora, a fauna e a comunidade local.
Ambiental:
Social:

Pegadas ecológicas

Mais do que uma opção ecológica, viagens a pé são uma oportunidade para conhecer a fundo uma região. Foi o que **Rebecca Ford** descobriu em caminhadas pela ilha de Samos.

O VERÃO havia chegado a Samos e as romãzeiras estavam carregadas. Nós vagávamos em meio a fileiras de pêssegos e figos maduros, parávamos para beber à sombra de alfarrobeiras e explorávamos santuários ocultos nas montanhas. Certos dias descobríamos templos serenos onde deuses antigos eram reverenciados, ou lanchávamos em bosques de oliveiras com vista para o distante mar Egeu. Outras vezes passeávamos por pequeninas aldeias afastadas de nossa trilha, e parávamos para uma xícara de café preto e adocicado. Era, no melhor dos casos, uma viagem lenta – uma viagem a pé.

Até poucos anos atrás, a conjunção entre as palavras "viajar" e "a pé" evocavam a imagem de uma semana pesada, com marchas desgastantes, pousadas baratas na companhia de atletas-andarilhos com mochilas imensas e equipamentos bizarros. Hoje a situação é bem diferente. Você pode fazer desde uma excursão gastronômica pela Toscana até uma caminhada energética ao Mont Blanc, ficar em hotéis confortáveis e comer em abundância. Há caminhadas lentas, vigorosas ou difíceis. Você pode ir sozinho ou juntar-se a um grupo, carregar sua bagagem ou despachá-la antecipadamente. Você pode até encontrar equipamentos incomuns para caminhadas.

Nenhuma atividade é mais ecológica do que a caminhada. Você pode até deixar pegadas pelo caminho, mas elas não emitem carbono, sobretudo se você chegar ao ponto de partida de trem ou de barco. Nenhum outro tipo de viagem irá deixar suas coxas tão firmes, mesmo que você se entregue aos prazeres do vinho e da culinária local.

Minha viagem a Samos (ilha grega onde viveram Esopo e Pitágoras) foi uma excursão sem guia oferecida pela Headwater, uma das diversas operadoras especializadas em viagens a pé. Seus pacotes simplificam a temporada: a operadora contrata voos, hotéis e traslados, e repassa roteiros detalhados com os percursos diários. Fiz bom uso dessas anotações que reduzem ao mínimo a repetição cansativa da mesma pergunta – "qual é o caminho?" – entre os companheiros de percurso. Um roteiro típico oferece dias seguidos de trajetos lineares. Basta seguir a rota para alcançar a base seguinte, para onde sua bagagem é enviada com antecedência, poupando a todos o trabalho de caminhar com mochilas pesadas nas costas. Mas quase sempre há lugares onde você

Nesta pág.: um barco de pesca atracado nas águas douradas ao redor de Samos; o monte Kerketefs, elevando-se sobre uma baía silenciosa na ilha grega de Samos

gostaria de ficar por mais de uma noite e dar uma volta para explorar melhor a região.

As viagens sem guia trazem a vantagem de dar a cada um a chance de ditar seu próprio ritmo. Você pode saltar uma caminhada caso sinta que não tem condições – basta seguir com a bagagem para a base seguinte e descansar na companhia de um livro. Foi o que fizemos em Samos no dia em que uma caminhada de 5 horas a 38 °C não parecia um bom programa. No dia seguinte, saímos cedo para aproveitar o ar fresco da manhã – aliás, uma hora excelente para observar as aves da região.

Samos, a apenas 1,5 quilômetro da costa turca, é injustamente esquecida pelos guias turísticos como um local de interesse. Mas as caminhadas revelam que esta ilha possui paisagens formidáveis, florestas de pinheiros, igrejas bizantinas e vinhedos. Isso tam-

Em sentido horário, a partir de baixo: o porto da ilha de Samos; caminhada em Yorkshire Dales, Inglaterra; flores silvestres na zona rural mediterrânea

bém se aplica a outros destinos turísticos: sua face oculta revela-se apenas para quem explora a área a pé.

Outra operadora especializada em caminhadas, a Inntravel, também oferece excursões sem guia por toda a Europa – com traslado de bagagem, rotas e mapas detalhados. Quase todos os roteiros têm uma semana de duração, mas também há passeios de quatro noites, ideais para quem tem pouco tempo. A Inntravel geralmente seleciona bons albergues e hotéis pequenos para hospedagem. Viajei pela operadora para a Basilicata, uma das regiões mais pobres da Itália, escondida no dorso do pé da bota italiana. As caminhadas me levaram a lugares que eu jamais descobriria por minha própria conta, como as pradarias cobertas por papoulas no Parque Nacional Pollino e as trilhas marcadas por ervas perto da aldeia de Viggianello.

Se as caminhadas sem guia oferecem liberdade e controle, nas excursões em grupo não há a preocupação de se perder, pois o guia acompanha todo o percurso. Assim, você poderá desfrutar a paisagem e conversar com seus companheiros. O tamanho dos grupos varia bastante. Antes da reserva, é recomendável conferir se seu grupo será pequeno (com 8 pessoas no máximo) ou grande (com até 20 pessoas).

ECOINFO

Local: Samos é uma ilha grega no leste do mar Egeu.

Como chegar: Várias operadoras oferecem viagens de trem que saem de Londres, caso seja mais prático. Há voos diretos de Londres para Samos.

Emissão de CO_2: Voo para Samos via Londres, de Nova York 2,12t; de Londres 0,58t; de Sydney 6,20t.

Custo da neutralização: US$31,50; £4,30; A$116,05.

Onde ficar: A hospedagem está incluída nos pacotes e vai de albergues rurais, antigos conventos e pousadas até hotéis 4 estrelas.

Preços: As excursões variam entre £229 (US$460) por pessoa por quatro noites em Derbyshire, e £3.800 (US$7.600) por 18 dias na Itália. Viagens pelos pequenos rios de Samos custam £699-799 (US$1.400-1.600) por pessoa por 7 dias.

Melhor época: Quando o clima for ameno. No caso de Samos, em maio.

Informações adicionais:
www.headwater.com
www.inntravel.co.uk
www.ramblersholidays.co.uk
www.explore.co.uk
www.atg-oxford.co.uk

Responsabilidade: Férias a pé significam que você irá explorar uma região da maneira mais ecológica que existe. Ficar em estalagens ou hotéis cujos proprietários são habitantes da região e comer em restaurantes locais favorece o comércio em comunidades rurais isoladas.

Estes passeios costumam ser cuidadosamente organizados em diferentes níveis, e isso permite que você veja qual é o mais adequado à sua agilidade e condição física. Escolha com cuidado e peça a opinião do operador. Na França, participei de um roteiro no qual todos faziam uma longa pausa a cada 2 quilômetros, embora o terreno fosse mais liso do que crepe. É perfeito para quem fez esta escolha, mas frustrante para quem quer testar seus limites.

As excursões podem ser trilhas na Sardenha ou nas montanhas de Montenegro, e você logo irá descobrir a fabulosa diversidade de paisagens da Europa. As operadoras em geral têm um tema específico. A Ramblers, por exemplo, oferece excursões para observadores de aves ou enólogos, enquanto a Explore organiza expedições mais árduas para locais como a Islândia. Há também a ATG, especializada em excursões de alto padrão, livres e guiadas, fundada sob princípios éticos. Os roteiros só ocorrem em áreas com condições sociais e ambientais para suportar o impacto dos visitantes. A operadora comanda projetos de conservação em vários dos locais que seleciona. Estas são pegadas realmente ecológicas.

mitArt

Linienstrasse 139–140, 10115 Berlim, Alemanha
+49 (0)30 283 90430 / www.mitart.de / mitart@t-online.de

O EDIFÍCIO abrigou no passado a Imprensa Militar da RDA, onde era produzida a propaganda militar nacional. Hoje é o primeiro hotel ecológico de Berlim e expõe peças de artistas contemporâneos que, do contrário, talvez não apresentassem seus trabalhos. Como mudam os tempos: o mitArt – trocadilho que brinca com o Mitte, nome do distrito badalado e cosmopolita em que se encontra – é no fundo uma elegante pensão urbana, ideal para amantes da arte e da cultura que procuram uma estadia no coração da Berlim alternativa.

A proprietária Christiane Waszkowiak havia inaugurado ali uma galeria de arte moderna, com acomodações para os artistas de suas exposições. A galeria aos poucos converteu-se em um pequeno hotel. Ela ampliou suas atividades em 2005 ao mudar para este edifício discreto da virada do século 20, criando decorações contemporâneas para os interiores com tinta ecológica, gesso e um suave polimento para os pisos de madeira. O jardim da entrada está tomado por plantas de todo tipo, desde ervas utilizadas na cozinha até limoeiros, figueiras e uma bananeira. Distribuídos pelos três

andares, os quartos possuem tamanho e decoração diversos. Porém, são todos elegantes e espaçosos, têm móveis de madeira escura, roupas de cama bem claras e peças de arte contemporânea. Produtos de limpeza e sabonetes são orgânicos, biodegradáveis e não foram testados em animais. Os banheiros das suítes têm descarga com botão médio, que reduz o desperdício de água.

O prédio foi tombado, e há restrições para a instalação de itens ecológicos, mas Christiane faz o que pode. A eletricidade provém de fontes renováveis e as lâmpadas são de baixo consumo. A reciclagem de plásticos, latas etc. é um procedimento comum (como no resto da Alemanha), e os resíduos orgânicos da cozinha são separados para compostagem.

O salão do andar térreo tem cardápios de café da manhã e almoço apenas com alimentos orgânicos – e, sempre que possível, comprados de fornecedores locais. Para o café você terá à escolha linguiças, ovos, patês vegetarianos, pães integrais e marmelada caseira. Chá e café são orgânicos e provenientes de fontes de comércio justo.

O hotel irá informá-lo sobre atividades e atrações da região, e Christiane conhece a cena artística de Berlim como poucos. Em 5 minutos de caminhada chega-se ao eixo cultural mais notável da cidade – a ilha dos museus, uma série fabulosa de edifícios clássicos que abrigam pinturas, esculturas e antiguidades. Há também os pontos mais conhecidos, como o Portão de Brandenburgo, o Reichstag, restaurado por Norman Foster, e o comovente Mauermusem, no Checkpoint Charlie. O Mitte, com seus restaurantes, lojas, galerias e bares agitados, ocupa convenientemente a fronteira entre duas faces da cidade: uma ocidental e alternativa, outra oriental e promissora. O legado histórico, a arte contemporânea e a postura ecológica do mitArt são a síntese perfeita de uma cidade fascinante.

ECO**INFO**

Quartos: 5 quartos simples, 25 de casal.

Preços: €110-180 (US$150-245) por casal por noite, com café da manhã.

Local: No coração de Berlim.

Melhor época: Outono. Fechado no Natal.

Como chegar: Voe para algum aeroporto de Berlim. Em todos há transporte público para Orienburger Tor, estação de metrô mais perto do hotel.

Emissão de CO_2: Voo para Berlim, de Nova York 1,79t; de Londres 0,22t; de Sydney 5,25t.

Custo da neutralização: US$26,55; £1,70; A$98,20.

Responsabilidade: O mitArt adota princípios ambientais em um sentido amplo, que abrange, além de alimentos orgânicos e lâmpadas de baixo consumo, reciclagem de resíduos, redução do desperdício de água e o uso de produtos biodegradáveis. Está empenhado em reduzir sua pegada de carbono e apoia os novos artistas locais.

Ambiental: 2/5

Social: 2/5

Albergo Amici

Via Garibaldi 80, Varese Ligure, 19208 (SP), Ligúria, Itália
+39 (0)187 842139 / www.albergoamici.com / info@albergoamici.com

ECO**INFO**

Quartos: 23 de casal e 3 de solteiro.
Preços: €55 (US$75) por quarto de casal por noite, sem café da manhã (€5/US$7); €104 (US$142) por simples por noite, com todas as refeições.
Local: Varese Ligure, Val di Vara, na Ligúria, a 117km de Pisa.
Melhor época: Início do verão.
Como chegar: De Pisa, dirija por 1h30 até Varese Ligure ou siga de trem para Sestri Levante (110min) e depois de ônibus até Varese Ligure (45min). De Londres, vá de Eurostar para Paris, e depois de trem para Sestri Levante via Florença e Pisa (13h30), e de ônibus para Varese Ligure.
Emissão de CO_2: Voo para Pisa, de Nova York 1,86t; de Sydney 5,46t. Eurostar de Londres a Paris 0,01t; traslado de Pisa de carro 0,70t; de Sestri Levante de ônibus 0,005t. Os preços dos trens italianos não estão disponíveis.
Custo da neutralização: US$27,80; £2,10; A$101,35.

Responsabilidade: O hotel está no centro do empenho ambiental de toda uma comunidade. Com água aquecida por painéis solares, reciclagem rigorosa e amplo consumo de alimentos orgânicos, ele representa um bom começo.
Ambiental: ØØØØØ
Social: ØØØØØ

ADMINISTRADO PELA mesma família desde 1760, o sóbrio Albergo Amici faz apenas o que sabe fazer bem. Na recepção ampla, que funciona como sala de estar para os moradores, há muitas cadeiras confortáveis, um antigo relógio de parede e fotografias da família e do hotel histórico espalhadas pelas paredes. Aqui os hóspedes se sentam e conversam, veem televisão e apreciam as bebidas do bar. O maior destaque é o grande forno a lenha, cortada na região.

Os quartos, por sua vez, são simples e espaçosos: apesar dos poucos adereços, têm tudo o que é necessário. Este não é um lugar para ficar trancado no quarto, pois há muito para ver do lado de fora. O Albergo Amici fica no centro da histórica cidade mercante de Varese Ligure, nas montanhas pouco frequentadas que separam o interior da concorrida costa da Ligúria. Por séculos, a cidade foi um retiro para cidadãos abastados de Gênova e outras regiões litorâneas que fugiam do calor opressivo do verão. Hoje a reputação ambiental de Varese Ligure fez do município o primeiro a receber o reconhecimento oficial da União Europeia por suas medidas ecológicas. Esta região – o Val di Vara – é conhecida na Itália como o "Vale Orgânico".

Não é preciso ir muito longe para ver as medidas sendo aplicadas. O hotel possui painéis solares para aquecimento da água, separa e monitora resíduos para reciclagem e utiliza a maior quantidade possível de produtos ecológicos para limpeza. Os funcionários participam do trabalho para transformar o hotel em um estabelecimento sem emissões de carbono. Quem passeia por esta cidade pitoresca – cujo prefeito é o dono do hotel – poderá

avistar células fotovoltaicas no alto dos telhados, mas não irá perceber que a água potável é esterilizada por processo ultravioleta, sem o uso de cloro. No alto das montanhas estão as turbinas eólicas que produzem grande parte da energia da cidade.

A comida do hotel tem reputação excelente e atrai muitos italianos do litoral para o almoço aos domingos. O Albergo Amici empenha-se em servir pratos tradicionais com produtos da região, sazonais e, se possível, orgânicos. Estas regras valem para carne, vinho, queijos e azeite de oliva. Pães e massas são caseiros. Se você imaginava que o único prato típico da Ligúria era o pesto, enganou-se. Entre as especialidades regionais você irá descobrir ensopados de carne, tortas vegetarianas e molhos feitos com *pinoli*.

Com suas fazendas orgânicas e cidades pitorescas, o vale merece ser explorado com mais atenção. Você também poderá viajar de ônibus para o concorrido balneário de Sestri Levante, observar a Baia delle Favole e tomar um sorvete – as calorias vão desaparecer logo na primeira caminhada pelas montanhas arejadas de Varese Ligure.

Casa del Grivo

Borgo Canal dei Ferro 19, 33040 Faedis, Udine, Friùli-Venezia Giulia, Itália
+39 (0)432 728638 / www.grivo.has.it / casadelgrivo@libero.it

A CASA del Grivo é um lugar singelo – uma habitação de família localizada em um vilarejo do norte italiano, com uma pequena chácara rural que adota princípios naturais e orgânicos. O charme rústico desta pousada simples e acolhedora, lar de Toni e Paola Costalunga, seus três filhos e vários animais, é irresistível. E também fica em uma parte da Itália afastada dos roteiros turísticos.

A casa em si, com janelas de madeira e pequenas sacadas, foi construída em meados de 1920 e reformada com itens tradicionais, como tijolos feitos à mão, pedras da região, vigas de castanheiro e vernizes naturais. A escada é feita de madeira, e as paredes grossas, cobertas por cortiça granulada, garantem um excelente isolamento térmico. O casal também trabalhou para que os interiores reproduzissem o estilo vernacular, com móveis de madeira de Friùli, uma pia de pedra e uma lareira para cada ambiente.

O mesmo estilo vigora nos quartos, cujos colchões têm enchimento de lã e fibras vegetais. Apenas um deles tem banheiro: os outros três quartos – com decoração verde, rosa e branca, respectivamente –

partilham dois banheiros. A água é aquecida com energia solar e a casa, em parte, pela lenha de florestas adjacentes. Para reduzir o impacto ambiental, o casal adota produtos biodegradáveis de limpeza, recicla resíduos e, na medida do possível, faz compostagens.

Toni cultiva frutas e vegetais variados em sua horta orgânica e possui um vinhedo que fornece a uva dos vinhos fabricados pelo casal: Refusco, o tinto seco; Tocai, o branco seco; e Verduzzo, vinho branco para sobremesas. Nos pratos servidos aos hóspedes por Paola há vários produtos da família, além de alimentos orgânicos da região. Você encontra pratos de polenta quente com cogumelos selvagens no jantar, ou pães frescos (saídos do forno a lenha) com geleias caseiras e suco fresco de maçã no horário do café.

A Casa del Grivo fica na Friùli-Venezia Giulia, uma faixa estreita entre a Áustria e a Eslovênia que tem dialeto próprio, o friuliano. Há diversas trilhas para passeios a pé ou de bicicleta e rios apropriados para um piquenique. Numa visita a Cividale del Friuli, a cidade medieval vizinha, você poderá conhecer uma catedral do século 15, construções medievais e o *hypogeum* celta – um tipo de porão que, para alguns, deve ter sido um sepulcro e, para outros, uma prisão. Na volta você poderá relaxar na pousada, saboreando o jantar caseiro e uma taça de vinho.

ECO**INFO**

Quartos: 4 de casal.
Preços: €28 (US$38) por pessoa por noite, com café da manhã; €45 (US$61) por pessoa por noite, com café da manhã e jantar. Mínimo de 2 noites.
Local: 20km de Ùdine na região Friùli-Venezia Giulia, nordeste da Itália.
Melhor época: Verão. Fechado no Natal e no Ano-Novo.
Como chegar: Siga de avião para Trieste e depois de carro para Faedis (70min); ou vá de ônibus ou táxi do aeroporto para Trieste Centrale e siga de trem para Ùdine (1h), onde um carro poderá buscá-lo.
Emissão de CO_2: Voo para Trieste, de Nova York 1,89t; de Londres 0,27t; de Sydney 5,30t; traslado de carro 0,05t. Valores dos trens italianos não estão disponíveis.
Custo da neutralização: US$28,90; £2,45; A$100,20.

Responsabilidade: A Casa del Grivo tem uma abordagem responsável em relação ao meio ambiente e adota uma série de medidas para reduzir sua pegada de carbono, como o uso de energia solar e lenha para aquecer a casa – além, é claro, da horta orgânica.
Ambiental: ØØØØØ
Social: ØØØØØ

Locanda della Valle Nuova

La Cappella 14, 61033 Sagrata di Fermignano, Pesaro e Urbino, Le Marche, Itália
+39 (0)722 330303 / www.vallenuova.it / info@vallenuova.it

QUEM JÁ descobriu a magnífica paisagem das Marche não toca no assunto: prefere manter as hordes de turistas afastadas destas cidadezinhas e de suas colinas verdes. Os hóspedes da Locanda della Valle Nuova seguem o exemplo, na esperança de reservar para si esta fazenda orgânica de 75 hectares administrada pela família Savini, que ali produz carne orgânica desde 1981. Num tranquilo ambiente rural, os hóspedes ocupam elegantes quartos contemporâneos.

Vem de longe o compromisso dos Savini com a vida ecológica. Erguida na década de 1920, a casa foi reformada em 1998 com itens tradicionais, como pedra e madeira; possui paredes espessas, impermeabilização dupla e isolamento por cortiça, que garante a conservação de energia. O aquecimento era feito por um forno abastecido com lenha das terras da família. Há pouco tempo, porém, a família instalou painéis solares que fornecem eletricidade para toda a casa. Lâmpadas de baixo consumo reduzem o gasto de energia, e o lixo é separado em cestos para lata, plástico, papel e vidro.

Os quartos estão mais para o chique urbano do que para o rústico, e são

identificados por cor: um deles é claro e amarelo, outro é rosa, um outro é verde e suave. Porta-sabonetes reduzem o desperdício e a roupa é lavada com pequenas porções de sabão concentrado que não foi testado em animais.

Além do gado, a família Savini possui um vinhedo e produz alguns cereais orgânicos (eles têm um pequeno moinho), cria galinhas e cultiva diversos vegetais e frutas. Há damasqueiros e ameixeiras, melões e tomates roliços. As refeições são feitas com alimentos orgânicos, sazonais e plantados na região, e a cozinha utiliza ervas, abrunhos e nozes colhidos pela família. No café da manhã há geleias e pães caseiros, mel e queijo orgânico; no jantar, massas frescas ou o bife *à marchigiana* da fazenda, acompanhado por vinhos da região ou quem sabe um licor caseiro de nozes. No outono talvez você experimente as deliciosas trufas brancas da floresta dos Savini.

As trufas são o único alvo de caçadores neste autêntico santuário da vida selvagem. Aqui vivem porcos-espinhos, texugos, javalis selvagens e cervos, e você poderá ver muitos vaga-lumes no jardim. Se você busca aventura, pode andar a cavalo na escola particular de hipismo da fazenda, ou nadar na piscina ao ar livre. A família irá informá-lo sobre caminhadas e trilhas de ciclismo na região. A bela cidade de Urbino fica a poucos quilômetros daqui, e os aficionados pela vida selvagem podem visitar a reserva natural Furlo George, que abriga raras orquídeas, aves de rapina, répteis e até lobos.

ECO**INFO**

Quartos: 6 (5 de casal, 1 com 2 camas), além de um apartamento com sua própria cozinha (para 2 pessoas).

Preços: €52 (US$71) por pessoa por noite, com café da manhã; €78 (US$106) por pessoa por noite com café da manhã e jantar (mínimo de 3 noites). O apartamento custa €680 (US$930) por semana.

Local: Perto de Urbino, nas Marche, a 60km de Rimini e 90km de Ancona.

Melhor época: Out, para a "caça às trufas". Fechado entre dez-mai.

Como chegar: Siga de avião para Rimini (50min) ou Ancona (1h10), depois alugue um carro.

Emissão de CO_2: Voo de Nova York 1,92t; de Londres 0,30t; de Sydney 5,34t; traslado de Rimini 0,04t; de Ancona 0,05t.

Custo da neutralização: US$29,40; £2,70; A$100.

Responsabilidade: Locanda della Valle Nuova procura trabalhar em harmonia com a terra e a vida selvagem. O consumo de energia é baixo, e a fazenda tenta continuamente reduzir sua pegada de carbono, recicla resíduos e cultiva alimentos orgânicos.

Ambiental: 3/5

Social: 3/5

Anna's House

Tullynagee, 35 Lisbarnett Road, Comber, Co. Down, BT23 6AW, Irlanda do Norte, RU
+44 (0)28 9754 1566 / www.annashouse.com / anna@annashouse.com

PELO LAGO margeado de junco passeiam galinhas d'água, cisnes e às vezes garças. A rica área ajardinada tem arbustos densos e recantos encobertos. Você se sente distante de tudo. Sereno. Tranquilo.

Mas a Anna's House, este fabuloso santuário verde, fica a apenas 20 minutos de carro da ruidosa Belfast. A casa era inicialmente um chalé de dois quartos, mas, com o passar dos anos, tornou-se uma pousada ampla e confortável, gerenciada por Anna Johnson e seu marido Ken. O último acréscimo foi uma sala de estar com janelas amplas e uma vista fabulosa. Ela permanece aquecida por um sistema geotérmico que puxa o calor natural da terra para cima e o mantém abaixo do piso. A conservação da energia é complementada pelos painéis solares instalados por Ken, que também aquecem a água; há lâmpadas de baixo consumo, e o carro da família é um Prius híbrido. O casal pretende adquirir uma turbina eólica para reduzir ainda mais sua pegada de carbono.

Anna e Ken criaram um refúgio tranquilo, e logo ao chegar você já se sente em casa ao experimentar o chá e os deliciosos bolos caseiros que o casal oferece. Anna passa as receitas a todos os hóspedes que as pedem – em troca de uma doação para o abrigo infantil local. O casal ainda faz questão de que as refeições servidas aos convidados contenham a maior quantidade possível de produtos orgânicos. O café da manhã (totalmente irlandês ou, se preferir, um pouco mais leve) inclui o pão caseiro e o iogurte de Anna, além de ovos de uma granja vizinha, chá e café orgânicos. Ela fica feliz em preparar pratos específicos para vegetarianos e *vegans*, bem como para hóspedes com dietas médicas especiais.

São 4 quartos frescos e limpos, com lençóis de linho irlandês nas camas, banheiros e internet sem fio. Dois quartos possuem sacada e um dos quartos do térreo possui acesso e banheiro para deficientes físicos, além de um terraço.

Coberto por flores, o terreno de 0,8 hectare é inteiramente orgânico, bem como o canteiro de hortaliças, adubado por compostagem da própria pousada. O casal possui outros 7,3 hectares de terra onde Anna deseja plantar árvores nativas e outras espécies que possam atrair vida selvagem.

Quando menos espera, você irá perceber que passou uma tarde inteira passeando pelos jardins da propriedade, deitado em uma rede cercada de pinheiros ou seguindo várias espécies de aves e borboletas. Mas há muito mais para ver por aqui. Quem gosta de aves não deve esquecer seu binóculo e visitar Strangford Lough – um paraíso para espécies aquáticas migratórias. Ao norte está Belfast, com seus edifícios históricos, lojas e restaurantes; ao sul, as montanhas de Mourne, que reservam caminhadas revigorantes. À noite você tem vários *pubs* à sua escolha, antes de retornar à hospedaria para uma boa noite de sono.

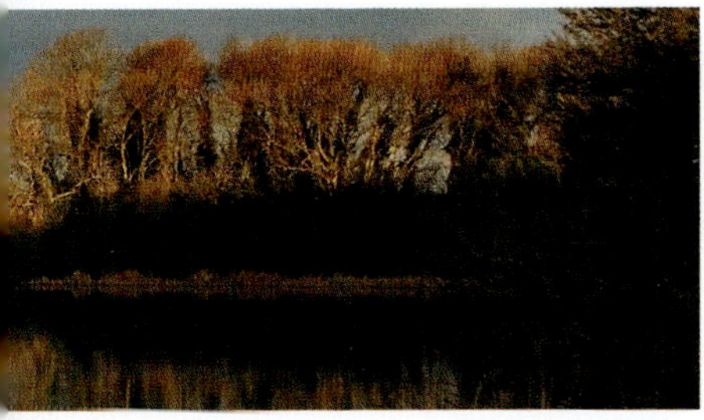

ECO**INFO**

Quartos: 4 quartos (2 de casal e 2 de solteiro).

Preços: £70-85 (US$140-170) por quarto, com café da manhã.

Local: a 5km de Comber, ao sul de Belfast.

Melhor época: Início do verão (pelas flores) ou outono (pelas árvores).

Como chegar: Em Belfast, vá de carro alugado ou táxi por 15min até a pousada. Da Inglaterra, pegue a balsa em Liverpool, Stranraer ou Douglas para Belfast e prossiga de carro.

Emissão de CO_2: Voo para Belfast, de Nova York 1,41t; de Londres 0,14t; de Sydney 5,68t; balsa de Liverpool 0,005t. Traslado de carro 0,01t.

Custo da neutralização: US$21,15; £1,15; A$106,35.

Responsabilidade: A Anna's House reduziu significativamente sua pegada de carbono com painéis solares e aquecimento geotérmico. Os proprietários mantêm o compromisso de reduzir ainda mais seu impacto ambiental e sempre buscar novas soluções ecológicas. E também compram alimentos orgânicos e locais.

Ambiental: 4/5

Social: 2/5

De bicicleta

Não deixe que as montanhas escocesas o façam desistir de um passeio ciclístico. **Robin Barton** descobriu que há um circuito sob medida para cada pessoa, com paisagens magníficas pelo caminho.

Pistas tranquilas, comida substanciosa, paisagens fantásticas e muitas colinas: a Escócia parece ter sido planejada por um comitê de ciclistas. O país reúne alguns dos melhores circuitos ciclísticos do mundo, inclusive trilhas de mountain bike e circuitos de longa distância de costa a costa. Mas os novatos não precisam se preocupar: há percursos fáceis que os farão querer mais. O ciclismo é uma forma excelente de conhecer a Escócia e uma escolha ecológica perfeita para quem gosta de viajar.

Para mountain bikers: Glentress

Os 7Stanes são uma série de sete centros de mountain biking espalhados pelo território escocês, e Glentress, no Tweed Valley, é o cartão-postal do projeto. O centro é uma das atrações mais populares da Escócia graças a seu amplo conjunto de trilhas, que vão desde os fáceis

Nesta pág.: a paisagem espetacular que corta o Glentress no vale Tweed, Escócia

circuitos azuis para iniciantes, passando pelo circuito vermelho de 19 quilômetros, até a dura prova do circuito preto com 32 quilômetros. Todo mountain biker deveria vir ao menos uma vez a Glentress para se aperfeiçoar. Você não sabe se está pronto? Inscreva-se em um curso de mountain biking com os ex-competidores profissionais Emma Guy e Tracy Brunger, que administram a loja-café Hub in the Forest. As trilhas, bem demarcadas, têm vistas fascinantes para as Pentlands, as colinas ao sul de Edimburgo. Os não-ciclistas têm boas alternativas. Glentress fica a 2 quilômetros da cidade de Peebles, onde se podem recuperar as energias em algum de seus ótimos restaurantes, como o Sunflower.

Para paisagens naturais: Great Glen Way

Amplie seus horizontes descobrindo as Highlands pelo Great Glen Way, um circuito de 130 quilômetros pelo majestoso Great Glen, palco de muitas batalhas no correr dos séculos. O trajeto começa em Fort William, cidade arrojada e sede de eventos esportivos como o Campeonato Mundial de Mountain Bike, e termina em Inverness, na costa leste. Mas o ciclismo de alto padrão não é tudo por aqui. Com caminhos margeando rios, pistas e trilhas de ciclismo, o Great Glen é um circuito irregular, mas sempre reto e de pouca dificuldade, frequentado tanto por ciclistas como por andarilhos de longa distância. Recomenda-se uma mountain bike ou um modelo híbrido. Os trechos mais fáceis ficam perto de Fort William: os primeiros 23 quilômetros até o lago Lochy são uma boa introdução.

Há mapas disponíveis nas agências VisitScotland, em ambas as pontas do Great Glen, e a trilha sinalizada é patrulhada por guardas-florestais. Fort William é uma boa base, embora o isolado Loch Ossian Hostel, em Ranoch Moor, seja um ponto excelente.

Para famílias: Glen Trool

Declives suaves e trilhas fáceis e largas são a marca dos circuitos de mountain biking Glen Trool, um dos sete centros. Passando por trilhas em florestas e pistas tranquilas, os dois circuitos sinalizados – um curto e outro longo – exploram a área florestal e os lagos do Galloway Forest Park. Os iniciantes podem adquirir confiança nas trilhas fáceis que partem do centro de visitantes.

Nesta pág.: a mais ecológica forma de conhecer a Escócia. Pág. 148: ciclista em trilha dos 7Stanes

E há muitas outras atividades: esportes aquáticos nos lagos do parque e duas cidades interessantes nas redondezas: Castle Douglas, para amantes de culinária; e Kirkudbright, em Solway Firth, um conhecido refúgio de artistas.

Para história: Orkney

A história está presente nas ilhas Orkney, desde as câmaras mortuárias do neolítico dispersas pela área até os episódios de guerra de Scapa Flow. Existe outro meio melhor para mergulhar na história do que uma bicicleta?

A principal atração das ilhas é Skara Brae, a noroeste de Kirkwall, sítio de um antigo povoado que remonta a 3100 a.C. Maes Howe, na estrada entre Stromness e Finstown, é um monumento neolítico considerado patrimônio da humanidade pela Unesco. Nos 30 quilômetros de viagem entre Kirkwall e Finstown, passando por Orphir, pode-se desviar para ambos os destinos, e até para os círculos de pedra. Em um dia claro, a vista das montanhas até o mar é formidável; com céu fechado, é melhor não botar os pés na rua.

Para medrosos: Speyside Way

Trilhas de ciclismo em beira de rio tendem a ser planas e vazias. Esta rota, nas margens do rio Spey, não foge à regra e é ideal para ciclistas jovens ou novatos. Você chega ao Spey – um dos rios com os melhores salmões da Escócia – em Craigellachie, depois acompanha-o rumo ao sudoeste por Aberlour, passando pelas destilarias de uísque em Knockando e Tamdhu. Em Blacksboat há mesas de piquenique, caso queira descansar; ou então, cruze a antiga ponte da ferrovia até Ballindalloch, o ponto intermediário desta trilha de 19 quilômetros. A seguir você pode dar meia volta ou seguir pela B9102 para o norte e para o leste. Você voltará a Craigellachie após passar por algumas colinas.

Informações adicionais:
www.green-business.co.uk
www.sustrans.org.uk
http://cycling.visitscotland.com
www.7stanes.gov.uk
www.firstgroup.com/scotrail

Responsabilidade:
Poucos meios de transporte são tão ecológicos quanto o ciclismo. As suas pernas geram a força e as calorias geram a energia, e não há resíduos ou emissões. Nem mesmo os mountain bikers deixam traços de sua passagem, embora não se recomende sair das trilhas.

ECOINFO

Para mountain bikers: Glentress
Como chegar: De Edimburgo, siga de carro ou ônibus para Peebles, 29km ao sul.
Emissão de CO_2: Voo para Edimburgo, de Nova York 1,45t; de Sydney 5,59t; trem de Londres a Edimburgo 0,08t; traslado de carro 0,17t; de ônibus 0,005t.
Custo da neutralização: US$24,15; £1,90; A$109,15.
Onde ficar: Castlehill Knowe (+44 (0)1721 720805; www.castlehillknowe.co.uk; a partir de £25/US$50 por pessoa por noite).

Para paisagens naturais: Great Glen Way
Como chegar: Em Glasgow, pegue um trem para Fort William ou vá de carro (169km). Ou pegue um trem noturno na Euston Station, Londres.
Emissão de CO_2: Voo para Glasgow, de Nova York 1,43t. Trem de Londres para Fort William 0,10t; traslado de trem 0,02t; de carro 0,10t.
Custo da neutralização: US$22,85; £0,70; A$94,85.
Onde ficar: Huntingtower Lodge (+44 (0)1397 700079; www.huntingtower.co.uk), 3km ao sul de Fort William (£85/US$170 por quarto para 2 pessoas por noite); Loch Ossian Hostel (+44 (0)8701 553 255; www.syha.org.uk), 30km a leste de Fort William (a partir de £13,50/US$27 por pessoa por noite).

Para famílias: Glen Trool
Como chegar: Saindo de Glasgow, dirija por 130km até Glen Trool.
Emissão de CO_2: Voo de Glasgow, ver acima. Trem de Londres a Glasgow 0,08t; traslado 0,08t.
Custo da neutralização: US$22,50; £1,20; A$95.90.
Onde ficar: Number 3 (+44 (0) 1557 330881; www.number3-bandb.co.uk) em Kirkcudbright (a partir de £30/US$60 por pessoa por noite); Rusko Holiday Cottages (+44 (0) 15 57 814215; www.ruskoholidays.co.uk; a partir de £216/US$432 por semana em apartamento com cozinha).

Para história: Orkney (Órcadas)
Como chegar: Em Aberdeen, siga de avião para Kirkwall, Orkney, de balsa ou de carro (427km).
Emissão de CO_2: Voo para Aberdeen, de Nova York 1,46t; de Londres 0,17t; de Sydney 5,00t, traslado de avião 0,06t; de balsa 0,001t; de carro 0,26t.
Custo da neutralização: US$25,50; £3,15; A$98,20.
Onde ficar: Westrow Lodge Bed& Breakfast (+44 (0)1856 811360; www.rovingeye.co.uk) em Orphir (a partir de £28/US$56 por pessoa por noite).

Para medrosos: Speyside Way
Como chegar: De Inverness, vá de carro por 82km até Craigellachie.
Emissão de CO_2: Voo para Inverness, de Nova York 1,43t; de Sydney 5,03t; trem de Londres para Inverness 0,09t; traslado 0,05t.
Custo da neutralização: US$21,95; £1,05; A$94,95.
Onde ficar: Craigellachie, na Victoria Street (+44 (0)1340 881204; www.craigellachie.com; a partir de £135/US$270 por quarto de casal por noite, com café da manhã); Minmore House Hotel (+44 (0)1807 590378; www.minmorehousehotel.com; a partir de £64/US$128 por pessoa por noite).

Aqua City Resort

Sportova 1397/1, 05801 Poprad, Eslováquia
+44 (0)1582 748840 / www.aquacityresort.com / reservations@aquacityresort.com

ECO**INFO**

Quartos: 58 no Seasons (3 estrelas); 46 no Mountain View (4 estrelas).
Preços: SKK4.09-5.620 (US$170-235) por diária de casal no Seasons, com café da manhã e jantar; SKK4.590-6.190 (US$190-255) no Mountain View.
Local: Poprad, Eslováquia.
Melhor época: Inverno.
Como chegar: Siga de avião até Poprad e pegue um táxi (10min).
Emissão de CO_2: Voo para Propad, de Nova York 1,96t; de Londres 0,33t; de Sydney 5,08t.
Custo da neutralização: US$29,30; £2,55; A$95,10.

Responsabilidade: A pegada de carbono do Aqua City é mínima: ele extrai a energia de vários meios e recicla os resíduos. Possui fazenda orgânica, comandada por locais, usa alimentos frescos e do local sempre que possível – e pretende tornar-se ainda mais ecológico.
Ambiental:
Social:

UM BALNEÁRIO e parque aquático com saunas, banheiras de hidromassagem e piscinas aquecidas (cobertas e ao ar livre) talvez evoque a imagem de um glutão ambiental, devorador de porções gigantescas de energia. Mas o Aqua City não é um resort como os outros. Este parque aquático familiar – que inclui ainda dois hotéis, uma academia e um centro de crioterapia – obtém energia pela exploração das propriedades naturais de fontes subterrâneas. O resort foi erguido ao redor de duas perfurações, responsáveis pela sucção da água de fontes minerais geotérmicas que abastecem as nove piscinas e aquecem as saunas. A água geotérmica também é convertida em grande parte da eletricidade consumida no balneário. Seu proprietário, Jan Telensky, instalou painéis solares e tem em vista turbinas eólicas que poderiam zerar as emissões deste complexo e torná-lo autossuficiente em energia (movido por "terra, vento e fogo", como ele diz).

O Aqua City se localiza em Poprad, leste da Eslováquia, uma região cada vez mais conhecida pelos esportes de inverno. É um edifício moderno, de interior iluminado e discreto, cercado pelas montanhas Tatra. Os quartos do Mountain View Hotel (que possui quatro estrelas) são claros e contemporâneos, com telas de cristal líquido, sacadas e banheiros espaçosos, abastecidos com um fluxo ininterrupto de águas geotérmicas. Os quartos do Seasons (com três estrelas) são menores e funcionais, mas bastante confortáveis.

Os dois hotéis têm acesso fácil ao Aquapark, que, além das piscinas (uma delas olímpica), possui tobogã. Como a água é purificada por luz ultravioleta e as paredes são revestidas de aço inoxidável, as piscinas recebem o mínimo de cloro – e assim preservam, além da natureza, os olhos dos visitantes, que não saem vermelhos ou irritados. No spa você pode relaxar nas salas de inalação, mergulhar na banheira de hidromassagem e depois refrescar-se numa "caverna de gelo", cercada por neve de verdade.

O restaurante serve produtos locais e orgânicos na medida do possível; conta até com uma fazenda particular, onde há criações de gado e porco, além de uma padaria que produz pães à maneira tradicional. Resíduos como o plástico são reciclados, e os produtos de limpeza são orgânicos. Jan empenha-se para que o turismo beneficie a comunidade, contratando moradores e apoiando clubes esportivos da região.

Você não pode, é claro, ficar o dia inteiro na água – sua pele ficaria enrugada. Há várias cidades e vilarejos interessantes nas imediações desta bolha ecológica. Trens elétricos o levam de Poprad a Tatranska lomnica, onde você poderá subir pelas montanhas Tatra com o teleférico. Outra opção é visitar as antigas estações de Stary Smokovec e depois tomar o trem funicular para Hrebienok – no verão um bom local para esquiar e caminhar. Caso sinta cãibras, não faltará água quente no hotel.

Hoopoe Yurt Hotel

Apartado de Correos 23, Cortes de la Frontera, 29380 Málaga, Andaluzia, Espanha
+34 (0)952 117 055 / www.yurthotel.com / yurthotel@mac.com

SE VOCÊ pensava que hospedar-se numa tenda equivaleria a sacrificar o conforto em nome da consciência ecológica, enganou-se. Das tendas do Hoopoe emanam graça e estilo. Espalhadas em meio a bosques de sobreiros e oliveiras, estas barracas circulares contêm mais do que apenas vestígios do Oriente. Cada uma possui uma extensão de terra coberta de ervas e flores do campo, onde os hóspedes podem sentar-se e cochilar sob o sol da Espanha. O interior o transporta para as raízes da Mongólia, com vigas decoradas a mão, utensílios mongóis exóticos e tecidos coloridos. As camas são largas e confortáveis, com lençóis alvos e almofadas de cores vibrantes. Todas as tendas foram construídas sobre uma plataforma, portanto você não precisa temer alagamentos ou invasões de mosquitos, e pode caminhar tranquilo sobre o piso de madeira revestido de tapetes.

Para quem não suporta a falta de privacidade dos acampamentos, há uma agradável surpresa na forma de banheiros privativos, todos equipados com sistema de compostagem e chuveiro quente. A energia é solar, e todas as tendas têm lâmpadas de teto e cabeceira, além de tomadas para celulares e laptops.

São quatro tendas, todas com interior levemente diferenciado. A tenda mongol foi decorada em tons verde-escuros, a afegã tem um esplêndido teto vermelho, e a tenda de Jaipur é a mais luminosa. E ainda há a tenda safári, com uma vista fabulosa de Gaucín, um tradicional *pueblo blanco* andaluz. Do lado de fora há uma piscina natural, sem cloro.

Este retiro romântico é ideal para observadores de pássaros, pois as árvores maduras e as flores do campo atraem inúmeras espécies para os prados, entre as quais o *hoopoe* (poupa), que dá nome ao hotel. Deitado na rede, você poderá avistar desde aves canoras e pica-paus até abutres e águias; à noite, talvez ouça o pio da coruja, ou ao menos os sinos das cabras.

Embora esse tipo de tenda tenha sido a moradia dos povos nômades das estepes mongóis, o Hoopoe Yurt Hotel é uma criação do casal britânico Ed e Henrietta Hunt. Os jantares que oferecem aos hóspedes em diversos dias da semana são servidos ao ar livre, sob a luz bruxuleante de lanternas chinesas. Os legumes e as verduras são comprados nas cercanias ou cultivados no próprio hotel, que, no café da manhã, serve frutas frescas e mel da região.

É possível que você não sinta muita vontade de se afastar do hotel, pois a vista das montanhas Grazalema é fabulosa, mas há muito para conhecer na região. Em 20 minutos de caminhada chega-se ao *pueblo blanco* de Cortes de la Frontera, onde há bares, restaurantes e lojas; de carro dá para visitar a cidade mourisca de Ronda. Outra opção é passear pelas montanhas para observar pássaros na companhia de um guia. Numa dessas incursões você pode ter a sorte de avistar um *hoopoe*.

ECO**INFO**

Quartos: 4 cabanas de casal.
Preços: €140 (US$190) por cabana por noite, com café da manhã.
Local: Próximo a Cortes de la Frontera, Andaluzia.
Melhor época: Primavera, pelas flores campestres. Fecha nov-mar.
Como chegar: Siga de avião até Gibraltar ou Jerez, depois alugue um carro. São 90min a partir de Jerez e 120 a partir de Gibraltar. Ou entre na Espanha por Gibraltar e pegue um táxi até San Roque (15min) e um trem até Cortes de la Frontera (50min). Os proprietários irão pegá-lo lá.
Emissão de CO_2: Voo para Gibraltar, de Nova York 1,62t; de Londres 0,39t; de Sydney 6,01t; traslado de carro 0,03t.
Custo da neutralização: US$24,65; £3,15; A$112,90.

Responsabilidade: É baixo o impacto ambiental deste retiro charmoso que tem energia solar e banheiros ecológicos – e onde plantas, borboletas e aves dominam as terras não cultivadas. Os proprietários zelam pela origem dos alimentos consumidos por eles e pelos hóspedes.
Ambiental:
Social:

Neutralizar ou não?

A INDÚSTRIA de neutralização de carbono conquistou espaço a partir da ideia de que é possível "compensar" a emissão de 1 tonelada de equivalentes de CO_2 (ou CO_2e) absorvendo 1 tonelada de CO_2 da atmosfera ou impedindo o lançamento de uma nova tonelada. A proposta gerou a adesão de muitas pessoas interessadas em minimizar sua pegada de carbono, além de muita discussão.

Multiplicam-se as empresas de crédito de carbono, que calculam o volume de CO_2 emitido em atividades como guiar o carro, aquecer a casa ou viajar de avião para depois cotar o valor que compensaria essa emissão. Paga-se a elas um valor que será redirecionado para projetos que reduzem ou impedem a emissão de CO_2. Se um cidadão decide pagar, por exemplo, US$80 para compensar a emissão do seu voo de Londres a Sydney, ele pode afirmar que essa emissão foi "neutralizada" e tornar mais leve a sua consciência. Mas o crédito de carbono é uma solução prática?

Seus críticos argumentam que a contribuição dos créditos de carbono para a redução do volume total de emissão é nula. Nas palavras de Leo Hickman, autor de *The final call*, os créditos de carbono "são, na

melhor hipótese, melhores do que nada; na pior, criam um falso sentimento de segurança e não tocam no cerne da questão. Precisamos reduzir a emissão de carbono, e não apenas neutralizá-la".

As estratégias de neutralização se dividem em duas grandes categorias. A primeira visa prevenir a emissão futura por meio de programas de energia renovável, como as fazendas eólicas, ou com projetos de aperfeiçoamento do uso de energia, como a instalação de tecnologias econômicas em residências. A segunda se destina a absorver o carbono existente com projetos como o reflorestamento.

Entretanto, alguns projetos de compensação despertam desconfiança. Em nota conjunta, o Greenpeace, o Friends of the Earth (FoE) e o World Wide Fund for Nature (WWF) externaram "fortes reservas acerca da confiabilidade dos créditos de carbono e da real contribuição desses projetos para o desenvolvimento sustentável".

Apesar de sua popularidade, os programas de reflorestamento são os mais discutíveis, pois não há como garantir que uma nova floresta não será derrubada ou não sucumbirá a pragas antes de completar cem anos, tempo necessário para que absorva o CO_2 já lançado na atmosfera. Alguns programas de reflorestamento são acusados de substituir florestas antigas por monoculturas e plantações de eucalipto, que afetam o sistema hidrológico local e deslocam as lavouras. O reflorestamento também não reduz nossa dependência de combustíveis fósseis.

Em diversos países, programas que investem em tecnologias à base de energia renovável levam eletricidade a regiões não cobertas pela rede de combustíveis fósseis e impedem futuras emissões de carbono. Michael Buick, da Climate Care, argumenta que os créditos de carbono, por incentivar a busca de sistemas alternativos de energia, podem tornar-se "uma saída para financiar a transição para uma economia com baixa emissão". Apesar das críticas, o Greenpeace, o FoE e o WWF neutralizam sua emissão – porém somente por intermédio de projetos certificados pelo rigoroso Gold Standard. Esse é o selo mais rígido para créditos de carbono – nos termos das ONGs acima, uma "marca independente, transparente e reconhecida em todo o mundo pelo alto padrão de seus projetos". O Gold Standard certifica apenas projetos de energia renovável e dispêndio eficiente de energia que favoreçam o desenvolvimento sustentável de populações locais (ver pág. 315).

O resultado mais importante deste debate talvez seja termos nos conscientizado a respeito do problema. Já pensamos no tamanho de nossa pegada de carbono, no impacto de nossas viagens e de toda a nossa vida – da alimentação ao vestuário, passando pelo consumo de energia. Nos casos em que o avião é a única alternativa razoável, vale a pena pensar em como reduzir a pegada de carbono em outras esferas. Financiar um bom programa de crédito de carbono é melhor do que ignorar o problema, mas, em última análise, o que mais importa é mudar de comportamento.

The Lodge

Semilla Besada, Apartado de Correos 19, 18420 Lanjarón, Granada, Andaluzia, Espanha
+34 (0)958 347 053 / www.holisticdecisions.com/thelodge / aspen@holisticdecisions.com

SITUADO NO alto do Parque Natural Sierra Nevada, a 25 minutos de carro da cidade mais próxima e sem serviços essenciais, o Lodge parece um lugar remoto. Trata-se de um apartamento com dois quartos que não serve refeições, no primeiro piso da casa de fazenda pertencente ao casal britânico Aspen e David Edge. A casa existe há 500 anos e é feita sobretudo de paredes de pedra e terra úmida com vigas de castanheiro.

Para Aspen e David, esta área de 0,8 hectare é um projeto de pesquisa: eles investigam práticas agrícolas tradicionais e de pequeno porte para trabalharem em harmonia com o ambiente local. Ela representa também um exercício rigoroso de autossuficiência, e o casal mostra a fazenda a todos que pedirem. Eles cultivam suas frutas e hortaliças, e criam ovelhas, galinhas, gansos e cabras, e podem dar-lhe com gosto o excedente para que você cozinhe em seu apartamento. Mas talvez não seja necessário, pois na chegada os hóspedes recebem um cesto de suplementos com pães caseiros, queijo fresco de cabra e ovos orgânicos, entre outros itens.

O impacto ambiental dos apartamentos, tal como a casa da fazenda, é muito pequeno. Durante o inverno eles são aquecidos por um forno a lenha, abaste-

cido por madeira morta e galhos podados de oliveiras, amendoeiras e castanheiros da fazenda. A eletricidade e a água quente do chuveiro provém de painéis solares. O banheiro tem descarga regulável, mas se você quiser mesmo ser "ecológico" pode usar o sanitário de compostagem na parte externa. Não há TV mas você irá encontrar muitos livros e jogos de tabuleiro, além de um rádio. A fazenda possui uma fonte natural com água potável, e há uma pequena piscina de água azul-clara, sem produtos químicos.

Com temperaturas que superam 40 °C no verão e apenas seis meses de chuva no ano, em Semilla Besada a água é um bem valioso. Aspen e David irrigam as terras com a água cinza coletada na casa. Eles usam ainda um canal aberto, construído por colonos mouros há quase mil anos, que desvia água do rio e neve derretida.

O Lodge é a base ideal para caminhadas pela montanha ou passeios a cavalo – há um centro de escaladas há dez minutos da fazenda. A paisagem frágil – maquis ressecados com plantas de crescimento demorado como lavanda e tomilho – abriga um amplo espectro de insetos, répteis e pássaros. Você terá a chance de observar papa-amoras, abelharucos, o raro íbex ou águias-douradas.

Se você quer explorar a região, pode ir a pé ou de carro para Lanjarón, a cidade mais próxima. Lá você pode comprar suprimentos em mercados e lojas ou ir a um spa mineral que oferece tratamentos variados. Depois você retorna ao seu apartamento para um jantar ao ar livre, com vista para a distante cordilheira do Atlas, no Marrocos.

ECO**INFO**

Quartos: 2 apartamentos com 2 quartos para 2 pessoas.

Preços: €370 (US$500) por semana; mínimo de 7 noites.

Local: Acima da aldeia de Lanjarón, situada 96km ao sul de Granada, na Andaluzia.

Melhor época: Fim da primavera e princípio do outono.

Como chegar: Alugue um carro em Málaga e dirija por 3h, ou vá de ônibus até Granada (1h30) e de lá pegue outro ônibus para Lanjarón (1h30). Lanjarón fica a 25min do Lodge. Mas você pode ir de avião até Granada.

Emissão de CO_2: Voo para Málaga, de Nova York 1,64t; de Londres, 0,38t; de Sydney 5,98t; traslado de carro 0,08t; de ônibus 0,02t.

Custo da neutralização: US$25,60; £3,45; A$113,25.

Responsabilidade: O Lodge prova que é possível ter uma vida confortável e ao mesmo tempo sustentável, com um impacto ambiental mínimo. Ele é autossuficiente em energia (solar), não há desperdício de água, e todos os produtos de limpeza e higiene são biodegradáveis.

Ambiental: 4/5

Social: 2/5

Whitepod

Les Cerniers, Batt. Postale 681, 1871 Les Giettes, Suíça
+41 (0)79 744 6219 / www.whitepod.com / reservations@whitepod.com

OS CASULOS mais parecem iglus saídos de um filme de George Lucas – uma constelação de cúpulas do século 21 ao redor de uma casa-chalé do século 19, nos Alpes Suíços. Exalando fumaça de suas chaminés, eles ocupam uma encosta coberta por neve e abetos, e sua vista percorre o vale do Ródano e os picos à sua frente.

Benvindo a Whitepod, um ecoacampamento high-tech que desaparece a cada inverno nas proximidades de Les Cerniers, como se fosse a fictícia Brigadoon. Inventada pela egressa Sofie de Meyer, Whitepod responde aos apelos de muitos esquiadores: uma iniciativa simples, elegante e de baixo impacto no frágil ambiente alpino, que deixa a menor pegada ecológica possível sobre a clara neve suíça. Na etapa final de sua viagem para cá você deve calçar esqui ou sapatos de neve, pois não há estradas congestionadas para estragar a vista.

Whitepod acolhe no máximo 24 hóspedes em nove tendas geodésicas espaciais, atenuando o efeito sobre o ambiente local e criando uma sensação de privacidade. Há muito mais do que um saco de dormir nestas tendas: peles de carneiro, fornos de madeira e edredons aconchegantes irão aquecê-lo enquanto você escolhe as atividades do dia. As coberturas de lona harmonizam os casulos com a paisagem, e as plataformas de madeira reduzem o impacto sobre o solo. Tecnologias modernas de isolamento térmico as mantêm quentes durante a noite,

e as grandes janelas circulares garantem muita luz natural e uma vista épica que por pouco não nos faz acordar cantando pela manhã.

Nem todos os casulos são iguais, e os hóspedes podem escolher entre três tipos: o casulo da Expedição, com cama de casal e um pequeno terraço; o casulo do Pavilhão, com mezanino e uma banheira com vista; e o casulo do Grupo, para oito pessoas. O chalé do século 19, única área a utilizar eletricidade, é o centro da "vila" de Whitepod, onde estão as salas de jantar e recepção, bar, banheiros e a indispensável banheira alpina ao ar livre.

Sintonizados com a filosofia de Whitepod, o cardápio e a carta de vinhos reúnem itens orgânicos e produzidos na região. O Whitepod emprega moradores locais, recorre quase exclusivamente a produtores e fornecedores da região, possui uma pequena quitanda que vende produtos aos moradores e financia organizações e grupos beneficentes locais.

Whitepod é o lugar perfeito para quem gosta do inverno. São oferecidos caminhadas pela neve, passeios em trenós puxados por cães e esqui no gelo, além de saltos de parapente da porta de seu casulo. O spa do chalé é o toque final de deleite.

Durante a noite os funcionários do Whitepod abastecem seu forno com discrição. Quando você retorna por sua trilha até seu casulo ele estará aquecido, pronto para que você entre debaixo do edredom e ouça o silêncio da noite alpina. O casulo dos sonhos.

ECO**INFO**

Quartos: 9 tendas (6 Expedition; 2 Pavilion; 1 Group).

Preços: CHF325-1150 (US$270-950) por casulo por noite, incluindo traslado de Aigle.

Local: Em Les Cerniers, no sopé de Dents du Midi. A estação de trem mais próxima fica em Aigle; o aeroporto mais próximo é o de Genebra.

Melhor época: Inverno.

Como chegar: De Genebra, siga para Aigle de trem (1h30). Ali os hóspedes são recebidos duas vezes por dia. Ou então, vá de Londres a Paris pelo Eurostar (2h30) e depois siga até Aigle de TGV (3h).

Emissão de CO_2: Voo para Genebra, de Nova York 1,73t; de Londres 0,19t; de Sydney 5,54t; traslado para Les Cerniers 0,02t; de Londres a Aigle 0,02t.

Custo da neutralização: US$26; £1,50; A$103,85.

Responsabilidade: O Whitepod leva a sério o ditado "pense globalmente, aja localmente". Com forte apoio de produtores e fornecedores locais, uso mínimo de energia, reciclagem e poucos hóspedes e casulos, ele é a grande novidade de baixo impacto no mundo do esqui.

Ambiental:

Social:

Yediburunlar Lighthouse

Yediburunlar Mah, Bogazici Koyu, Fethiye, Turquia
+44 (0)208 605 3500 / www.exclusiveescapes.co.uk / admin@exclusiveescapes.co.uk

A ALMOFADA carmesim torna a rede ainda mais sedutora. Você espreguiça e flutua com a brisa, ao lado de penhascos que descem até o distante mar azul-turquesa. Sinos de cabras ressoam enquanto você lê seu livro antes de escolher entre uma caminhada ou um cochilo.

Você está em Yediburunlar, que não é um farol (*lighthouse*), e sim um recanto rústico no alto de um rochedo da Costa Lícia, na Turquia. A 20 minutos de caminhada do povoado mais próximo e acessível apenas por uma estrada pedregosa, certamente não há lugar mais remoto nessa costa. Os proprietários, Leon Hitge e Semra Akdeniz, ergueram e mobiliaram a casa com pedra e madeira. A sede – onde os dois moram com os gatos que adotaram – tem quatro quartos de hóspedes, e uma casa, do outro lado do jardim, tem dois quartos espaçosos, todos com banheiro.

A recepção para celulares é quase nula, não há televisão, e a cidade mais próxima, Fethiye, fica a uma hora de carro – aqui você está realmente longe do mundo. É um lugar tão remoto que a maior parte dos hóspedes permanece por uma semana e as temporadas só podem ser agendadas com a operadora Exclusive Escapes, que providencia todos os traslados.

Leon e Semra assumiram a tarefa de minimizar seu impacto sobre esta paisagem soberba: têm painéis solares para aquecer a água e reciclam resíduos na medida do possível. O maior destaque são as refeições, sem-

ECO**INFO**

Quartos: 4 quartos de casal na sede, 2 quartos maiores no anexo.
Preços: YTL1,175-2.000 (US$900-1.500) por casal por semana, com café e jantar, voo de Londres e traslados.
Local: Na Costa Lícia da Turquia, entre Fethiye e Kalkan, a 115km de Dalaman.
Melhor época: Verão – é um lugar fresco. Fecha nov-abr.
Como chegar: Saindo de Dalaman, vá de ônibus até Yediburunlar (2h), onde será recebido. Recomenda-se alugar um jipe.
Emissão de CO_2: Voo para Dalaman, de Nova York 2,40t; de Londres 0,62t; de Sydney 4,75t. Traslado 0,02t.
Custo da neutralização: US$35,95; £4,80; A$89,15.

Responsabilidade: Yediburunlar é um retiro distante cujos proprietários são parceiros do meio ambiente e da comunidade. São servidos aos hóspedes pratos vegetarianos inventivos que impressionam até aos carnívoros mais assíduos. Painéis solares garantem um uso restrito de energia.
Ambiental:
Social:

pre com ingredientes frescos e, se possível, locais e orgânicos. Exceto pelo peixe, servido uma vez por semana, só há comida vegetariana. Leite, iogurte, azeite de oliva e mel são produzidos na região, sem contar a farinha, que Semra usa todos os dias para fazer o pão. O café da manhã, servido no terraço, traz pães frescos, iogurte, geleias caseiras feitas por Semra e frutas frescas. Você pode fazer almoços leves por aqui, mas deixe sempre um espaço para o jantar – são cinco ou seis entradas, todas preparadas na hora.

Nos passeios guiados por Leon você terá a oportunidade de conhecer a região. Vale a pena explorar um trecho da extensa Costa Lícia, parando para descansar debaixo de alfarrobeiras e examinando as lápides dos antigos povos da Lícia. Você também pode descer até uma baía isolada, ou então visitar as ruínas da antiga cidade de Tlos. Uma vez por semana há passeios de um dia para Fethiye, onde você pode navegar em um *gulet* (barco de madeira) ou conhecer de perto esta cidade agitada enquanto Leon e Semra compram hortaliças frescas e ovos orgânicos. Quando o miniônibus começa a subir pela estrada pedregosa rumo a Yediburunlar, você escuta o silêncio fechar-se novamente ao seu redor.

África e Oriente Médio

Foto principal: Antílopes, Kalahari Gemsbrook National Park, África do Sul. Esq., de cima para baixo: Buffalo Ridge Safari Lodge; vista do Kasbah du Toubkal; Guludo Beach Lodge; ensino no Anjajavy l'Hôtel

Localização e orçamento

- Barato (abaixo de US$100)
- Moderado (US$100-250)
- Caro (US$250-500)
- Muito caro (acima de US$500)

Preços para um quarto de casal, ou duas pessoas, por noite

Onde ficar

Destaques

Dilema ético na viagem

Itália
Roma
Istambul
Turquia
Planalto Anatólio
Turcomenistão
Mar Mediterrâneo
Grécia
Argel
Túnis
Tunísia
Chipre
Síria
Teerã
Líbano
Bagdá
Trípoli
Israel
Iraque
Jordânia
CORDILHEIRA DE ZAGROS
Irã
Alexandria
Depressão de Qattara
Cairo
Kuait
Líbia
Egito
Mar Vermelho
Arábia Saudita
Qatar
EAU
Saara
Jidda
Omã
Mar da Arábia
Níger
Chade
Chade
Cartum
Eritreia
Iêmen
Sudão
Golfo de Áden
Nigéria
Adis Abeba
Etiópia
Planalto
Lagos
República Centro-Africana
Camarões
Somália
Guiné Equatorial
Gabão
Congo
Congo Basin
República Democrática do Congo
Uganda
Quênia
Vitória
Nairóbi
OCEANO ÍNDICO
Ruanda
Burundi
Kilimanjaro
Tanzânia
Kinshasa
Tanganica
Dar-es-Salaam
Luanda
Nyasa
Angola
Malaui
Zâmbia
Canal de Moçambique
Moçambique
Harare
Zimbábue
Namíbia
Madagáscar
Maurício
Reunião
Botsuana
Deserto do Kalahari
Suazilândia
Johannesburgo
Lesoto
DRAKENSBERG
África do Sul
Durban
Cidade do Cabo

Acampamento-base Masai Mara

Escritório Central do Acampamento-base em Nairóbi: Ole Odume Road, CP 43369 Nairóbi, Quênia +254 20 577 490 / www.basecampexplorer.com / info@basecampexplorer.co.ke

DO ACONCHEGO de sua cabana você ouve trinados, guinchos e assobios de um grupo de criaturas misteriosas na escuridão. É noite no Acampamento-base, um maravilhoso *ecolodge* à beira do rio Talek, nas imediações do Masai Mara National Park. Ao nascer do sol você se levanta, toma um café forte e parte para um passeio no qual certamente irá avistar uma parcela da riquíssima fauna local: leões, elefantes, gnus e talvez um chacal, uma girafa, um pássaro colorido ou um irriquieto mangusto. Depois você irá retornar ao Acampamento-base para um café da manhã nutritivo, com pão assado na hora e uma gostosa xícara de chá.

O Acampamento-base está localizado em terras cedidas pela população massai, com a qual os administradores suecos formam uma parceria genuína: além de empregar os massais como guias e motoristas, eles criaram e promoveram uma série de projetos destinados à população e ao meio ambiente. Montaram, por exemplo, uma oficina na qual as mulheres da região produzem artigos tradicionais –

peças de couro ou feitas com contas de vidro – que são vendidos no Acampamento-base. Eles ainda plantam árvores com o propósito de tornar o Acampamento-base autossustentável em madeira, participam de um projeto pela preservação do guepardo e apoiam programas educacionais para as crianças da região.

As 15 cabanas do Acampamento-base estão em harmonia com o ambiente. Elas têm piso de madeira, terraços e chuveiros individuais – a céu aberto –, com água aquecida pelo sistema de aquecimento solar. Possuem camas simples e confortáveis, abajures e tecidos tradicionais. Cada tenda conta ainda com um sanitário de compostagem. No Acampamento-base há uma cabana-restaurante onde todos se reúnem. Aqui os funcionários também devem ficar atentos à entrada de algum babuíno indiscreto. O lixo do Acampamento-base é coletado e reciclado com cuidado. A comida é excelente e farta, com ensopados de legumes e frutas frescas.

Em uma visita à escola ou ao vilarejo vizinhos você tem a oportunidade de conhecer a população local durante sua estadia. Você também poderá desfrutar de longas sestas, antes dos passeios de final de tarde em que um guia bem informado o acompanhará. O ponto alto das excursões é o pernoite no Acampamento da Selva, a curta distância do Acampamento-base. Trata-se de um verdadeiro regresso às savanas: você faz refeições ao ar livre, senta-se ao pé da fogueira, ouve e conta histórias ao lado dos guias massais e dorme em barracas de escoteiro. Pela manhã, os guias, armados com lanças, o conduzem a pé para um safári, explicando tudo sobre plantas e árvores nativas e ensinando-lhe a identificar as pegadas de diversos animais. Inesquecível.

ECO**INFO**

Quartos: 15 cabanas para 2 pessoas.
Preços: A partir de KSh61.500 (US$925) por pessoa por 3 noites, com todas as refeições, safáris e traslados por terra.
Local: Próximo à entrada do Parque Nacional, a 275km de Nairóbi.
Melhor época: Entre jul e out.
Como chegar: 45min de voo de Nairóbi até o Parque Nacional Masai. A empresa oferece o traslado por terra (5h).
Emissão de CO_2: Voo para Nairóbi, de Nova York 3,6t; de Londres 1,92t; de Sydney 3,7t. Traslado de avião 0,06t; de carro 0,16t,
Custo da neutralização: US$55,95; £15,65; A$72,25.

Responsabilidade: O Acampamento-base Masai Mara é um exemplo notável de turismo ecológico: mantém fortes laços com a comunidade local, tem como propósito causar o menor impacto ambiental possível e dá aos hóspedes a oportunidade de observar de perto a vida natural do Quênia, sem riscos para os animais.
Ambiental:
Social:

Campi ya Kanzi

CP 236-90128, Mtito Andei, Quênia
+254 45 622 516 / www.maasai.com / lucasaf@africaonline.co.ke

EXISTEM POUCAS maneiras mais agradáveis de começar um dia do que sentado num terraço, tomando um gole de café fresco do Quênia e observando a luz rosada da aurora inscrever-se sobre o monte Kilimanjaro, enquanto as primeiras girafas da manhã flutuam em meio a acácias encobertas pela bruma.

Ernest Hemingway teve um amanhecer assim. Também Luca e Antonella Belpietro, as forças que comandam o Campi ya Kanzi ou "Acampamento do Tesouro Escondido", um *ecolodge* queniano. Situado nas montanhas Chyulu (as "verdes montanhas da África" que encantaram Hemingway), em um terreno de mil quilômetros quadrados pertencente à tribo massai, o Campi ya Kanzi é uma parceria formada entre os Belpietro e os nativos para trazer o turismo à região. Eles partilham os lucros e contribuem para a preservação do modo de vida da comunidade, de sua terra e da notável diversidade da vida selvagem.

O alojamento foi construído pelos Belpietros e pelos massais – sem participação de empreiteiros externos – e os moradores locais formam a maioria do quadro de funcionários. Os hóspedes podem ficar

em seis chalés em forma de tendas, ou ainda nas suítes Hemingway e Simba, mais espaçosas. Os chalés ficam afastados uns dos outros, de modo a garantir a privacidade, e todos têm uma vista fabulosa do Chyulu até o Kilimanjaro. Na área central encontra-se a casa dos Belpietro (a "Casa Tembo", ou "Casa do Elefante"), que presta tributo à elegância colonial com sua biblioteca, tabuleiros de gamão e cozinha italiana, ao som de Mozart.

O alojamento está situado em uma região montanhosa cuja altitude varia de 1.000 a 2.100 metros acima do nível do mar, o que garante vasta biodiversidade. A presença de elefantes, leões, leopardos, rinocerontes e búfalos sempre faz o coração dos fãs de Hemingway disparar: zebras, girafas, gnus, antílopes e gazelas aparecem com regularidade.

A região pode ser explorada pela combinação de caminhadas e passeios em um jipe Land Rover aberto – sempre com a companhia de um guia profissional e de um rastreador massai. Existe ainda a alternativa de sobrevoar montanhas e encostas de vulcões. Um rastreador massai pode também levá-lo a um dos vilarejos locais para dar uma visão ainda mais completa deste universo.

ECO**INFO**

Quartos: 6 chalés em forma de tenda e 2 suítes.

Preços: A partir de KSh28.600 (US$430) por noite por pessoa em quarto para 2 pessoas, com as refeições. A taxa de conservação (US$40 por dia) é cobrada à parte.

Local: Montanhas Chyulu, sul do Quênia, a 56km do monte Kilimanjaro. Acampamento: a 320km de Nairóbi.

Melhor época: O ano todo.

Como chegar: Voo de Nairóbi (1h) ou traslado por terra (6h).

Emissão de CO_2: Voo para Nairóbi, de Nova York 3,60t; de Londres 1,92t; de Sydney 3,7t. Traslado de avião 0,25t; de carro 0,19t.

Custo da neutralização: US$57,20; £16,25; A$73,85.

Responsabilidade: A população massai é beneficiada pela renda e pelos empregos da parceria, bem como por um fundo que emprega observadores massais, traz professores e enfermeiras, constrói escolas e unidades médicas e concede bolsas de estudo. Quando o gado é morto por leões, os criadores massais recebem uma compensação para impedir mortes por vingança. A matéria-prima da região é utilizada nas construções; a energia vem do sistema de aquecimento solar. Práticas ecológicas são empregadas nos cuidados com o lixo orgânico e a água, recolhida dos telhados. A água do esgoto é filtrada e reutilizada ou bombeada para lagos frequentados por gazelas e leões.

Ambiental:

Social:

Anjajavy l'Hôtel

Anjavavy, Boina Sakalava, Madagáscar
+33 (0)1 44 69 15 00 (escritório em Paris) / www.anjajavy.com / contact@anjajavy.com

OS *TSINGY* – vestígios secos e serrados de antigos recifes de coral – cortam a paisagem árida. É surpreendente que uma extraordinária diversidade de animais e plantas, como baobás que criam raízes diretamente nas pedras *tsingy*, tenha feito deste ambiente inóspito o seu lar. Lêmures dourados saltam serenos por entre os galhos, e lagartos púrpura abrem caminho pela vegetação rasteira. Esquadras de borboletas e papagaios de cores berrantes fazem estardalhaço em meio a pedras entalhadas.

Boina Sakalava, uma área remota no noroeste de Madagáscar, é conhecida pela topografia e vida selvagem singulares, mas não se chega aqui facilmente. O caminho por terra é quase inviável, e por isso a maior parte das pessoas toma voos que partem da capital, Antananarivo. Essas viagens são uma rápida apresentação da paisagem diversificada, pois partem do interior verdejante e opulento e chegam à floresta seca de Boina Sakalava. A floresta seca, que recebeu esse nome por causa da ausência de chuva e das plantas que se adaptaram à vida por aqui, tem sido apontada pelo WWF (World Wide Fund) como uma das mais importantes regiões do mundo para a conservação ambiental. O Anjajavy l'Hôtel trabalha por sua preservação.

Anjajavi se assemelha a um hotel-butique que foi desconstruído: as 25 *villas* com vista para o mar estão dispersas entre jardins bem desenhados e natureza bruta. Os rosas ofuscantes, os amarelos e os tons de verde que compõem a vegetação poderiam ter saído da paleta de um pintor. A brisa mansa vinda do canal de Moçambique refresca o ar e reclina os enormes guarda-sóis ao redor da piscina. Como que esmaltados, brilhantes, os gecos oferecem um entretenimento suave enquanto você aprecia uma bebida na varanda.

ECO**INFO**

Quartos: 25 *villas*.
Preços: MGA400.000-670.000 (US$225-370) por noite por pessoa, com todas as refeições.
Local: Noroeste de Madagáscar, na região de Boina Sakalava. Aeroporto internacional em Antananarivo.
Melhor época: Entre abr e dez. Evite fev, período dos ciclones.
Como chegar: Anjajavy fica a 1h30 de avião de Antananarivo.
Emissão de CO_2: Voo para Antananarivo, de Nova York 4,4t; de Londres 2,63t; de Sydney 2,96t. Traslado por terra 0,12t.
Custo da neutralização: US$67,30; £20,70; A$57,60.

Responsabilidade: O Anjajavy l'Hôtel tem exercido um efeito profundo e benéfico sobre uma população pobre e isolada. São bons os resultados obtidos pelos programas de educação e saúde que o hotel patrocina em parceria com ONGs, bem como pelas diversas iniciativas de conservação da floresta seca.
Ambiental:
Social:

Além de abrir com elegância os olhos de seus visitantes, o projeto foi uma revelação para as comunidades locais. Até oito anos atrás Anjajavy e Amber Ampassy eram vilas pesqueiras muito carentes que enfrentavam o desemprego crescente e todos os problemas associados à pobreza. Para combater esse quadro o hotel promoveu, em parceria com uma ONG, programas de saúde e educação, além de ter aprimorado os níveis de emprego. Com a introdução do plantio de vegetais, a produção passou a ser local, e os pescadores vendem boa parte da pesca para as cozinhas.

O peixe tornou-se, em certo sentido, uma especialidade do notável cardápio sazonal do hotel. Embora a culinária seja essencialmente de inspiração francesa, pratos de Madagáscar também são oferecidos. Durante o almoço bandos de papagaios irão acompanhá-lo, e você pode fazer um jantar agradável ao ar livre, sob um constante zunir de insetos.

A contribuição do Anjajavy não se restringe à população local: o meio ambiente das cercanias também foi beneficiado. O hotel financia um projeto que favorece o reflorestamento como alternativa ao corte de madeiras nobres, além de manter uma floresta seca de 450 hectares onde vicejam a flora e a fauna das principais espécies típicas da ilha.

Não deixe de fazer as caminhadas pelas florestas com os guias; águas termais exalam perfumes, baobás e jasmins-do-cabo entrecruzam-se nas trilhas e pequeninos beija-flores se exibem em buganvílias floridas.

Harmonia universal

Para celebrar sua cidadania global, **Nick Maes** dançou ao ritmo de sons locais e internacionais no World Music Festival de Gnaoua.

UMA RODOVIÁRIA lotada de jovens de 20 e poucos anos com bongôs, mochilas e sacos de dormir só pode indicar uma coisa: vai começar um festival de música.

A multidão no terminal segue (como eu) para Essaouira, cidade litorânea que permanece sob o efeito de uma visita de Jimi Hendrix, na década de 1960. Após aquela passagem memorável, o espírito do guitarrista converteu-se em totem silencioso da pacata vila pesqueira e visita o Festival Gnaoua de Música que a cidade realiza anualmente em junho – único motivo para o êxodo. Gnaoua é um Woodstock praiano fora de época, destinado a quem busca um festival diferente.

Os jovens marroquinos não são os únicos aqui. Os bacanas de Marrakech, com pele bronzeada e óculos escuros, cruzam com tipos de cabelo ressecado e *didjeridus*. Famílias de Fez lotam *buggies* – inclusive avós e crianças – e misturam-se a pescadores e mulheres envoltas em véus rosa ou azul-turquesa. Gnaoua talvez seja o mais igualitário entre os festivais: uma celebração gigantesca e livre que arrasta multidões de marroquinos e

Da esq. para a dir.: Músicos tocando instrumentos marroquinos tradicionais no festival; a multidão acompanha

turistas do mundo todo.

Meio milhão de pessoas comparecem aos cinco dias do festival, superando praticamente em dez vezes a população local – número provavelmente assustador para muitos, o dobro do público de Glastonbury, maior festival do Reino Unido, realizado no mesmo período. Mas a cidade resiste e absorve as massas com alegria. No lugar da chuva e dos mares de lama geralmente associados à sua contraparte britânica, Essaouira garante muito sol. E, em vez de ficar confinada atrás de cercas, a multidão tem liberdade para vagar pelas praias e pela cidade.

Escondida nas profundezas da *medina* (centro antigo) está Marché aux Grains, pequena *piazza* que abandona provisoriamente o papel de mercado em favor dos *maalems*, os tradicionais músicos gnaouas que inspiraram o festival. Pouco após as 23 horas de uma noite quente, o Maalem Kbiber, de Marrakech, começa a extasiar a plateia enquanto dedilha e percute seu *gembri*, guitarra-bateria com cordas e couro esticado. Percussão ritmada e batidas descompassadas de pequenos címbalos pulsam do palco e eletrizam a multidão. É a autêntica música *trance* – repetitiva, hipnótica e sagrada.

A música gnaoua nasceu no século 16 com os escravos do Império da Guiné e funda-se nas ideias de misticismo, do resgate da liberdade e da dor da opressão. Seus praticantes são vistos ainda hoje como intermediários ou curandeiros do espírito, pessoas reverenciadas em todo o norte da África. Nas cerimônias privadas os maalems colocam os possessos em transe, exorcizam seus espíritos para depois libertá-los. Os espíritos de todos os presentes são libertados no festival.

A multidão enlouquece, canta, dança e segue a batida. Rodas de dervixes e congas de levantinos giram ao redor do palco. Os garotos balançam a cabeça, fazendo círculos perfeitos com seus apliques de 1metro de comprimento presos aos bonés. Alguns *lilas* – os músicos do Maalem – usam roupas sofistica-

Nesta página: O festival reúne músicos do mundo inteiro; ruas de Essaouira numa noite quente do festival

das com bordados de conchas que mais parecem os trajes de ambulantes londrinos. Seu carisma e sua energia quase inesgotável são contagiosos e lançam a plateia numa farra inocente que se arrasta por horas.

Sinto que o cansaço não chega por mais que eu dance – ao menos até a manhã seguinte. Depois do café estou preparado para um passeio ameno na área do festival. A praia foi reduzida a um cordão de tendas de náilon que mais parecem cogumelos fluorescentes. Para além dos dois palcos principais há um outro acampamento, uma maravilhosa vila de tendas beduínas que parece um agrupamento de elefantes vestidos em trajes marrons, acocorados ao redor de um tapete vermelho.

Hippies marroquinos caminham chapados pela praia em meio a nuvens de fumaça. Eles param para conversar com outros, vestidos como dançarinos psicodélicos. A multidão ostenta uma coleção respeitável de cortes de cabelo afros e moicanos; camisetas de Hendrix, Guevara e Marley estão por toda parte; e a música parece saltar misteriosamente do nada, evocando a expectativa pelas atrações da noite.

Ao cair da noite a cidade é iluminada pelas luzes de todas as lojas para turistas, quitandas, açougues e quiosques. As ruas estão ainda mais carregadas de energia, e agora com a força do comércio. Parece que o lugar foi virado pelo avesso: há tapetes nas paredes, pantufas amarelas invadem as calçadas e colares de contas cintilam nos becos. Com tantas distrações sensuais, ainda há tempo para um *tagine* em algum restaurante antes do próximo evento.

A pequena Place el Khayma fica próxima ao museu de Essaouira. O fluxo livre de excitação que emana da multidão que dança e bate palmas arrasta qualquer um para dentro dela, mas de repente o maalem Said el Bourqui sobe ao palco. Ele entra em ação, e a plateia responde em uníssono, caindo sob seu misterioso encanto. A música aqui é irresistível.

O espaço não está reservado apenas aos músicos tradicionais. O festival é conhecido pela presença de grandes nomes internacionais. Em 2007, o senegalês Baaba Maal teve a companhia de artistas de Burkina Fasso, Irã, Argentina, França, Cuba, Brasil e Grã-Bretanha, representada por uma apresentação hipnotizante da Asian Dub Foundation. Curiosamente, várias estrelas são atraídas pela oportunidade de trabalhar com maalems e lilas – oportunidade aproveitada, aliás, por nomes consagrados como Led Zeppelin, Sting e Carlos Santana.

A música, porém, não para nem mesmo após o derradeiro bis. Pequenas caixas de som espalhadas pela cidade e pela praia chamam de volta quem tenta partir. Ao raiar do sol, muita gente continua a dedilhar violões, tocar flautas ou a cantar – uma música serena, sonolenta, que compreendeu o espírito sutil do festival.

Se você é viciado em festivais, não pode perder este. Mas não esqueça as calças boca-de-sino, batas psicodélicas e colares de contas – Jimi Hendrix não morreu.

ECO**INFO**

Local: Essaouira, na costa marroquina do Atlântico, cerca de 200km a sudoeste de Marrakech.

Como chegar: A partir de Marrakech, o melhor é tomar ônibus Supratours, táxis ou algum dos ônibus locais (2h30). Ou um voo até o aeroporto de Essaouira (40min).

Emissão de CO_2: Voo para Marrakech, de Nova York 1,63t; de Londres 0,51t; de Sydney 6,09t. Traslado de ônibus 0,04t; de táxi 0,12t; de avião 0,07t.

Custo da neutralização: US$26,06; £4,71; A$116.

Onde ficar: Essaouira tem bons hotéis e *riads* (*ver* Lalla Mira, págs. 178-9), mas os aventureiros podem montar uma tenda para sentir o clima.

Preços: As principais atrações são gratuitas.

Melhor época: O festival é na terceira semana de junho. Acesse o site do Gnaoua para conferir os dias.

Informações adicionais: www.festival-gnaoua.net

Outros interessantes festivais africanos de música são o Festival do Deserto de Mali, em jan (www. festival-au-desert.org), e o Festival de Música Busara em Zanzibar, fev (www.busaramusic.com).

Responsabilidade: O festival tem efeito considerável sobre a economia local, pois acelera o desenvolvimento da região e gera, para alguns comerciantes, uma renda equivalente à de um ano de trabalho. Além disso, promove tradições musicais do mundo todo e ajuda a manter as tradições e a cultura gnaoua.

Kasbah du Toubkal

Vale Imlil, Alto Atlas, Marrocos
+33 (0)5 49 05 01 35 (escritório na França) / www.kasbahdutoubkal.com / kerrie@discover.ltd.uk

FLORES PRIMAVERIS e liquens amarelados cingem um junípero nodoso e ancestral tomado por borboletas reluzentes. A árvore faz sombra para um piquenique, talvez o mais inesquecível de sua vida – uma mesa pequena e simples, tapetes marroquinos, chá de hortelã, saladas deliciosas e carnes levemente temperadas são dispostas em um cenário estupendo: o topo do monte Tizi M'zzir, 2.400 metros acima do nível do mar.

Chegar ao topo da montanha é uma grande proeza, sobretudo pela subida por cascalho e trilhas vertiginosas nos 200 metros finais. Mas ao alcançar o topo, relaxe e desfrute da vista arrebatadora – 700 metros abaixo está o vale Imlil, um amálgama verde de planícies escarpa-

das que parece transplantado do Himalaia. E acima, ao longe, o imponente monte Toubkal, coberto pela neve mesmo durante o verão do Norte africano. Sua memória, porém, jamais esquecerá a imagem do luxuoso piquenique.

Nem todas as refeições aqui, é claro, serão memoráveis. Esta é uma terra de escaladas; a maior parte dos dias no Atlas serão ao ar livre, e um guia irá oferecer a você lanches bem mais modestos. No entanto, a vista do alto poderá superar suas primeiras impressões.

O Kasbah du Toubkal integra a área dos vilarejos mais elevados, na extremidade oposta ao vale Imlil, em um promontório com paisagens infinitas. A antiga estrutura era uma casa de veraneio de Caid Souktani, um dirigente local, que fora abandonada em 1959. Décadas depois, a atmosfera de ruína foi convertida em uma base confortável para as ambiciosas escaladas na região.

A brisa quente do verão atravessa os terraços de lambril e o salão de chá, onde são servidas outras refeições saborosas. Do lado de dentro há um ambiente com luz de vela para jantares *tagine*. É preciso lembrar que bebidas alcóolicas não são bem vistas, embora os hóspedes possam levar garrafas de vinho, contanto que sejam discretos e não esperem que funcionários os sirvam.

Todos os funcionários do Kasbah du Toubkal moram na região. Seus salários são uma renda fundamental numa área que até recentemente dependia da lavoura. Mas tudo é feito com o maior respeito pela tradição igualitária berbere, num exemplo extraordinário de turismo sustentável harmonicamente integrado à cultura nativa.

A cultura berbere também influenciou o design do hotel. Louças e canecas de barro e inúmeros tapetes definem o estilo do ambiente, mas os banheiros merecem destaque. As banheiras mais parecem sarcófagos, cercadas pelo mármore escuro salpicado por conchas cinzentas de fósseis. Elas são o arremate perfeito para um dia de escaladas – mesmo que você já tenha parado para um piquenique de luxo.

ECO**INFO**

Quartos: 14 quartos.

Preços: A partir de Dh1.460 (US$180) por quarto por noite, com café da manhã.

Local: O vale Imlil está a 1h de carro de Marrakech, onde fica o aeroporto mais próximo.

Melhor época: O verão talvez seja o melhor período, embora primavera e outono também sejam excelentes. Você pode escalar as montanhas vizinhas no inverno, mas só os mais experientes devem correr riscos. Também há muitos esquiadores durante o inverno.

Como chegar: Partindo de Marrakech, tome um táxi ou peça ao hotel que providencie o traslado.

Emissão de CO_2: Voo para Marrakech, de Nova York 1,63t; de Londres 0,51t; de Sydney 6,09t. Traslado 0,06t.

Custo da neutralização: US$25,15; £4,25; A$115.

Responsabilidade: Kasbah du Toubkal é um excelente exemplo de turismo em um ambiente afastado que possui raízes culturais. O hotel contrata produtos e serviços da região, gerando um impacto extremamente positivo na comunidade. Cerca de 50 moradores são empregados diretamente pelo hotel, e boa parte da renda dos guias independentes provém do hotel. Consciência ecológica e boas práticas de montanhismo são usuais.

Ambiental:

Social:

Lalla Mira

14 rue d'Algerie, Essaouira, Marrocos
+212 24 475046 / www.lallamira.ma / info@lallamira.net

NAS RUAS labirínticas de Essaouira, o comércio abre à noite. Famílias inteiras passeiam pelas avenidas e *souks* (mercados), olhando carrinhos cheios de hortelã fresca e temperos de várias cores, baldes de plástico e muitos tipos de carne. É o momento perfeito para perder-se em meio à população local e sentir a emoção de estar em um mercado do norte da África.

Esse é o fascínio de Essaouira: apesar da força do turismo, esta estação portuária idílica é movida pelo trabalho. A pesca é a atividade principal, e um passeio na enseada pela manhã, a escolha perfeita para começar o dia. O descarregamento dos barcos por pouco não se compara a um esporte, no qual uma cadeia de homens ágeis transfere as sardinhas de cestos de plástico para caminhões refrigerados. Apesar dos radares e dos sistemas modernos de navegação, os barcos são o que foram em séculos passados: grandes cascos de madeira que parecem brinquedos de criança.

Fundada pelos fenícios no século 7º a.C., talvez a cidade jamais tivesse mudado não fosse por um arquiteto francês do século 18. Suas fortificações perfeitas encantavam a tal ponto o sultão que deram seu nome a Essaouira, que significa "bem planejada".

Renovações e reformas de edifícios arruinados, como o hotel Lalla Mira, comprovam a importância da arquitetura. Bem escondido numa

travessa da rue Mohammed el-Qorry, este edifício moderno não destoa de seus vizinhos. Métodos tradicionais de caiação de paredes foram combinados com modernos painéis solares no primeiro eco-hotel do Marrocos. O aquecimento e a água quente vêm da energia solar.

O *hammam* (casa de banho) do hotel é o único ambiente original, e também o mais antigo da cidade. Frequentado por escravos da África oriental há cerca de 200 anos, ele empresta seu nome ao hotel. Lalla Mira é um dos espíritos de Gnaoua, tradição musical com raízes na África subsaariana. A música de Gnaoua permanece viva e atrai multidões para o festival que a cidade sedia em junho (*ver* págs. 172-5).

As ruas aqui nunca se aquietam. Mas há sossego no terraço da cobertura, onde uma vista esplendorosa vem acompanhada dos ruídos dos artesãos que fabricaram vários móveis do hotel. Seus 13 quartos são simples; os colchões com enchimento de *kapok* (que lembram tatames) e roupas de cama antialérgicas garantem um sono tranquilo. A roupa de cama não é o único item orgânico do hotel: o restaurante serve produtos cultivados sem pesticidas em sua fazenda. Você não precisa fazer todas as refeições no hotel, pois há vários restaurantes em Essaouira. Os melhores são as churrascarias ao ar livre na Place Moulay e o Souk Jedid. A caminhada pelas ruas sinuosas após um banquete de sardinhas é o arremate de um jantar memorável.

ECO**INFO**

Quartos: 13 quartos.
Preços: A partir de Dh436 (US$53) por pessoa por noite, com café da manhã.
Local: Essaouira fica 200km a sudoeste de Marrakech.
Melhor época: O ano todo. A temperatura é amena durante o verão, mas o inverno pode ser frio.
Como chegar: Saindo de Marrakech, o melhor é tomar ônibus Supratours, táxis ou algum dos ônibus locais (2h30). Ou um voo de 40min para o aeroporto de Essaouira.
Emissão de CO_2: Voo para Marrakech, de Nova York 1,63t; de Londres 0,51t; de Sydney 6,09t. Traslado de ônibus 0,04t; de táxi 0,12t; de avião 0,07t.
Custo da neutralização: US$26,80; £4,70; A$116.

Responsabilidade: O compromisso ético e ambiental de Lalla Mira é consistente. Há planos para a criação de uma usina de dessalinização movida a energia solar, e o hotel trabalha ao lado de várias cooperativas, como uma formada por mulheres que produzem ervas e temperos medicinais, além de uma parceria com a Trans-Meditarrenean Energy Cooperation (TREC), que busca implementar formas sustentáveis de geração de energia nos países do norte da África.
Ambiental:
Social:

Guludo Beach Lodge

Cabo Delgado, Moçambique
+44 (0)1483 288769 (escritório no RU) / www.guludo.com /
contact@bespokeexperience.com

O BARCO laranja cruza águas cujo azul profundo é quase de alucinar. A última área de mangues abriga uma ave azul imponente. Ela se equilibra numa perna só e talvez estivesse mais à vontade ao lado de um drinque e de um charuto em algum estúdio de Manhattan. Em pé, parece descontente no meio do oceano Índico.

Outras ilhas logo surgem no horizonte, como linhas brancas gravadas nas bordas mais afastadas do mar – uma mostra das praias que virão. O passeio de barco, porém, não é longo, e meia hora depois o Guludo Beach Lodge desponta numa faixa quase infinita de areia branca em meio a arbustos e palmeiras. Não existe maior carisma tropical, nem credenciais ecoéticas mais consistentes.

Criado pelos britânicos Amy Carter e Neil Allcock, o Guludo Beach Lodge foi cuidadosamente planejado para exercer impacto ambiental mínimo. O casal tem muito orgulho em afirmar que, caso fosse fechado, o *lodge* simplesmente se desintegraria, sem deixar o menor vestígio de sua existência.

Esperemos que isso jamais aconteça, pois seria uma pena, muito conhecimento se perderia.

As amplas tendas cobertas por colmos de *makute*, que inclusive receberam prêmios, ficam entre os arbustos, em frente ao mar. O lodge é simples, com móveis fabricados por artesãos locais, e conta com banheiros ao ar livre e chuveiros aquecidos por painéis solares e encobertos por tela de bambu. O moderníssimo sanitário ambiental está em perfeita sintonia com o *ethos* do lodge.

O maior luxo em Guludo é o espaço. Os 12 quilômetros de praia são inteiramente desertos, exceto por alguns poucos pescadores e crianças. Caminhadas extensas trazem uma sensação inconfundível de tranquilidade, e logo se perde a noção do tempo. Enquanto vaga pela praia você talvez aviste algum dos dugongos (mamíferos marinhos) que frequentam essas águas.

Há também outras espécies de vida selvagem. Leopardos, os raros cães selvagens, elefantes, javalis africanos e búfalos cruzam a vegetação rasteira. Nas águas estão golfinhos, tartarugas e todos os peixes exóticos que se possa imaginar. Não é preciso dizer que o lugar é excelente para mergulhos.

Quem puder afastar-se da praia deve visitar a ilha Ibo. A antiga capital da província portuguesa de Cabo Delgado hoje está em ruínas, e a visita a ela é indispensável. Caminhadas pela floresta e piqueniques no Parque Nacional das Quirimbas – com uma vasta biodiversidade, a área encontra-se protegida a pedido da população – são boas opções.

O vilarejo de Guludo fica a 2 quilômetros do *lodge*. Após algumas horas com seus moradores você acredita ter encontrado amigos para o resto da vida – e os verá novamente na noite de sexta-feira se for à danceteria local para dançar sob as estrelas.

A vida no Guludo Beach Lodge é de uma tranquilidade sem par. Com um copo nas mãos, você acompanha os vestígios derradeiros do sol e custa a acreditar que o barco laranja o levará de volta na manhã seguinte.

ECO**INFO**

Quartos: 9 *bandas* (tendas).
Preços: A partir de MT10.500 (US$205) por pessoa por noite, com as refeições, mas não os traslados.
Local: Guludo fica ao norte do Parque Nacional das Quirimbas, próximo à fronteira com a Tanzânia. O aeroporto mais próximo é o de Pemba, a 120km.
Melhor época: Mai-dez (ago e dez são alta temporada). Jan-abr é o período mais quente e também a época de chuvas.
Como chegar: De Dar-es-Salam (Tanzânia), siga de avião para Pemba. Ou então parta de Maputo (Moçambique) para Pemba. O traslado entre Pemba e Guludo é feito por terra (2h).
Emissão de CO_2: Voo para Pemba via Dar-es-Salam, de Londres 2,3t. Voo para Pemba via Maputo, de Nova York 4,47t; de Sydney 3,57t. Traslado 0,07t.
Custo da neutralização: U$67,55; £17,80; A$68,05.

Responsabilidade: O Guludo Beach Lodge é um autêntico *ecolodge*, que adotou todos os princípios do comércio justo para o turismo. Investe muito em programas de treinamento e educação e repassa 5% de sua arrecadação para o Fundo de Regeneração Social e Ambiental (SERF), uma entidade destinada à redução da pobreza e à proteção do ambiente. Exemplo de ecoturismo, e fonte decisiva de emprego na região.
Ambiental:
Social:

Ilha Vamizi

Cabo Delgado, Moçambique
+258 272 21299 / www.maluane.com / reservations@maluane.com

OFEGANTE, uma senhora cavava um buraco grande na areia. Septuagenários não costumam passar as noites em tarefas extenuantes, mas o caso dessa dama era diferente. Com mais de 1 metro de comprimento, a tartaruga verde-oliva atravessara milhares de quilômetros para chegar até a praia onde um dia fora chocada. Muitos anos depois, irá depositar aqui os seus próprios ovos. O buraco foi preenchido por cerca de cem ovos miúdos antes que ela laboriosamente os cobrisse com areia e retornasse às águas mornas do oceano Índico.

Apenas na ilha Vamizi já foram identificados centenas de pontos de desova de tartarugas-de-pente e tartarugas-verdes. Como os ovos são postos de julho a abril, são boas as chances de você testemunhar o

evento – um indicador auspicioso da saúde ecológica e da biodiversidade deste ambiente intocado.

Vamizi é uma das três ilhas cercadas por corais que formam a área de 33 mil hectares do Projeto Maluane, um conjunto de terras virgens na costa norte de Moçambique. Representa, talvez, uma combinação inédita entre turismo de baixo impacto e projeto de conservação científica, pois o governo moçambicano, a Sociedade Zoológica de Londres e a comunidade local integraram-se para administrar esta extensão. Na face norte de Vamizi fica seu único hotel, cuja vista para a distante ilha Rongui é entrecortada por coqueiros.

Almoços com lula, siri, lagosta ou camarão frescos são às vezes oferecidos ao ar livre. Depois da refeição, uma curta caminhada pela fina areia branca irá conduzi-lo a uma sesta em uma casa arejada. Criadas para provocar o menor impacto ambiental possível, as casas incorporam elementos de composição tradicionais, como telhados colmados de *makute*, e móveis de inspiração árabe com arremates contemporâneos.

As águas que cercam Vamizi abrigam uma diversidade notável: 350 espécies de peixes habitam os corais intocados, excelentes para mergulhos. Caranguejos agitam as garras azuladas contra ouriços, enquanto polvos exibem a moluscos desinteressados sua habilidade para mudar de cor. Em águas profundas há cardumes de peixes como atum, agulhão-bandeira, merlim e o lendário juruna.

Fora da água há outras atrações. Caminhadas pela praia tomam tempo porque há inúmeros recantos escondidos. Se o sol estiver forte, suba pela floresta para descansar debaixo de uma sombra – mas saiba que a sua solidão será interrompida pelo canto dos pássaros ou por acrobacias dos macacos-de-diadema.

À noite, após assistir à desova das tartarugas, é chegada a hora de deitar-se numa cama enorme e confortável. Seu sono será embalado pelo estranho acalanto de zunidos e alaridos que emanam do coro noturno.

ECO**INFO**

Quartos: 10 *villas* luxuosas.
Preços: A partir de MT14.300 (US$560) por pessoa por noite, incluindo refeições, mas não o traslado.
Local: 290km ao norte de Pemba, na província de Cabo Delgado, e 60km ao sul da fronteira com a Tanzânia.
Melhor época: Mai-dez (altas temporadas em ago e dez). Jan-abr é o período mais quente, com períodos intermitentes de chuva.
Como chegar: De Dar-es-Salam (Tanzânia), siga de avião para Pemba. Ou voe de Maputo (Moçambique) para Pemba; a ilha Vamizi possui um avião próprio para o traslado, de 75 minutos.
Emissão de CO_2: Voo para Pemba via Dar-es-Salam, de Londres 2,30t. Voo para Pemba via Maputo, de Nova York 4,47t; de Sydney 3,57t. Traslado para Vamizi 0,31t.
Custo da neutralização: US$71,10; £19,58; A$72,50.

Responsabilidade: A ecologia é levada a sério na ilha Vamizi. Construído quase inteiramente com materiais da região, o hotel é observado de perto pelo Projeto Maluane, que atua em parceria com a Sociedade Zoológica de Londres. O projeto obteve excelentes resultados na preservação da flora e da fauna na região.
Ambiental: ØØØØØ
Social: ØØØØØ

Natureza indomável

Numa viagem de caça ao deserto do Kalahari, **Rupert Isaacson** teve o privilégio de conviver com os ju/'hoansis e, em troca, fez uma contribuição fundamental para a Nyae Nyae Conservancy.

ERA INVERNO no Kalahari – pastagens ressecadas pelo sol, árvores enegrecidas e desfolhadas, além de um céu azul estupendo. Os três caçadores boxímanes ju/'hoansis – homens magros, esguios como chicotes – desceram da árvore espinhosa em cujos galhos deixaram a salvo os membros do gnu que haviam matado. O resto das carnes, cortadas em tiras finas, foi posto em sacos feitos com a pele da presa e amarrados pelo junco espesso que cresce nos arredores. Estávamos prontos para a longa caminhada de volta.

Os dois caçadores mais velhos, Bo e Fanzi, levavam os sacos enquanto Xau, um garoto de 18 anos, usava um pau afiado para espetar os dois pedaços de costela que estavam na árvore e os pendurar sobre o ombro direito. No chão, somente restavam a carcaça e os excremen-

Nesta pág.: Os caçadores boxímanes ju/'hoansis preparam flechas envenenadas e procuram raízes

tos do intestino. Partimos para a caminhada de 10 quilômetros pela terra seca até o vilarejo onde comeríamos à noite.

Foi um dia inesquecível na minha vida. Acordei com o sol e acompanhei os três caçadores mata adentro. Eles logo começaram a buscar pistas, andando depressa e lançando ao chão olhares rápidos, imperceptíveis, e mesmo assim certeiros, que nos deixaram a poucos metros da presa.

Dois dias antes eu estava em pleno metrô de Londres.

Ir à caça com os boxímanes foi, para mim, a realização de um sonho de infância. Esse povo costumava evitar todo tipo de contato com o mundo exterior. Sua atual disposição para acolher turistas é o reflexo de uma crise que toma conta de todos os clãs boxímanes nos cinco países do deserto do Kalahari.

Os últimos recantos naturais da campina estão na mira de violentos grupos de criadores de gado e do interesse muito mais insidioso da indústria de mineração de diamantes. Na região de Nyae Nyae, na Namíbia, onde vivem os ju/'hoansis, os invasores são a tribo herero, cujas manadas desgastaram suas terras ao sul. Benjamin Kishe, um ju/'hoansi que fala inglês, resumiu o problema nos seguintes termos:

"Os hereros chegam e dizem para o chefe local do vilarejo: 'Cuide do meu gado e eu vou lhe pagar em carne e leite'. O chefe fica com medo e aceita. Depois os hereros não pagam nada e matam a caça; o gado destrói a pastagem, e os ju/'hoansis não ficam com nada".

Nesta pág.: Uma flecha pronta para a caçada; boxímanes na Nyae Nyae Conservancy

Esq. para dir.: Celebração após a caça; crianças ju/'hoansis

Benjamin e outros ju/'hoansis esperam que o turismo possa ajudá-los a enfrentar os abusos dos hereros. Se, para ganhar dinheiro, os sans precisassem apenas praticar sua cultura tradicional, o poder de barganha dos hereros seria muito menor. Os ju/'hoansis notam que a simples presença de estrangeiros intimida as autoridades locais, e mostra ao governo (que manifesta, no melhor dos casos, indiferença diante dos boxímanes) que a caça de sobrevivência pode atrair o dinheiro do turismo.

O governo está ciente disso. Em 1998, acolhendo solicitação dos ju/'hoansis, declarou a área reservada para a caça e impôs severas restrições à presença do gado. Os hereros foram deslocados para suas terras originais, no sul, e os boxímanes passaram a controlar a caça e o turismo.

É uma novidade excelente, pois em outras áreas do Kalahari os governos se servem dos boxímanes para encontrar minas de diamantes. Na vizinha Botsuana, por exemplo, os sans sofrem torturas, roubos e flagelos para que cedam suas terras ancestrais, e representantes de direitos humanos e jornalistas não podem sequer entrar na região. Com uma postura bem mais esclarecida, a Namíbia garantiu um futuro para uma cultura humana muito antiga e extremamente integrada à natureza.

Não se trata de uma frase de efeito: geneticistas e antropólogos avaliam que esta é a mais antiga cultura humana ainda viva.

Não há como descrever o fascínio de estar na companhia dos boxímanes, um povo muito gentil que pratica o pacifismo, a igualdade dos gêneros e a cura pela natureza. Em Nyae Nyae, em meio à longa caminhada após a caça, os três caçadores – Bo, Fanzi e Xau – faziam paradas após alguns quilômetros. Eu e meu companheiro Tom dividíamos com eles o tabaco e a água, até notarmos que nosso estoque havia terminado. Quando percebeu isso, Fanzi,

o segundo caçador mais velho, apontou para um pequeno galho que saltava da terra seca. Pegou a pá e começou a cavar o solo, encontrando um minuto depois um enorme tubérculo redondo e empapado. Ele distribuiu os pedaços, que saciaram a sede de todos.

Em seguida, um grito cortante nos fez olhar para o alto – 20 metros acima das árvores, duas águias afastavam um pequeno falcão de seu território fazendo espirais pelo céu azul.

Mais tarde, com a fome satisfeita pela carne que havíamos trazido, o clã inteiro foi dançar em nosso acampamento. As mulheres dançavam e batiam palmas, os homens faziam movimentos lentos e marcavam o ritmo com os pés à luz do fogo.

O tempo passou e, ao longe, as hienas começaram a uivar. Então, como mariposas, esses extraordinários ju/'hoansis se ergueram e saíram em disparada pela escuridão.

Horas depois eu e Tom nos acomodamos para escutar os sons da noite e pensar em como poderíamos descrever tudo o que tínhamos vivenciado ao voltarmos para casa.

ECO**INFO**

Local: Noroeste da Namíbia, a 450km de Windhoek. Os acampamentos mudam a cada ano, mas geralmente encontram-se a 10km da fronteira entre Tsumkwe e Botsuana.

Como chegar: Siga de carro de Windhoek até Tsumkwe (8h), depois faça traslado para o acampamento (20km). Procure uma operadora responsável, como a Safari Drive ou a Okavango Tours (*ver* abaixo).

Emissão de CO_2: Voo para Windhoek, de Nova York 3,55t; de Londres 2,41t; de Sydney 3,68t. Traslado 0,27t. Você pode neutralizar as emissões com uma doação para a Nyae Nyae Conservancy.

Custo da neutralização: US$56,20; £20,15; A$73,85.

Onde ficar: Acampamentos com tendas organizados pela Safari Drive ou pela Okavango Tours and Safaris (*ver* abaixo).

Preços: Safáris sem guias a partir de N$21.500 (US$3.000) por pessoa por semana; com guias, a partir de N$ 18.000 (US$2.500) por pessoa por semana, com todas as refeições.

Melhor época: Mar-set, quando ocorre a migração de elefantes e caem as folhas das árvores.

Informações adicionais:
www.kalaharipeoples.org
www.safaridrive.com
www.okavango.com

Responsabilidade: Os boxímanes habitam este frágil ecossistema sem criar o gado que desertifica o solo, e com isso deixam abertas as rotas de migração dos animais. O dinheiro das excursões é transferido diretamente para os boxímanes.

Acampamento Damaraland

Vale do rio Haub, Namíbia
+27 (0)11 807 1800 (escritório na África do Sul) / www.wilderness-safaris.com

LEITOS SECOS de rio cravam o chão rochoso – seus canais esvaziados mais parecem trilhos de pedra que conduzem, sem que você saiba, a um mar de areia. Torres abstratas de granito dominam uma paisagem silenciosa onde a vida parece inexistir, impressão fortalecida pela presença de vestígios esparsos. Mas seria um erro supor que esse interior seco está morto: a vida prende-se a ele por um fio. Um ecossistema notável formou-se ao redor da neblina matinal que nasce do encontro entre o ar frio do Atlântico e o calor do continente.

O nome "Damara" vem do termo "Nama", que equivale a "quem andou aqui", referência às pegadas dos damaras ao redor das cacimbas. Plantas do deserto, elefantes raros, rinocerontes-pretos, antílopes, cudos e cabras-de-leque adaptaram-se a este ambiente inóspito. Até mesmo leões e guepardos arriscam uma visita.

Esta singular paisagem árida também abriga o premiado Acampamento Damaraland. São nove tendas com terraços que partilham uma piscina natural de pedras onde se consegue uma trégua do sol. O restaurante e o bar foram construídos com pedras da região e lonas, numa composição que cobre um fragmento de deserto sob as velas de uma embarcação encalhada. Refeições típicas africanas ou internacionais contêm ingredientes frescos trazidos regularmente de Windhoek.

Esta região extraordinária esteve desprotegida até 1981, quando uma ONG montou, em parceria com a comunidade, um sistema de

monitoramento que deu fim à caça ilegal. Em 1996, da parceria entre a população de Damaraland e o grupo comercial Wilderness Safaris, nasceu o Acampamento, e 10% de sua arrecadação e arrendamento são repassados à comunidade. A seguir foi criada a Torra Conservancy, área com 180 mil hectares que ajudou a aumentar o número de elefantes e rinocerontes. Esse é um dos programas de turismo comunitário com maior sucesso na África, cobrindo todos os custos de gerenciamento e reinvestindo os lucros na comunidade sem o auxílio de doações.

Na Torra Conservancy você fará ótimos passeios e caminhadas por uma paisagem espetacular. Traços geológicos incomuns, como os cactos de basalto e a vulcânica Montanha Queimada, formam cenários intrigantes para quem quiser avistar aves e rinocerontes ou praticar moutain-biking, ou ainda conhecer as gravações nas rochas de Twyfelfontein, inscritas entre 10 e 20 mil anos atrás. Também há muitos animais para ver, embora esses safáris não se assemelhem aos da África do Sul ou aos de outras regiões, pois é mais difícil observar animais que atravessam longos caminhos em busca de alimento e água. A magia está nos detalhes. As coisas pequenas também atraem o olhar: a luta dos insetos para viver no deserto é tão dramática e monumental quanto a dos animais grandes.

Aqui nada supera a vastidão e a beleza dos elementos. No silêncio da noite, quando o Acampamento é iluminado por lanternas e o céu é pontuado por multidões de estrelas, a Terra parece o menor lugar do cosmo.

ECO**INFO**

Quartos: 10 quartos espaçosos em forma de tenda.
Preços: A partir de N$2.310 (US$ 300) por pessoa por noite, inclusive refeições e safáris, mas sem traslados.
Local: Área norte do vale do rio Haub, a 90km de Torra Bay, na Costa do Esqueleto da Namíbia. Aeroporto mais próximo em Windhoek.
Melhor época: O ano inteiro. Alta temporada entre jul e meados de nov.
Como chegar: Siga de avião de Windhoek até Damaraland (1h40). Ou de carro até o Acampamento (veja o percurso no ato da reserva).
Emissão de CO_2: Voo para Windhoek, de Nova York 3,55t; de Londres 2,41t; de Sydney, 3,68t. Traslado de avião 0,63t; de carro, 0,15t.
Custo da neutralização: US$62,05; £22,85; A$80,55.

Responsabilidade: Este *ecolodge* é um exemplo de safári com participação comunitária. Os benefícios financeiros para moradores são evidentes, sobretudo no que tange a ação empresarial, emprego e treinamento local. Destaca-se ainda a atenção dada ao ambiente e sua conservação. O sucesso do acampamento foi decisivo para a criação da Torra Conservancy.
Ambiental:
Social:

Skeleton Coast Camp

Norte da baía Möwe, a 20km da Costa do Esqueleto, Namíbia
+27 (0)11 807 1800 (escritório na África do Sul) / www.wilderness-safaris.com

O VENTO arenoso da Costa do Esqueleto fere ossos descorados de baleia e carcaças de navios encalhados há muitos anos. A espiral das dunas sibila no seu entorno, na poeira infinita de planícies, bacias e desfiladeiros.

Testemunho vivo da ação de forças naturais, este vasto território ancestral carrega as cicatrizes geológicas dos deslocamentos tectônicos que cindiram em continentes a primeva Gonduana. Cerca de 300 mil hectares de sua faixa norte foram cedidas com exclusividade ao Acampamento da Costa do Esqueleto para safáris de pequeno porte. O Acampamento oferece lugar para apenas 12 pessoas em seis tendas, o que resulta na generosa média de 22 mil hectares por hóspede. Erguido sobre palafitas na ilha do (seco) rio Khumib, a 20 quilômetros da praia, o Acampamento é um grande exemplo de ecoturismo. Nenhuma de suas tendas é permanente, de tal modo que o espaço retornaria ao estado natural caso fosse desmontado. A água é escassa (chega em um caminhão, vinda do rio Hoarusib), e por isso tem seu uso controlado com rigor. Questões ligadas à comunidade e ao ambiente são prioritárias. Mais de 80% dos funcionários pertencem ao povo himba, e o Acampamento apoia trabalhos de conservação, como o Projeto Kunene para Pesquisas sobre Predadores, a preservação de liquens e o monitoramento dos hábitos de elefantes e girafas no deserto. A aclimatação demanda certo tempo, sobretudo nos safáris – por exemplo, nem sempre se sabe quando um animal irá surgir na paisagem infinita. O pequeno bando de leões que recentemente ocupou um território no desfiladeiro Hoarusub é uma novidade – leões não apare-

ECO**INFO**

Quartos: 6 quartos em forma de tenda.

Preços: A partir de N$29.600 (US$4.135) por pessoa por noite (pacote de 3 dias), incluindo refeições e safáris, mas sem traslados.

Local: Norte da baía Möwe, a cerca de 20km da Costa do Esqueleto. Aeroporto mais próximo em Windhoek.

Melhor época: O ano inteiro. Alta temporada entre jul-out.

Como chegar: Há um voo de Windhoek para o Acampamento (2h30).

Emissão de CO_2: Voo para Windhoek, de Nova York 3,55t; de Londres 2,41t; de Sydney, 3,68t. Traslado 0,10t.

Custo da neutralização: US$54,20; £18,85; A$70,65.

Responsabilidade: O Acampamento da Costa do Esqueleto encara as responsabilidades ambientais e sociais com seriedade – e trouxe vários benefícios (sobretudo econômicos) a uma região muito pobre, onde construiu uma escola. Com suas acomodações, que, além de causar pouco impacto, são elegantes e singulares, cria um ambiente especial.

Ambiental: 4/5

Social: 4/5

ciam havia décadas na região. Os felinos alimentavam-se sobretudo do gado pertencente à população himba, mas o Acampamento cobre seus prejuízos, conciliando conservação e responsabilidade social. Especula-se que o bando logo seguirá rumo ao mar e a uma nova presa: as focas – uma ideia indigesta para quem for muito sensível.

O acesso de turistas à região é muito limitado, o que reduz o impacto ambiental e faz brotar um sentimento avassalador de isolamento. A magia do Acampamento está na solidão extrema, o que talvez não agrade a muitos. A rotina não se assemelha à do safári, em que você deixa a base pela manhã e volta no fim do dia para percorrer a maior extensão possível dentro de um jipe.

As idas ao mar e as caminhadas são sempre espetaculares. A *Welwitschia* (a mais antiga planta viva do mundo) e a *Lithops* (flor de pedra) parecem extraterrenas em meio a dunas e campos de líquen.

Após um longo dia na natureza primitiva, o jantar será feito sob um monzo ancestral.

A noite logo recobre o mundo, e a escuridão só é interrompida pelo crepitar da fogueira.

Buffalo Ridge Safari Lodge

PO Box 4617, Halfway House, 1685, África do Sul
+27 (0)18 365 9908 / www.buffaloridgesafari.com / reservations@buffaloridgesafari.com

O CALOR, que já era opressivo, ganhou força com o silêncio que se seguiu à aterrissagem. Depois surgiram o rinoceronte e seu filhote, e esquecemos o suor e a umidade. Com um ano de idade, o bebê rinoceronte tinha o tamanho de um piano de armário; a mãe parecia um piano de cauda. Ensopados de lama, essas enormes criaturas de chifre pararam para uma foto e seguiram seu caminho, deixando para trás um safári de turistas extasiados.

Observar rinocerontes na Madikwe Game Reserve é fascinante. Esta região de 75 mil hectares era uma pastagem de gado há 20 anos, quando os ecossistemas de Lowveld e do Kalahari foram restaurados. A vida selvagem foi diversificada após o maior deslocamento de animais em toda a história – 10 mil bichos. A reserva é conhecida pela aparição dos raros guepardos e cães selvagens (encontros com os "cinco grandes" são quase garantidos), e mal se pode suspeitar que um dia estas terras não tenham sido selvagens.

A transformação radical de Madikwe é notável, mas a história do Buffalo Ridge Safari Lodge também merece ser contada. Trata-se do primeiro acampamento do gênero na África do Sul inteiramente controlado por uma comunidade rural – a dos baletes. Na época do *apartheid* eles foram assentados à força em Lekgophung (a oeste de Madikwe) e perderam suas posses. Anos depois, com o auxílio da Nature Workshop, arrendaram terras em Tweedenport por 45 anos e ergueram a pousada. O emprego é um de seus benefícios, mas a pousada tornou próspera toda a comunidade.

O Buffalo Ridge Safari Lodge ocupa o alto da montanha de Tweedepoort e tem ampla vista da reserva. A sede, em dois níveis, fica logo após uma ponte que cruza por uma ravina coberta de pedras e fragmentos de rochas; lá você irá encontrar o restaurante, a piscina, o bar e terraços com ampla vista. Os quartos são luxuosos, porém informais. As portas de correr abrem diretamente para a mata, evocando uma integração entre os ambientes.

Os hóspedes, no entanto, apreciam a face externa acima de tudo. Safáris a pé ou em um jipe são feitos com guias baletes, que conhecem profundamente a terra onde sempre viveram. Pastagem batida, o percurso das aves e vestígios no caminho são as pistas que indicam a direção dos animais. Os excrementos são decisivos em um safári a pé, pois condensam todo tipo de informação. Entretanto, entre dizer que um paquiderme incontinente está próximo e encontrá-lo há uma grande diferença. A região é excelente para observar aves, e não faltam plantas para quem busca férias sedentárias.

Uma das maiores recompensas é uma ausência: por incrível que pareça, na reserva não há mosquitos.

Um excelente dia observando animais é coroado por um jantar delicioso no Buffalo Ridge. Não esqueça porém de observar o esplêndido céu africano. Em nenhum outro lugar da Terra você verá tantas estrelas.

ECO**INFO**

Quartos: 8 chalés luxuosos.

Preços: A partir de R2.100 (US$320) por pessoa por noite, em quarto para 2 pessoas, com refeições, safáris e traslados até a pista de pouso de Madikwe.

Local: Madwike Game Reserve, província noroeste, próximo à fronteira com Botsuana.

Melhor época: O ano inteiro. Entre abr-set é bom para ver animais.

Como chegar: Siga de avião de Johannesburgo para o campo de pouso da reserva (45min) pela Federal Air ou pela Madikwe Air Charters. Ou então vá de carro (4h até o acampamento). Solicite um mapa ao efetuar sua reserva.

Emissão de CO_2: Voo para Johannesburgo, de Nova York 3,97t; de Londres 2,63t; de Sydney, 3,30t. Traslado de avião, 0,06t; de carro, 0,12t.

Custo da neutralização: US$60,75; £20,65; A$63,90.

Responsabilidade: Pode-se dizer que o Buffalo Ridge é um lugar que deu realmente certo, pois a comunidade balete controla o acampamento e centraliza os benefícios. Iniciativas sociais e educativas são autênticas, e a contínua preocupação ambiental tem efeito notável sobre uma terra que antes era de pastagem de gado. O sucesso da hospedagem levou a Nature Workshop a formar uma parceria similar com outra comunidade na região sudeste de Madikwe.

Ambiental:

Social:

Hog Hollow Country Lodge

Askop Road, The Crags, Plettenberg Bay, 6600, África do Sul
+27 (0)44 534 8879 / www.hog-hollow.com / info@hog-hollow.com

A FLORESTA densa alastra-se por montanhas e desfiladeiros, mas cessa ao alcançar o contorno suave das dunas na baía de Plettenberg. A ventania de areia encobre a vista das praias fustigadas por ondas gigantescas. Rajadas salinas de vento revigoram os sentidos. Uma caminhada por este cenário o levará a grandes lagoas tomadas por peixes pequeninos e siris rastejantes.

Esta região costeira é maravilhosa, mas a paisagem do interior é ainda mais espetacular. A rodovia enreda-se nos fabulosos desfiladeiros de Bloukran, cobertos por árvores e intercalados por rochas. Passeios por esta área deveriam ser obrigatórios. Pessoas com predisposição nervosa não irão saltar, mas a ponte de Bloukrans é o maior ponto de *bungee jumping* do mundo.

O desfiladeiro de Matjies River fica próximo, e acima dele está o Hog Hollow Country Lodge, com suas quatro estrelas. Apesar da paisagem notável, a área (conhecida como "The Crags", ou "Os Rochedos") era um distrito pouco visitado onde imperava a acácia--negra, planta australiana invasiva que destruiu as raras florestas nativas e a vegetação local *(fynbos)*. Em 1993 o Hog Hollow mudou esse quadro. A hospedagem foi construída sobre uma antiga plantação de acá-

cias-negras, e os proprietários adotaram medidas especiais para eliminar o invasor e restaurar o hábitat natural. Hoje a sede está rodeada por 15 suítes luxuosas espalhadas numa ampla área onde há piscina e *boma* – o lugar onde o fogo é aceso à noite.

Se as credenciais ecológicas do Hog Hollow são louváveis, sua postura ética é simplesmente impecável. Membro da organização Fair Trade in Tourism (Comércio Justo), o lodge defende a autonomia e o bem-estar das comunidades locais, e ainda exerce um papel relevante na economia da região por utilizar apenas serviços e produtos da região.

Os produtos locais, alavancados pela reputação culinária dos hotéis, também são de boa qualidade. Jantares refinados à luz de velas com vinhos são servidos na grande mesa da sede.

Mas o Hog Hollow Country Lodge não se resume à comida. Xolani, nosso sábio guia, pode levá-lo para um passeio pela cidade. Não se deve perder a oportunidade de tomar uma cerveja e conversar com a população. A região ainda proporciona boas caminhadas, cavalgadas, trilhas ciclísticas, excursões de barco para observar baleias e amplas vistas marinhas que ficarão gravadas na sua memória, sem contar a visão das imponentes montanhas Tsitsikama por sobre as praias – uma imagem que um dia certamente o trará de volta para cá.

ECO**INFO**

Quartos: 15 chalés com suíte.
Preços: A partir de R1.160 (US$160) por pessoa por noite, com café da manhã.
Local: 18km a leste da baía de Plettenberg, Província Ocidental do Cabo. Aeroporto mais próximo em George (130km).
Melhor época: O ano inteiro. Fecha jun.
Como chegar: Da Cidade do Cabo, siga pela estrada N2 (6h). Ou de avião até George e depois alugue um carro.
Emissão de CO_2: Voo para a Cidade do Cabo, de Nova York 3,87t; de Londres 2,83t; de Sydney 3,29t. Traslado de avião 0,12t; de carro 0,34t.
Custo da neutralização: US$62,55; £23,80; A$67,80

Responsabilidade: O Hog Hollow Country Lodge integra a organização Fair Trade in Tourism (Comércio Justo) da África do Sul, e portanto adota princípios éticos rigorosos. Atua com extrema responsabilidade social, empregando apenas moradores do distrito de Plettenberg, investindo em programas de treinamento e comprando produtos locais para criar um serviço de primeira qualidade. É um lugar perfeito para crianças.
Ambiental: 3/5
Social: 5/5

Vuyatela

PO Box 338, Hluvukani, 1363, Mpumalanga, África do Sul
+27 (0)13 735 5118 / www.djuma.com / djuma@djuma.co.za

UMA GIRAFA põe a cabeça na água, mas algo a importuna. Ela ergue o pescoço e caminha para a mata, agora como se nada a incomodasse. Como pode uma criatura tão alta desaparecer na mata plena de cores? Mal se pode acreditar que ela tenha sumido. O importuno logo se revela: um hipopótamo ergue a cabeça achatada de dentro do lago e solta um grunhido.

O lago do Vuyatela atrai formas diversas de vida selvagem: elefantes, cobos antílopes e zebras encostam aqui durante o dia atrás de uma trégua do sol inclemente. Mas você pode assistir a essas cenas cotidianas da vida selvagem na África sob a sombra de um guarda-sol, no terraço do hotel.

Vuyatela está embrenhada na clássica savana africana da Sabi Sand Game Reserve. Oito chalés com terraço e piscinas com vista para a mata geram uma sensação informal de exclusividade. Todos foram construídos com barro e sapê, a partir de técnicas nativas, com material da região. Mas Vuyatela também é um ambiente contemporâneo, que mescla elementos tradicionais e modernos da cultura sul-africana.

E, com relação à ecologia e à consciência social, é uma hospedagem de vanguarda.

Vuyatela é membro do Fair Trade in Tourism South Africa (Comércio Justo), uma instituição rigorosa que avalia todos os aspectos das atividades turísticas na África do Sul. Figuram entre elas ambiente e condições de trabalho, formação de funcionários e participação da comunidade, além das questões ecológicas. Poucas hospedagens pertencem a esse grupo seleto, e sua aprovação é garantia das melhores práticas turísticas. As conquistas de Vuyatela merecem ser destacadas, pois a atmosfera do lugar é incomparável e os funcionários, excelentes.

Guias locais acompanham os hóspedes em passeios no início da manhã e no final da tarde, em áreas onde é quase certa a presença dos "cinco grandes" – leão, leopardo, búfalo, rinoceronte e elefante. Você ainda terá a oportunidade de ver guepardos e algumas das 200 espécies de aves, 85 de répteis e dezenas de mamíferos.

A caminhada pela mata – um passeio tranquilo que pode ser feito nas trilhas ao redor da hospedagem – é uma excelente atividade. Uma planta esquisita, que parece carregar dois pompons, é na verdade uma espécie de erva para babuínos. Besouros coprófagos são um espetáculo à parte. Em poucos minutos, enterram nacos de esterco que têm duas vezes o seu tamanho. São interessantes, ainda que bem menos vistosos do que os leopardos.

O planejamento do dia seguinte é discutido na mesa coletiva do jantar, ao lado de um enorme lustre feito com garrafas recicladas de Coca-cola. É um encontro informal acompanhado por um cardápio bem temperado, que mescla influências zulus, africanas, shonas e britânicas. O último gole, em volta da fogueira, vem acompanhado pelo zunido incessante dos insetos.

A xícara de café pela manhã é obrigatória. Essa é a hora em que se ouve um ruído estranhíssimo. Do lago ecoa o som grave e profundo de um *didjeridu*: o dia também está começando para o hipopótamo.

ECO**INFO**

Quartos: 8 chalés luxuosos.
Preços: A partir de R3.570 (US$500) por pessoa por noite, em quarto de casal, com refeições, safáris, passeios guiados e impostos.
Local: Djuma Game Reserve, província de Mpumalanga, nordeste da África do Sul.
Melhor época: O ano inteiro. O verão (dez-fev) é o período dos nascimentos, que traz predadores. Ago e set são mais secos, a paisagem fica boa para se observar os animais.
Como chegar: De Johannesburgo, siga de avião até Kruger-Nelspruit, de onde você será levado em outro avião para o lodge.
Emissão de CO_2: Voo para Johannesburgo, de Nova York 3,97t; de Londres 2,63t; de Sydney, 3,30t. Traslado 0,10t.
Custo da neutralização: US$60,50; £20,50; A$63,55.

Responsabilidade: Possui excelentes programas sociais e comunitários e trabalha ativamente em escolas e na creche N'wa Tumberi, em Utha. Sua preocupação ambiental e ecológica também merece destaque, pelas metas de longo prazo para a preservação do hábitat local. Além disso, Vuyatela montou uma rede de câmeras ao redor do parque, criando assim a primeira reserva virtual do mundo.

Ambiental:
Social:

O caminho da selva

Os voluntários ajudam a conservação da vida animal ou tiram empregos da população local? **Richard Newton** rastreou leões e enfrentou sua consciência no delta do Okavango, em Botsuana

O QUE vim fazer aqui? É a questão ética da qual não consigo me desviar. Estou sentado em cima da capota de um Land Rover a poucos metros de um bando de leões. O sol já se põe, e eles se esticam, circulam, preparam-se para a caça. Sinto-me inteiramente vulnerável. E culpado. Cara a cara com sete leões, pergunto-me se uma outra pessoa não deveria estar em meu lugar. Estou tirando o emprego da gente do local?

Na verdade essa questão reaparece desde que cheguei a Botsuana. Minha função de auxiliar de dois observadores de leões não demanda talentos nem qualificações especiais, e minha preparação durou cinco minutos. Equipado com fones de ouvido e uma antena, assumi minha posição e escutei durante o trajeto a trilha de ruídos, batendo o pé esquerdo ou o direito de acordo com a direção dos sinais. Acompanhando minhas dicas pelo vidro, o motorista Christiaan Winterbach cruzou a mata densa, desviando de montes de cupim e

Voluntários ajudam diversos projetos pela conservação de espécies em risco na África

trilhas de hipopótamos. Finalmente encontramos a fonte: o transmissor inserido na coleira de uma leoa.

Os felinos dormem sob uma árvore quando os encontramos. Nós esperamos (nos próximos dias irei acostumar-me com a tarefa). Investigar a vida selvagem requer muita paciência e uma mudança radical em relação ao safári turístico comum, cujo objetivo é ver tudo o que se puder em um passeio de três horas. Aqui a programação não gira em torno de fotografias ou refeições exóticas. Na companhia do casal Christiaan e Hanlie Winterbach, não sou um turista: sou um "voluntурista".

No melhor dos casos, o "volunturismo" – associação entre férias pagas e trabalho voluntário – é uma experiência mais recompensadora do que férias comuns. Com frequência traz incômodos e demanda um trabalho cansativo ou tedioso. Mas quem atua diretamente em projetos de conservação ou construção é tomado por um sentimento genuíno de realização e forma um laço duradouro com a população local.

No pior dos casos, o "volunturismo" é um colonialismo de roupa nova. Ocidentais abastados e sem preparo desembarcam na África querendo "ajudar". As intenções podem ser as melhores, mas o voluntário enfraquece o mercado de trabalho sem o saber. Quando voluntários estrangeiros trabalham por algumas semanas na construção de uma sala de aula ou de um orfanato, deixam os construtores locais sem emprego – os africanos se tornam mais dependentes da ajuda externa no longo prazo e a economia fica estagnada.

Desembarquei na cidade turística de Maun, em Botsuana, cuja taxa de desemprego está na casa dos 20%. Boa parte de seus habitantes foi atraída pelo crescimento da indústria do turismo no

ECOINFO

Local: Delta do Okavango, 80km a noroeste de Maun, Botsuana.
Como chegar: Siga de avião de Johannesburgo, África do Sul, para Maun, Botsuana (1h40). Você chegará ao acampamento num voo fretado (15min), ou de carro (5h).
Emissão de CO_2: Voo para Maun via Johannesburgo, de Nova York 4,17t; de Londres 2,84t; de Sydney, 3,51t. Traslado de avião 0,03t; de carro 0,10t.
Custo da neutralização: US$63,50; £22; A$67,35.
Onde ficar: O Lion Camp é uma base para pesquisas. Você ficará em uma tenda móvel de safári com um banheiro na parte externa.
Preços: A partir de £2.095 (US$4.200) por pessoa por 11 dias na baixa temporada, com acomodação, refeições, voos de Londres e traslados (reservados apenas pela Discovery Initiatives; *ver* abaixo). A mesma empresa oferece ainda uma viagem de 9 dias para observar elefantes, leopardos e cães selvagens em Tuli Block, Botsuana, por £2.595 (US$5.200) por pessoa, excluindo-se os voos.
Melhor época: Baixa temporada fev-mar e nov; alta temporada, abr-out e dez-jan.
Informações adicionais:
www.botswana-tourism.gov.bw
www.discoveryinitiatives.co.uk
www.earthwatch.org

Responsabilidade: O delta do Okavango é uma das principais áreas selvagens da África, uma vasta zona úmida cercada pelo deserto do Kalahari. Christiaan e Hanlie Winterbach estudam os leões da região desde 1997.

delta do Okavango. Os empregos, porém, são escassos e, embora o comércio de Maun abasteça lodges e acampamentos de pesquisa, há muitas pessoas vagando pelas esquinas.

E além dos turistas há os "voluntaristas", como eu. Daqui seguirei de avião para o acampamento dos Winterbach. O dinheiro que eles economizam com os voluntários é fundamental; sem ele o estudo sobre os leões do delta seria interrompido. As informações colhidas são essenciais para a saúde da população de leões, e estes atraem turistas, que, por sua vez, criam novos empregos.

No entanto, como sou visto pelos desempregados de Maun? É preciso admitir que nem todos eles reúnem condições para ficar horas a fio na capota de um Land Rover de frente para os leões. Para muitos esse emprego poderia ser o primeiro passo de uma carreira na pesquisa ou na indústria do safári.

O "voluntarismo" envolve vários dilemas éticos. Em face do crescimento das excursões do gênero, caberá aos novos voluntários averiguar os méritos de cada projeto e a função que podem assumir em cada um deles. O projeto contempla uma necessidade real da região? Moradores têm participação direta nele? Ele tem impacto negativo sobre a comunidade? O trabalho e o dinheiro que você leva são importantes para o projeto?

Uma organização antiga de "voluntarismo", o Earthwatch Institute, possui credencias únicas e da composição da população local de leões e na comparação entre os comportamentos dos leões do Okavango e os de outras regiões da África. A fim de atingir suas metas, eles utilizam fórmulas matemáticas, gráficos, mapas e tabelas para processar um enorme volume de dados. O pesquisador de campo, no fundo,

na área. A cada ano, mais de 4 mil voluntários contribuintes atuam em projetos no mundo todo, geralmente trabalhando ao lado de moradores locais. O instituto conta com 27 projetos na África, entre os quais há estudos sobre invertebrados na África do Sul, estratégias de conservação de crocodilos em Zâmbia e a criação de fontes de água potável em vilarejos no Quênia.

Para todos os envolvidos, as experiências são transformadoras. Minha temporada ao lado dos Winterbach não foi diferente. Eu sempre idealizara a pesquisa de campo. Esse foi o primeiro erro – supor que os pesquisadores levavam uma vida sossegada, vagando pelas matas com liberdade. Na verdade, eles se restringem aos objetivos do trabalho, que, no caso de Christiaan e Hanlie, consiste no monitoramento do número é um matemático que veste calças cáqui.

Para finalizar, a vida na selva não é idílica. A base dos Winterbach, o Lion Camp, fica a 5 horas de jipe de Maun, ou a 20 minutos de avião. Na selva eles precisam de autonomia e preparo para enfrentar imprevistos com carros, computadores ou com a própria saúde. Apesar do isolamento, não escapam dos transtornos financeiros do mundo moderno. Sua atividade recebe o financiamento instável de safáris vizinhos, doadores internacionais e do turismo voluntário.

Sentado na capota do Land Rover enquanto vejo os leões cruzarem o charco a caminho da caça, fico feliz por saber que, se não fosse por voluntários como eu, os Winterbach não estariam aqui. Essa é a melhor face do "voluntarismo".

Chumbe Island Coral Park

PO Box 3203, Zanzibar, Tanzânia
+255 (0)24 223 1040 / www.chumbeisland.com / info@chumbeisland.com

MUITO ANTES de David Livingstone chegar a Zanzibar, os baobás da ilha de Chumbe permaneciam imóveis como sentinelas ancestrais. Além das árvores, hoje o explorador reconheceria tudo o mais que existe por aqui – exceto pelo farol vitoriano –, pois a ilha pouco mudou. E nisso reside o seu encanto: contrariando todas as expectativas, este grão de terra perdido na costa oriental africana preservou sua flora singular e os corais que o cercam.

Chumbe foi por vários anos uma base militar e conservou os frágeis ecossistemas terrestres e marítimos. Sua herança aquática singular pode ser observada numa simples caminhada pelas lagoas formadas em meio às pedras na maré baixa, que concentram filhotes de enguias-do-mar e grande variedade de estrelas-do-mar, anêmonas, ouriços-do-mar e caranguejos. E essa é apenas uma pequena mostra do que se pode ver com um snorkel em águas um pouco mais profundas,

pois seus luminosos recifes de coral são considerados entre os mais belos do planeta.

A natureza abundante e rara motivou a criação de um *ecolodge* de pequeno porte e grandes aspirações. Sete confortáveis bangalôs com energia solar reúnem-se aqui, com vista para as águas azuis do oceano Índico. Telhados especiais coletam água de chuva, que em seguida é filtrada e armazenada em cisternas. Para que os sanitários de compostagem funcionem, basta que, após o uso, se joguem algumas folhas sobre os dejetos – garantia de que estes rapidamente irão se transformar em fertilizantes e de que nada irá parar nos corais. A água potável com filtragem especial complementa essas respeitáveis credenciais ecológicas e torna desnecessário o uso de garrafas de plástico e a separação dos resíduos. Mas não deixe que essa soma de virtudes encubra o fato de que este lugar é simplesmente fabuloso.

A ilha está coberta por uma floresta áspera de corais, uma das últimas do arquipélago de Zanzibar. Passeios guiados por este ambiente são encantadores. Terra, rochas e caranguejos-ermitões agarram os seus pés, plantas carnívoras soltam um pó branco e pegajoso ao serem quebradas e os fósseis de corais e moluscos gigantescos comprovam a riqueza da vida marinha. Mas a criatura mais notável que se pode encontrar é o raro caranguejo-coco, o maior caranguejo terrestre do mundo.

Um passeio noturno pela praia revela uma quantidade de conchas riquíssimas, embora os colecionadores devam resistir à tentação de tirá-las do chão. A noite cai lentamente no Equador, e à luz de energia solar você será conduzido à sala de jantar, construída no antigo chalé do vigia do farol. Pratos suaílis ou internacionais, feitos com ingredientes locais, e a hospitalidade dos funcionários o farão sentir-se em uma nova casa.

Após o jantar, você escutará de sua cama o mar, e parece fácil crer que a ilha seguirá intocada por outros cem anos se continuarem a protegê-la tão bem. David Livingstone ficaria orgulhoso.

ECO**INFO**

Quartos: 7 bangalôs.

Preços: TZS200.000 (US$150) por pessoa por noite, com refeições, traslados de barco e impostos.

Local: A ilha de Chumbe ocupa a costa oeste de Zanzibar.

Melhor época: Aberto o ano inteiro. Dez-abr é o período mais quente; as chuvas vão de meados de abr a jun, quando o clima é muito úmido.

Como chegar: De Dar-es-Salam (Tanzânia), siga até Zanzibar de avião (20min) ou balsa (1h30). Traslados por terra para Mbweni e de barco para Chumbe levarão mais 30min.

Emissão de CO_2: Voo para Dar-es--Salam, de Nova York 3,82t; de Londres 2,13t; de Sydney 3,49t. Traslado de avião, 0,05t; de balsa, 0,0002t.

Custo da neutralização: US$57,55; £16,35; A$66,25.

Responsabilidade: O premiado Parque Coral da Ilha de Chumbe ocupa uma área oceânica protegida. Montou inúmeros programas para formação, auxílio e pesquisa ao redor deste hábitat singular. A hospedagem emprega a população local, e seus programas de educação ecológica destinados a crianças e adultos são exemplares, assim como as pesquisas conduzidas nas águas e na floresta da ilha de Chumbe.

Ambiental: ØØØØ

Social: ØØØØ

Fundu Lagoon

Wambaa Peninsula, ilha de Pemba, Tanzânia
+255 (0)77 443 8668 / www.fundulagoon.com / reservations@fundulagoon.com

PELAS ÁGUAS mornas e rasas da ilha de Misali, anêmonas vagam por entre os corais, seguidas por estrelas-do-mar, moluscos gigantescos e cardumes do vistoso peixe-anjo. A diversidade é atordoante.

Misali é um dos inúmeros atóis desabitados no curso da distante costa ocidental da ilha de Pemba. O Índico assume tons de um azul fictício e rebate com suavidade no rosto de quem avança de barco rumo à península Wambaa. Não há outro acesso ao Fundu Lagoon – o hotel está no extremo norte da ilha –, e você pode imaginar que está a caminho de uma selva virgem.

Palmeiras saltam dos terraços e recortam os telhados de *makute*, integrando-se à arquitetura. As trilhas de areia que conduzem aos bangalôs desaparecem na mata tropical. Máscaras de madeira locais pendem das paredes e velas de calicô aprisionam a brisa e oferecem sombra. O estilo descontraído – concebido pela designer londrina Ellis Flyte – associa com inteligência o melhor da tradição africana a materiais sustentáveis e à sofisticação hippie-chique. Algo sob medida para quem busca o ócio.

A noção do tempo desaparece – talvez pelo encontro entre solidão e calor equatorial – e não é fácil quebrar esse encanto. Mas vale a pena tentar, pois o canal de Pemba é considerado um lugar único para mergulhos. Seus maravilhosos jardins submarinos abrigam corais caleidoscópicos batizados com justiça como "corais de cérebros", por onde cruzam peixes de recifes, labros, tartarugas e barracudas. Mergulhadores do mundo inteiro são atraídos para a área, mas

estas águas traiçoeiras demandam alguma experiência. Para quem quer aprender, o hotel possui uma central de mergulho inteiramente equipada. Mas o snorkel já compensa integralmente uma visita a Misali.

Mergulhar é uma tarefa cansativa. Por isso, um drinque no píer ao cair da tarde é mais do que bem-vindo. Os três bares do balneário formam um agradável ambiente de festas improvisadas na companhia de outros hóspedes. E os empregados dos bares, como todos os outros funcionários, têm histórias fascinantes para contar sobre a tradição e a cultura locais. Jantares de peixe fresco e produtos da região são consumidos com calma, sempre na companhia de bons vinhos sul-africanos.

Caminhar de madrugada, quando há silêncio e nada se move, é o momento mágico do dia. É fácil imaginar que você está sozinho na ilha – mas, é claro, não está. Uma visita guiada ao vilarejo local pode ajudá-lo a conhecer a cultura e a população. Essa é uma etapa fundamental da viagem – outra faceta deste mundo isolado, natural e intocado.

ECO**INFO**

Quartos: 16 bangalôs.
Preços: A partir de TZS350.000 (US$275) por pessoa por noite, incluindo refeições, mas sem os traslados. Observação: não é recomendado para menores de 12 anos.
Local: Península Wambaa, ilha de Pemba, norte de Zanzibar. Aeroporto mais próximo em Chake Chake.
Melhor época: Jun-abr. Fechado entre meados de abr e jun (época de chuvas). Final de ano, jan e fev são períodos de muito calor.
Como chegar: Siga de avião de Dar-es-Salam para Chake Chake via Zanzibar. Traslados por terra do aeroporto para Porto Mkoani e depois de barco para o hotel duram 1h.
Emissão de CO2: Voo para Dar-es-Salam, de Nova York 3,82t; de Londres 2,13t; de Sydney 3,49t. Traslados 0,06t.
Custo da neutralização: US$57,65; £16,40; A$66,40.

Responsabilidade: Quase 85% dos funcionários do Fundu Lagoon são habitantes do local; o restante provém de Zanzibar e Dar-es-Salam. O hotel financiou a construção de uma escola, incentivou programas de saúde e bem-estar e abriu poços de água potável para a comunidade. Está comprometido com a preservação do ambiente marítimo: combate a pesca com dinamite e criou uma fonte alternativa de renda para os habitantes da ilha.
Ambiental:
Social:

Serengeti Under Canvas

Serengeti, Tanzânia
+27 (0)11 809 4300 (escritório na África do Sul) / www.ccafrica.com / reservations@ccafrica.com

O SOL desaparece na linha do Equador, lançando no escuro as planícies do Serengeti. À noite os sons da mata parecem ainda mais intensos. Dentro de sua tenda, nessa hora você talvez imagine que o menor dos ruídos seja uma hiena furtiva, e precisará de algum tempo até acostumar-se com esses sons – sobretudo os mais fortes. São aterradoras as noites em meio a rugidos de leões.

Dormir dentro de uma tenda em um dos hábitats selvagens mais fascinantes do mundo cria uma proximidade quase inconcebível com a natureza. Mas no Serengeti Under Canvas você verá que o encontro com o ambiente é mais simples do que parece. Ele é favorecido em grande parte pelas luxuosas tendas do safári. Acampamentos estão entre as hospedagens mais ecológicas – e este não é uma exceção, sequer deixando pegadas ao ser levantado. Ele é formado por seis suítes, mas não possui energia elétrica (é iluminado por lamparinas de parafina) e sua comida excelente é preparada no fogo a céu aberto. Não há nada de rudimentar nesse arranjo. Cristais e pratas polidas, roupas de cama novíssimas e mordomos evocam a *decadence* de uma aventura pela África dos anos 1920.

Os acampamentos transitórios acompanham a extraordinária migração dos animais africanos, um êxodo anual de mais 2 milhões de ani-

mais. Zebras, gnus e gazelas-de-thomson (e seus predadores) tomam parte em um dos maiores espetáculos do mundo natural.

Guias locais conduzem os hóspedes em passeios de carro aberto, abrindo caminho pela vegetação rasteira para aproximar-se dos animais. Não é simples apreender toda a intensidade e dimensão desse panorama em que a vida transborda e nos faz sentir pequenos.

Com tantas criaturas à solta, a segurança é prioritária, seja na mata, seja no acampamento. À noite você é acompanhado ao deslocar-se de uma tenda para outra. Esquecemos com facilidade que os animais da região são perigosos, mas os guardas do acampamento não usam armas. Eles utilizam táticas de susto, espantando visitas indesejadas com habilidade.

Você será levado para safáris a pé em áreas mais tranquilas. Embora não tenham a intensidade dos safáris em jipes, esses passeios estabelecem uma valiosa conexão do visitante diretamente com a natureza. Mas não existe cena mais tocante do que os nascimentos nas manadas de gnus, que ocorrem entre fevereiro e março – depois do Serengeti, nenhum acampamento será mais o mesmo.

ECO**INFO**

Quartos: 6 luxuosas tendas de safári.
Preços: A partir de TZS690.000 (US$540) por pessoa por noite, com refeições, safáris, traslados e taxas.
Local: Acompanhando a migração de animais, os acampamentos deslocam-se pelo Serengeti National Park. Jul, Corredor Oeste; ago-out, região de Mara Wogakuria; out-jan, planície central; fev-mar, planície de vegetação baixa; abr-mai, sul; jun: leste.

Melhor época: Fascinante durante todo o ano, mas o período de nascimentos (fev-mar) é especial.
Como chegar: Siga de avião de Dar-es-Salam para uma das cinco pistas de pouso do Serengeti National Park. A duração dos traslados aéreos e terrestres varia dependendo do local do acampamento; você será mais bem informado ao efetuar sua reserva.
Emissão de CO_2: Voo para Dar-es-Salam, de Nova York 3,82t; de Londres 2,13t; de Sydney 3,49t. Traslado 0,13t (varia conforme o local).
Custo da neutralização: US$58,70; £16,90; A$67,70.

Responsabilidade: O Serengeti Under Canvas, que contrata funcionários locais, é luxuoso mas genuinamente ecológico. Está afiliado à Conservation Corporation Africa, que comanda diversos projetos por intermédio de sua ONG, a Africa Foundation – grupo que, por meio do turismo, já arrecadou mais de US$4 milhões para projetos de desenvolvimento, escolas, ecologia e combate à Aids.

Ambiental: 3/5

Social: 3/5

Para onde vão as esmolas?

"DÁ ALGUMA coisa!" "*Donnez-moi!*" "Caneta, presente, dinheiro, doce". "*Stylo, cadeau, l'argent, bonbon*". O idioma muda, mas o pedido que se ouve pela África é sempre o mesmo. Em cidades grandes ou pequenas, os estrangeiros irão conhecer o rosto da pobreza africana.

Os números são chocantes. Mais de 400 milhões de pessoas na África subsaariana – metade da população – sobrevive com menos de US$1 ao dia. Confrontados com uma selva de mãos estendidas, os turistas se veem obrigados a encarar o problema. Uma situação incômoda e, por vezes, aflitiva.

Em alguns casos, dar dinheiro aos pedintes – sobretudo crianças – pode causar danos. Há muitas crianças que abandonam a escola para arrancar o que puderem dos turistas, e muitas vezes participam de grupos organizados cuja arrecadação acaba nas mãos dos chefes de gangues impiedosas. É bem possível que sua contribuição não tenha o

destino que você imagina; e, mesmo que chegue, não será suficiente para mudar a vida de quem pede.

Uma alternativa à esmola são doações a entidades beneficentes reconhecidas, em especial àquelas que trabalham com a população pobre e sem-teto. Ao sair do continente, turistas podem depositar notas e moedas africanas em caixas do aeroporto ou fazer doações para programas como o Change for Good, conduzido pela British Airways em parceria com o Unicef, que já arrecadou £18 milhões (US$36 milhões) desde 1994.

Uma doação em dinheiro parece insignificante se comparada à realidade incontornável da miséria africana. Não resta dúvida de que há situações em que encontramos pessoas que necessitam de auxílio urgente, para quem o dinheiro ou a comida farão enorme diferença – ao menos por um dia.

Se os horrores da miséria se tornam palpáveis diante dos olhos, a presença dos pedintes é, por sua vez, o sintoma de um problema que escapa ao alcance dos turistas. Se damos esmolas ou não, pouco importa – o desafio consiste em trazer na volta a nossa indignação e transformá-la em ações. Ausentes em corpo, mas presentes em espírito.

Islands of Siankaba

PO Box 60845, Livingstone, Zâmbia
+260 3 327490 / www.siankaba.net / siankaba@zamnet.zm

EM SEUS trechos largos, o majestoso rio Zambeze parece unido ao horizonte. Correntes furtivas cortam por vezes suas águas, criando a ilusão de uma superfície aveludada sempre rompida pelos remos. Ser levado pela água suave em uma canoa de madeira é uma experiência deslumbrante. Essas embarcações antigas cruzam o rio desde tempos imemoriais, e são excelentes para apreciá-lo. O nome do rio fará muitos sonharem com uma aventura africana – e com razão: ele é grande e sinuoso, um canal imponente que deságua nas célebres cataratas de Vitória.

Os martim-pescadores roubam a cena: seu azul néon faz um agudo contraponto às águas escuras e profundas. A área que fica 45 quilômetros acima das quedas é conhecida por suas aves. Aqui os calau-tropeiros grasnam no topo das árvores e os papa-moscas de tons escuros exibem caudas elegantes, capazes de desbancar qualquer chapéu da Royal Ascot. Postado no centro deste cenário idílico está Islands of Siankaba, um lodge pequeno e restritivo que oferece cabanas em uma localização perfeita.

Siankaba foi erguido sobre duas ilhas arenosas com florestas que são cuidadosamente respeitadas pelos proprietários, Simon e Bonnie Wilde. Eles fazem questão de anunciar que nenhuma árvore foi derrubada na construção, somente alguns galhos foram serrados. O resultado é bom – com um impacto ambiental mínimo, Siankaba possui traços elegantes e ar vitoriano. As banheiras das sete luxuosas tendas são do tempo em que David Livingstone explorava a região, e a mobília – uma combinação entre adereços coloniais de safári e peças tropicais para salas de estar – apenas reforça esse efeito. O velho explorador, que admirava este trecho do Zambeze, ficaria satisfeito com o resultado.

Não se constrói uma obra como esta sem o acolhimento e a participação da comunidade local, e essa interação foi fundamental para o projeto. O casal Wildes comprometeu-se com HRH Sekuti, o chefe local, a empregar apenas habitantes da região. Mas a parceria não se resume ao emprego: a iniciativa para o plantio de árvores nativas é outro projeto de grande sucesso.

O Islands of Siankaba está coberto por jamelões, mognos e ébanos, formando um excelente hábitat para os pássaros. Entre as árvores estende-se uma série de pontes e trilhas suspensas que acabam por lembrar um parque infantil. A ilha maior tem uma piscina, um bar e uma sala de jantar.

Entre as refeições há diversas atividades. Além da observação de pássaros, para os pescadores há a esperança de fisgar o esquivo peixe-tigre da Zâmbia. Mas não se pode esquecer que o Siankaba exige a devolução de todos os peixes. Quem quiser uma vista mais do alto pode fazer um safári no lombo de um elefante, além de viagens às cataratas de Vitória e aos parques nacionais Mosi-O-Tunya e Chobe, na vizinha Botsuana.

Mas a grande paisagem é a aurora. Sentado em Siankaba, você observa o rio gravar no céu tons laranja e vermelhos que traçam lentamente um horizonte branco.

ECO**INFO**

Quartos: 7 tendas luxuosas.
Preços: ZK1,4 milhão (US$360) por pessoa por noite (pacote completo). Não é recomendado para menores de 12 anos ou deficientes físicos.
Local: No rio Zambeze, 38km acima das cataratas de Vitória e 48km abaixo do Chobe National Park, Botsuana. Aeroporto mais próximo em Livingstone (cataratas de Vitória).
Melhor época: O ano inteiro, sobretudo entre abr-set.
Como chegar: Siga de avião de Johannesburgo (África do Sul) para Livingstone (Zâmbia). Siankaba oferece traslado de avião (25min).
Emissão de CO_2: Voo para Livingstone via Johannesburgo, de Nova York 4,20t; de Londres 2,86t; de Sydney, 3,53t. Traslado 0,10t.
Custo da neutralização: US$63,90; £22,25; A$67,85.

Responsabilidade: O Islands of Siankaba adota uma excelente política social. Além de empregar um vasto número de moradores e oferecer uma série de programas para sua formação e educação, o hotel instalou um moedor de trigo e um estábulo para a comunidade, e ainda fornece suprimentos para escolas e clínicas. Tem uma visão ecológica de longo alcance, sobretudo no que diz respeito ao plantio de árvores nativas.
Ambiental:
Social:

Adrère Amellal Ecolodge

18 El Mansour, Mohamed Street, Zamalek, Cairo, Egito
+20 2 2736 7879 / www.adrereamellal.net / info@eqi.com.eg

O ÔNIBUS que parte do Cairo rumo ao oásis de Siwa percorre por oito horas um deserto notável – uma terra seca, pontuada por templos antigos, miragens e distâncias incomensuráveis. Leitos secos de rio são a promessa (falsa na aparência) da água por vir. Mas os tons pálidos desaparecem diante da lagoa salgada e azul e das palmeiras verdejantes de Siwa. Os 15 quiômetros finais da trilha acidentada conduzem à face assombrosa de Adrère Amellal (Montanha Branca). A chegada é um alívio.

Abaixo de um penhasco imponente, escondido do mundo que o cerca, está o Adrère Amellal Ecolodge. Formado por antigas residências, foi restaurado com discrição a partir de técnicas antigas de construção. Feito apenas com barro, areia, palha e sal, que foram submetidos à técnica conhecida como *kershef*, ele parece ter sido moldado do solo em que se encontra. Mas essa não é a única concessão à antiguidade: aqui o visitante também não encontrará telefone ou energia elétrica.

Apesar da simplicidade aparente, não se deve tomar o Adrère Amellal Ecolodge por um hotel ecológico que impõe privações a seus hóspedes. Suas credenciais verdes, aliadas à reputação, atraíram uma seletíssima clientela que inclui membros de famílias reais. As atrações estão diante dos olhos: elegantes materiais de construção, móveis de

estilo beduíno manufaturados no local e belos sofás feitos de argila (os contornos suaves estão cobertos por pilhas de almofadas) transpiram um luxo sofisticado. Excelentes alimentos orgânicos são transferidos de vasilhas tradicionais para porcelanas de Limoges. Mas, além do luxo, a singularidade deste lugar repousa em suas medidas ambientais.

O Adrère Amellal trouxe, já desde a sua concepção, empregos vitais para a região. Além de contratar moradores, organizou um grupo feminino nas imediações de Siwa, garantindo emprego para mais de 300 bordadeiras tradicionais. Todos os produtos e mantimentos do hotel provêm de comunidades vizinhas. Além disso, áreas adjacentes em breve constituirão um parque que irá preservar a flora e a fauna do deserto.

O consumo de energia é mínimo, graças sobretudo à energia solar; águas usadas são tratadas aerobicamente e direcionadas para o jardim orgânico; os outros resíduos são reciclados ou compostados. As noites frias são aquecidas por braseiros tradicionais e iluminadas por lamparinas e velas de cera que formam sombras esguias e largas.

Adrère Amellal tem muito mais para oferecer aos hóspedes, a começar por uma doce e hipnótica serenidade. Quando o calor é atroz, um banho na terma romana trará alívio. Deitado nas águas refrescantes deste oásis, você sente que pode agarrar a história com as mãos.

ECO**INFO**

Quartos: 39, incluindo 10 suítes.
Preços: A partir de EGP2.500 (US$448) por pessoa por noite, em quarto de casal, incluindo refeições. Viagens e traslados à parte.
Local: O Adrère Amellal fica no oásis de Siwa, a 800km do Cairo. Aeroporto mais próximo no Cairo.
Melhor época: Out-abr. As noites podem ser muito frias, chegando por vezes a 0 °C. Durante o verão escapa-se do fluxo turístico, mas as temperaturas podem chegar a 52 °C.
Como chegar: Siga de ônibus do Cairo até Marsa Matroh (pela agência West Delta), depois tome um outro ônibus até o oásis de Siwa (8h de viagem). Reserve. Traslados particulares podem ser contratados no Cairo.
Emissão de CO_2: Voo para o Cairo, de Nova York 2,62t; de Londres 0,77t; de Sydney 4,57t. Traslados de ônibus 0,11t; de carro 0,36t.
Custo da neutralização: US$44,25; £8,50; A$92,10.

Responsabilidade: O Adrère Amellal integra a Environment Quality International, empresa que por mais de 20 anos prestou consultoria a projetos sociais e de baixo impacto no Egito, no norte da África e no Oriente Médio. O hotel criou fortes laços com a comunidade e possui credenciais ecológicas.
Ambiental:
Social:

Feynan Eco-lodge

PO Box 1215, Amã 11941, Jordânia
+962 6461 6523 / www.rscn.org.jo / tourism@rscn.org.jo

MUROS DE pedra seca e despedaçada caem sobre uma vala íngreme como dentes que se quebram, e rochedos que mais parecem lápides pontilham uma paisagem áspera e desolada. Mas o sol escaldante deixa uma impressão ainda mais forte. Ele alvejou com perfeição esta paisagem, tal como a meia dúzia de turistas que vão em busca de sombra na direção de um pinheiro. A caminhada de cinco horas pelo *wadi* de Dana rumo à planície do deserto em Feynan atravessa a beleza rude e elementar de rochas e colinas desérticas – uma maneira inusitada de buscar um abrigo para a noite.

A jornada entre a Dana Nature Reserve e o Feynan Eco-lodge é uma excelente iniciação a esse complexo sistema de montanhas e *wadis* que cobre cerca de 320 quilômetros quadrados. Esta área se lança nas planícies desérticas do *wadi* de Araba e acolhe uma massa caleidoscópica de biodiversidade. Mas você não deve se preocupar se não gosta de caminhadas, pois poderá optar pelas soluções simples – um caminhão beduíno ou um jipe.

Para quem chega a pé, a vista do hotel traz um alívio enorme. Ela parece reunir tudo o que se poderia esperar de um abrigo no deserto. Incorporando tradicionais técnicas de adobe, o edifício é uma versão pós-moderna da arquitetura arabesca da região. Linhas de rochas escarpadas rompem a superfície das paredes, emprestando-lhes os ares

de uma fortaleza. Em seu isolamento glorioso, ele parece um grande triunfo e integra-se bem ao seu entorno.

O lodge emprega beduínos da região – fruto de uma iniciativa da Royal Society for the Conservation of Nature (RSCN) que visa a proteção ao ambiente e a redução da miséria e do desemprego. Velas iluminam a hospedagem durante a noite, criando sombras esparsas e a atmosfera de um mosteiro.

A comida também é simples. Excelentes pratos vegetarianos – *homus*, vegetais e lentilhas – são servidos generosamente com a tradicional hospitalidade beduína. Mas é o ar natural da casa, reflexo sutil da paisagem austera do deserto, que ficará inscrito na recordação. Lençóis de algodão egípcio são, talvez, seu único luxo.

Caminhar pelas trilhas fáceis ou extremamente difíceis dos arredores é uma obrigação. Um guia irá ajudá-lo a localizar vestígios arqueológicos. Tumbas nabateias, sítios da Idade da Pedra e igrejas bizantinas competem com as minas romanas de cobre no *wadi* de Feynan, as mais importantes depois das de Petra. A vida selvagem também é interessante, e você pode ter a sorte de ver lobos ameaçados de extinção ou um íbex-núbio. E também aves: há 200 espécies na reserva, sendo 33 de importância global.

Ir embora não é tão simples quanto parece, mas quem tiver o tempo e a energia necessários pode partir para mais uma caminhada longa. Assistir ao voo de um falcão em pleno sol é uma experiência única.

ECO**INFO**

Quartos: 26 quartos.
Preços: JD35 (US$50) por pessoa por noite, incluindo café da manhã.
Local: No vale do Jordão, 50km ao norte de Petra. Aeroporto mais próximo em Amã (cerca de 200km).
Melhor época: O ano inteiro. Fechado em jul-ago.
Como chegar: Siga de carro por 2h30 de Amã até Araba (rodovia do mar Morto), onde fica o hotel.
Emissão de CO_2: Voo para Amã, de Nova York 2,67t; de Londres 0,80t; de Sydney 4,44t. Traslado 0,12t.
Custo da neutralização: US$41,55; £6,90; A$85,15.

Responsabilidade: Movidos a energia solar, o Feynan Eco-Lodge e a Dana Nature Reserve exercem grande impacto sobre a região. Iniciativas do RSCN contribuíram não apenas para a preservação da flora e da fauna como também para a manutenção do modo de vida dos pastores nômades (em áreas sustentáveis). Entre outras iniciativas do RSCN estão uma cooperativa para produção de velas e outras microindústrias. No conjunto, mais de 800 pessoas são beneficiadas pelo turismo local.
Ambiental:
Social:

Ásia

Vista do Himalaia, Kalmatia Sangam Himalaya Resort. À esq., a partir do alto: caminhada em Kumaon, Kalmatia Sangam Himalaya Resort; ingredientes tailandeses, Gecko Villa; The Boat Landing Guest House

Localização e orçamento

● Barato (abaixo de US$100)
● Moderado (US$100-250)
● Caro (US$250-500)
● Muito caro (acima de US$500)

Preços para um quarto de casal, ou duas pessoas, por noite

Onde ficar

Destaques

Dilema ético na viagem

Baikal
MONT. SAYAN
Ulaanbaatar
Mongólia
Deserto de Gobi
12
Khabarovsk
Planície da Manchúria
Sapporo
Shenyang
Pequim
Tianjin
Coreia do Norte
Mar do Japão
Seoul
Coreia do Sul
Japão
Tóquio
Osaka
Pusan
Grande Bacia
Mar Amarelo
China
Xangai
Wuhan
Mar do Leste da China
Butão
Taipé
Taiwan
Hong Kong
Mianmar
10
Hanói
Laos
17
Mar das Filipinas
Tailândia
Vietnã
Mar do Sul da China
Manila
Bancoc
1
Camboja
2
Filipinas
Ho Chi Minh
Brunei
Kuala Lumpur
Malásia
Cingapura
Jacarta
Indonésia
Papua-Nova Guiné
9
8
Darwin
Austrália
Grande Deserto de Areia

Hôtel de la Paix

Sivutha Boulevard, Siem Reap, Camboja
+855 63 966 000 / www.hoteldelapaixangkor.com / info@hoteldelapaixangkor.com

DEPOIS DE um forte surto de desenvolvimento, Siem Reap tem sido considerada a versão asiática de Las Vegas. O grande número de turistas que vêm ver as espetaculares ruínas de Angkor Wat, ali perto, provocou o surgimento de torres de concreto que parecem desafiar a refinada arquitetura antiga dos templos. O Hôtel de la Paix, porém, é uma cintilante exceção: um moderno monumento minimalista cinco-estrelas de gosto retrô chique e esplendor colonial.

Obra do arquiteto e paisagista Bill Bensley, famoso pelo criativo Bed Supperclub de Bangkok, este é um hotel que paparica e delicia o hóspede. Os quartos – apartamentos padrão de luxo e suítes voltadas para os jardins ou para a piscina – são todos pródigos em tamanho, de decoração impecável e meticulosa nos detalhes, que vão das imensas banheiras aos iPods totalmente carregados. A Deluxe Spa Suite inclui jardim particular e piscina na cobertura, aos quais se tem acesso por uma escada de ferro em espiral. E, no que diz res-

ECO**INFO**

Quartos: 107 quartos de luxo.
Preços: A partir de KHR765.000 (US$190) por noite.
Local: Centro de Siem Reap, a 7km de Angkor Wat.
Melhor época: O clima é melhor no período de nov-fev.
Como chegar: Do aeroporto de Siem Reap, traslado em carro do hotel, triciclo *tuk-tuk* ou motocicleta.
Emissão de CO_2: Voo para Siem Reap, de Nova York 4,40t; de Londres 2,87t; de Sydney 2,05t.
Custo da neutralização: US$65,45; £21,50; A$38,40.

Responsabilidade: O Hôtel de la Paix tem forte responsabilidade social, estabelecendo novos padrões para a hotelaria de luxo e demonstrando que esses empreendimentos podem ter impacto positivo sobre a comunidade.
Ambiental:
Social:

peito à alimentação, o Meric, o restaurante do hotel – que leva o nome de uma rara variedade de pimenta cambojana –, oferece uma versão moderna e criativa da culinária cambojana com um toque francês.

Embora tenha dado poucas contribuições evidentes à sustentabilidade ambiental, as iniciativas do Hôtel de la Paix junto às comunidades locais são exemplares. Ele promove a interação entre os hóspedes e as famílias locais, estimulando um nível de entendimento intercultural que é difícil encontrar no ramo hoteleiro como um todo e propiciando aos visitantes a oportunidade de constatar os benefícios diretos e tangíveis dos muitos programas patrocinados pelo hotel.

Trabalhando com várias ONGs locais, o hotel serve de canal para a contribuição dos hóspedes, que podem fornecer todo o material escolar de uma criança por apenas US$10, perfurar poços e instalar bombas ou mesmo financiar a construção da casa de uma família por US$1.000. Cerca de 90 poços foram abertos, e a vida de centenas de famílias foi transformada com a melhoria da educação, da habitação e das condições de saúde. Todo esse trabalho comunitário está descrito em um "menu *online*" – uma relação dos projetos comunitários que os hóspedes são convidados a apoiar. Essa lista educa os turistas e abre para eles caminhos viáveis e confiáveis que podem fazer a diferença.

Não há como negar que, por quaisquer padrões, o Hôtel de la Paix destina-se aos privilegiados – mas essa forte consciência social deve ser louvada. Portanto, enquanto você reúne coragem para experimentar algum prato diferente num restaurante, poderá refletir sobre o impacto de sua hospedagem aqui sobre a comunidade local e ter uma sensação de calorosa satisfação que supera as luzes da Las Vegas asiática.

Barefoot at Havelock

MB - 5, 1º andar, Atlanta Point, Port Blair 744101, ilhas Andaman e Nicobar, Índia
+91 (0)3192 236008 / www.barefootindia.com / reservas@barefootindia.com

COM A tromba acima da superfície como um snorkel, Rajan movimenta sua enorme massa flutuante pela água com facilidade. Surpreendentemente, os elefantes são nadadores graciosos e estão presentes nas ilhas Andaman há milênios, o que levou alguns a concluir que eles evoluíram a partir da água. Depois de uma vida inteira levantando troncos, este macho dotado de presas parece adorar a sensação de falta de peso. Um elefante que gosta de nadar no oceano parece um ato circense surreal, mas nestas fantásticas ilhas de brancas areias tudo é possível.

Descritas pelo explorador e oceanógrafo Jacques Cousteau como "ilhas invisíveis", as 572 ilhas Andaman e Nicobar são um dos últimos territórios inexplorados neste nosso planeta em rápida globalização. Apenas 26 delas são habitadas, e mais de 86% da terra são ocupados por florestas tropicais intocadas e protegidas. Estritos controles governamentais e a presença de uma força naval indiana mantêm grande parte da região inacessível, enquanto as tribos indígenas que vivem nas

mais remotas ilhas Nicobar continuam hostis a intrusos, expulsando-os com dardos, lanças e flechas envenenadas.

A visita à ilha Havelock oferece um vislumbre irresistível dessas misteriosas ilhas, consideradas uma das principais áreas biológicas e antropológicas do mundo. Aqui se encontram cerca de 700 espécies de plantas, das quais mais de 150 são endêmicas. Entre as aves, há tucanos, águias marinhas e papagaios coloridos. Ao longo da costa ficam alguns dos mais luxuriantes ecossistemas de mangues do mundo, e no mar encontram-se crocodilos, tartarugas marinhas e enormes peixes. Para absorver toda essa abundância, você pode caminhar por florestas tropicais virgens, acampar em praias desertas, mergulhar em primitivos recifes de coral e participar de pesquisas de grupos ambientalistas locais. Trata-se de uma experiência prática, educativa e totalmente original.

No Barefoot in Havelock Resort a hospedagem é feita nos Nicobari Cottages e nas Andaman Villas, que oferecem uma síntese de funcionalidade, estilo e sensibilidade ecológica. As cabanas, construídas com bambu e madeiras da região, têm telhados cônicos de palha de palmeira e são ventiladas e mobiliadas com teca proveniente de plantações sustentáveis.

As Andaman Villas foram construídas com madeiras duras e oferecem uma linda vista das copas das árvores da floresta através de uma janela de vidro no teto do banheiro. Há ainda duas cabanas dúplex com mezanino, com espaço suficiente para abrigar uma família.

No restaurante, o chefe terá o prazer de preparar o resultado de suas excursões de pesca, enquanto você ouve as melodias de uma extensa discoteca. Todas as verduras são orgânicas, os frangos e ovos são caipiras, e os peixes e frutos do mar são pescados no fascinante mar azul que se estende diante de seus olhos.

A água provém de uma fonte natural, as águas da chuva são captadas, e a água cinza é reciclada para irrigação. Todas as incursões a este delicado ambiente são regidas por normas estritas, e você pode contar com o vasto conhecimento de rastejadores indígenas e de experientes instrutores de mergulho.

ECO**INFO**

Quartos: 10 Nicobari Cottages dotados de ventilador, 8 Andaman *Villas* com ar-condicionado e 2 cabanas dúplex.

Preços: A partir de Rs3.000 (US$75) por noite nos Cottages, Rs4.500 (US$110) nas *Villas* e Rs5.000 (US$125) nas cabanas.

Local: Ilha Havelock, 3h de barco a nordeste de Port Blair, capital das ilhas Andaman.

Melhor época: O ano todo.

Como chegar: De Kolkata (Calcutá) ou Chennai (Madras), pegue um voo para Port Blair, capital das ilhas Andaman. Daqui, o resort providencia o traslado de 3h de barco.

Emissão de CO_2: Voo até Port Blair via Kolkata, de N. York 4,22t; de Londres 2,57t; de Sydney 2,95t. Via Chennai, de N. York 4,52t; de Londres 2,67t; de Sydney 2,96. Traslado 0,0003t.

Custo da neutralização: US$62,80; £19,30; A$55,20; via Chennai US$65,15; £22,20; A$55,40.

Responsabilidade: Uma abordagem ecológica responsável está profundamente arraigada na política do resort, que monitora a interação entre hóspedes e o ecossistema. Normas governamentais estritas coíbem a invasão das áreas indígenas. O resort faz um esforço significativo para não causar impacto sobre as ilhas.

Ambiental: ØØØØØ

Social: ØØØØØ

Cardamom House

Vila de Athoor, distrito de Dindigul 624701, Tamil Nadu, Índia
+91 (0)4512 556765 / www.cardamomhouse.com / chrislucas@cardamomhouse.com

EM TOTAL contraste com a desolação das planícies de Tamil Nadu, a Cardamom House está instalada em meio à cor e à abundância. Depois de atravessar um território árido de vegetação hostil – só acácias e palmeiras espinhosas –, o trecho final é uma terra fértil dominada por uma cadeia de montanhas. Uma estreita faixa de asfalto transforma-se em trilha esburacada e acidentada que termina em um lago silencioso.

Para quem está acostumado à aridez das frenéticas autoestradas, as deslumbrantes buganvílias rosa-choque da Cardamom House parecem brilhantes demais para serem reais. É um lugar muito tranquilo. Para um escritor, um pintor ou aqueles que procuram isolamento e gostam de observar pássaros, os ingredientes estão aqui. A vista majestosa só é perturbada pelo canto dos pássaros, o balido das cabras e o grasnar dos patos que habitam o local. Os diferentes e coloridos jardins estão cheios de arbustos floridos e árvores, da rara pluméria escarlate a gardênias, flamboyants e buganvílias.

À primeira vista, Cardamom House não impressiona muito no aspecto ecológico. O edifício de tijolos, pedra e concreto parece diminuir muito o índice de sustentabilidade ecológica da propriedade graças a esses materiais de construção. Entretanto, como destacou o proprietário, o médico britânico aposentado Chris Lucas, os tijolos foram feitos à mão na olaria de uma família da região, e as pedras, assentadas por pedreiros locais que usam apenas ferramentas manuais. Jatos d'água são espargidos sobre as paredes externas e o piso de tijolos das áreas comuns, o que refresca o ambiente.

Em um clima tão árido, seria prudente usar água para baixar a temperatura do local? Entretanto, a água da chuva é coletada sempre que possível, coletores de energia solar foram instalados nos três prédios e uma bomba movi-

ECO**INFO**

Quartos: 3 casas, com 6 quartos conjugados e 1 suíte.
Preços: Rs3.000 (US$75) por noite. Mínimo de 2 noites.
Local: Vila de Athoor, 65km a noroeste de Madurai.
Melhor época: Dez-abr.
Como chegar: De Chennai, Trivandrum, Kochi, Madurai ou Trichy, pegue um trem até Dindigul Junction, depois táxi (45min) até o hotel. Ou voe por 1h de Chennai a Madurai e pegue um táxi (4h) até o hotel.
Emissão de CO_2: Voo para Madurai via Chennai, de Nova York 4,33t; de Londres 2,47t; de Sydney 2,77t. Traslado 0,04t.
Custo da neutralização: US$64,95; £18,85; A$52,60.

Responsabilidade: Embora o dano ecológico causado pelos modernos edifícios pudesse ser reduzido, o comprometimento genuíno do proprietário com o turismo responsável se reflete na interação entre a Cardamom House e a comunidade local.
Ambiental: 3/5
Social: 4/5

da a energia solar fornece água para um pequeno sítio ecológico, que conta com um eficiente sistema de irrigação por gotejamento e onde as variadas culturas de frutas e verduras são adubadas com compostagem orgânica. Todo o lixo é usado na compostagem ou reciclado de maneira eficiente, e métodos tradicionais de controle de pragas são usados para proteger a plantação dessa pequena propriedade de 1,4 hectare.

Além de fazer de Cardamom House uma propriedade preocupada com a ecologia, Chris cuida de promover o que chama de "turismo não invasivo". Todos os membros da atenciosa equipe são nativos e estão preparados para acompanhar pequenos grupos à vila próxima de Athoor (considerada por um hóspede o "ponto alto" de sua viagem à Índia). Todos os suprimentos são comprados no mercado de Athoor, e tudo o que é produzido em Cardamom House não é vendido para estrangeiros. Outra atividade é a observação de pássaros: um grupo do Reino Unido localizou mais de 160 espécies na região do lago em apenas quatro dias. Também se pode caminhar ao redor do lago, visitar um templo numa caverna na montanha ou mergulhar numa fabulosa cascata com piscina natural. A calma do local é um antídoto contra o cansaço provocado pelas estradas indianas, enquanto o frango com batatas assadas servido no jantar será uma bem-vinda alternativa aos indefectíveis pratos de arroz e curry.

Kalmatia Sangam Himalaya Resort

Kalimat Estate, caixa postal 002, Almora 263601, Uttaranchal, Índia
+91 (0)5962 231572 / www.kalmatia-sangam.com / manager@kalmatia-sangam.com

FAÇA UMA pausa na busca de cogumelos selvagens *chanterelle* para sentir seu perfume de abricó misturado ao aroma de pinho trazido pela brisa. Parado em meio à silenciosa plantação de nogueiras, cercado por romanzeiras e rododendros floridos, desfrute uma das mais majestosas paisagens montanhosas do planeta. Depois da coleta de cogumelos, entregue-se a uma massagem de aromaterapia ou um merecido drinque ao pôr-do-sol, apreciando o esplendoroso panorama dos picos prateados que se estendem por 300 quilômetros ao longo da linha do horizonte. Será assim o paraíso? Bem, quase. Aqui, em Kalamatia Sangam, no sopé do Himalaia, você pode ter um vislumbre do paraíso.

Kalmatia Sangam é o lugar ideal para absorver a luz das grandes altitudes e a calma que permeia o Himalaia em silenciosa contemplação, ou satisfazer os sentidos em um caleidoscópio de cores, sabores, sons e aromas. Quando não estiver escalando as montanhas ou admirando os altos picos, você pode fazer uma refeição no terraço, escolhendo no cardápio internacional preparado com talento e criatividade. Depois, deite-se diante da lareira de ferro batido de seu chalé e maravilhe-se com a multidão de estrelas que salpicam o céu noturno.

A propriedade Kalimat data do fim dos anos 1860 e hoje pertence a Dieter e Geeta Reeb, cujo trabalho têxtil pode ser apreciado no gosto impecável da decoração dos chalés de pedra caiados de branco. Mantas e tapetes tecidos a mão cobrem as camas, o piso de azulejos e os elegantes móveis de bambu, e obras de artistas locais adornam as paredes. As escrivaninhas antigas vão inspirar a criação de versos sobre uma paisagem que atraiu escritores como D. H. Lawrence e J. R. R. Tolkien.

A atmosfera inerentemente espiritual desta

ECO**INFO**

Quartos: 8 cabanas duplas e 2 chalés menores (para 1 ou 2 pessoas).
Preços: A partir de Rs4.300 (US$108) para 2 pessoas por noite.
Melhor época: O período ideal para caminhadas é entre meados set-abr.
Local: 380km a nordeste de Nova Déli e a 7km da estação de montanha de Almora.
Como chegar: De Nova Déli, são 8h de carro até o resort. Ou 9h de trem até Kathgodam, mais 2h30 de carro.
Emissão de CO_2: Voo para N. Déli, de N. York 3,56t; de Londres 1,88t; de Sydney 3,09t. Traslado de carro 0,22t.
Custo da neutralização: US$56,30; £15,85; A$62.

Responsabilidade: Embora os chalés não sejam dotados de tecnologia ecológica, os Reebs estão conscientes da necessidade de preservar o ambiente, a delicada ecologia e a rica cultura local. Os artistas e artesãos locais, por exemplo, recebem apoio, as caminhadas são limitadas a quatro pessoas (acompanhadas de um carregador do hotel) e toda a equipe do hotel é formada por membros da comunidade.
Ambiental:
Social:

região, próxima dos mais sagrados locais de peregrinação da Índia, pode levar até os mais céticos à contemplação – o hotel oferece aulas da tradicional meditação Vipassana, ministradas por um mestre. O templo Kasar Devi, perto, é testemunho da santidade da região, que tem atraído alguns dos mais ilustres mestres espirituais da Índia, entre eles Swami Vivekananda e o Lama Anagarika Govinda.

Para proporcionar aos visitantes uma autêntica experiência da região, Dieter e Geeta fizeram uma parceria com três casas em vilas situadas a seis horas de distância, dentro da comunidade Pahari. Embora as instalações dessas casas não sejam luxuosas como as do resort – as camas são as tradicionais *manjaa* de cordas, o chuveiro é alimentado por um balde d'água e os vasos sanitários são cavados no chão –, a falta de conforto é compensada pelas delícias visuais de uma caminhada pelos arrozais imaculados e pelas cores brilhantes das roupas das mulheres que peneiram o arroz. Na primavera e no verão, os caminhos são ladeados por árvores frutíferas e borboletas, enquanto no inverno as cerejeiras florescem e as pimentas-vermelhas secam sobre os telhados. Quando sopram as monções, o céu pode ficar nublado, mas seus olhos provavelmente serão atraídos pelo amarelo brilhante dos cogumelos *chanterelle* que brotam em meio ao musgo verde e às pinhas caídas a seus pés.

Amigos nas alturas

Em uma excursão a pé pelo distrito de Kumaon, no sopé do Himalaia, **Rory Spowers** deixou para trás apenas suas pegadas nas trilhas, mas voltou com uma vida inteira de lembranças.

Depois do pó, do zumbido do vento e do calor devastador das planícies indianas no fim de maio, a subida para Amora e as montanhas do distrito de Kumaon era muito mais que um sopro de ar fresco. A luz clara, combinada às temperaturas mais frias e à baixa densidade populacional, me fez exalar profundamente com audíveis suspiros de alívio.

Há algo especial na caminhada. Ela faz com que a gente se envolva com a paisagem em um ritmo natural, muito diferente da velocidade amplificada do transporte motorizado. O ato de caminhar nos conecta com a terra, física e metaforicamente. Nossos sentidos são despertados por imagens, sons e aromas imperceptíveis no espaço confinado de um carro, de um trem ou mesmo de uma bicicleta. Caminhando, mergulhamos completamente no ambiente que nos cerca. É a meditação em ação – a maneira mais natural, autêntica e enriquecedora de viajar.

Em nenhum outro lugar do mundo isso fica mais evidente do que no Himalaia. Aqui o terreno impede a maioria dos outros meios de transporte, e por isso mesmo abre possibilidades impensáveis em outro lugar.

Nesta pág.: Avistando animais em meio às vilas. Acima: As especiarias e cores da Índia

O conceito dos Village Ways explora isso de maneira simples, de baixo impacto e gratificante, oferecendo um equilíbrio perfeito entre atividade física, estimulação visual e intercâmbio cultural. Não se trata da exploração dominadora do alpinismo, sob o peso do equipamento, mas da caminhada suave de vila em vila, submergindo todos os sentidos em um dos mais belos cenários deste lado do paraíso.

Quando cheguei à propriedade Khali, no santuário ecológico de Binsar, ponto de partida e de chegada de todas as trilhas, fui recebido por Raju e Hemu, dois guias da equipe dos Village Ways. Depois de me livrar da poeira da viagem e de inspirar o ar do Himalaia, comecei a discutir o programa de dois dias de caminhada sob o céu estrelado da montanha e as luzes cintilantes da estação de Almora. Sentia que tinha adentrado um outro mundo.

Uma das muitas maravilhas de caminhar na altitude é a diversidade da vegetação e da paisagem. De um minuto para outro, temos a sensação de passar das colinas da Provença às montanhas Rochosas da Califórnia, ao deserto africano ou aos planaltos da Escócia. Essa contínua metamorfose mantém a paisagem viva e interessante nas 4 horas de caminhada de Khali até Gonap, em meio a uma densa floresta de carvalhos retorcidos e esparsos rododendros, que de vez em quando nos permitem vislumbrar o vale lá embaixo. Sei que as chuvas não devem chegar ao norte da Índia antes de um mês, mas mesmo assim não deixo de esquadrinhar o solo em busca dos

Nesta pág.: As trilhas passam por vilas sem interromper a atividade dos moradores

cogumelos *chanterelle*, que as monções logo farão brotar. Prometo a mim mesmo voltar um dia nos meses de julho e agosto.

Uma crista rochosa na descida para Gonap oferece uma primeira visão do alto Himalaia, uma silhueta perfurando a bruma do fim do verão. Então, sempre descendo, atravessamos uma densa floresta e passamos pelos contornos sinuosos dos campos da vila de Gonap, um povoado de apenas dez famílias. Aqui, enquanto saboreamos o nosso piquenique de deliciosos curries locais, o senhor Prem Singh nos conta como seu pai comprou a vila, em 1944. Nessa tarde, fizemos um passeio até a casa dos Village Ways em Kathdhara, durante o qual pudemos vislumbrar os cinco picos da cadeia de Pancha Chulli, uma visão rara nesta época do ano.

Obedecendo às normas estritas de uma política de turismo responsável da empresa, as casas dos Village Ways foram construídas pela população local, em estilo tradicional e utilizando pedras da região assentadas com barro. Alguns ambientes são pintados em um estonteante azul-turquesa, a madeira utilizada é o pinho nativo, e os telhados são cobertos com placas de ardósia. Esse estilo nativo casa bem com as modernas ecotecnologias para criar um conforto de baixo impacto: água aquecida por energia solar alimenta os

Nesta pág.: graças ao dinheiro das excursões dos Village Ways, a população pode se fixar nas aldeias em vez de migrar para as cidades

modernos banheiros, e painéis fotovoltaicos oferecem a iluminação necessária. Um tradicional aquecedor a lenha Bukhari afugenta o frio das noites de inverno, e as dores da atividade do dia são aliviadas em colchões de boa qualidade. Saúde e higiene também são levadas em consideração: todas as casas são equipadas com um filtro de água; alimentos e bebidas são servidos em utensílios de aço inoxidável; e os banheiros são imaculadamente limpos.

Você pode passar semanas em Kumaon explorando as várias trilhas dos Village Ways. São muitas as opções disponíveis, mas também é possível encomendar uma excursão a seu gosto. Os *gourmets* certamente se interessarão pela excursão de nove dias denominada "Temples and Tiffin" (Templos e Petiscos), que inclui o primeiro *ashram* de Mahatma Gandhi e um repertório completo de delícias locais. Se você procura uma boa trilha e belíssimas vistas, escolha a excursão "Beyond Zero Point" (Além do Ponto Zero), que incorpora todas as cadeias de montanhas e picos do santuário ecológico de Binsar (2.000 metros acima do nível do mar), com parada em cinco vilas. Quem procura caminhadas com um mínimo de esforço pode escolher o "Ramsay's Ramble", que para em apenas três vilas, mas oferece grande interação com seus residentes.

Por sua filosofia e baixo impacto ecológico, a empresa Village Ways é um exemplo no ramo, proporcionando benefícios recíprocos entre visitantes e moradores que são fundamentais para a sustentabilidade e o turismo responsável. Famílias separadas pela migração para as cidades encontraram novas fontes de renda na região, e cada vila tem um comitê de implementação dos critérios dos Village Ways. Além disso, a consciência ambiental e social está crescendo na região, o que se evidencia no conhecimento de história natural dos guias e no grande orgulho que eles demonstram ter de sua rica herança cultural. Caminhando por uma das regiões mais sagradas do Himalaia, é fácil entender a razão disso. Adotando um dos Village Ways, você pode ter certeza de que suas pegadas serão leves, seu dinheiro será bem gasto e suas lembranças serão eternas.

ECO**INFO**

Local: Kahli fica perto de Almora, a 380km de Déli. A estação de trem mais próxima é Kathgodam, ao sul.

Como chegar: De Déli, 8h de táxi até Almora. Outra alternativa são 9h de trem para Kathgodam, depois 2h30min de ônibus ou carro até Kahli.

Emissão de CO_2: Voo para Déli, de Nova York 3,56t; de Londres 1,88t; de Sydney 3,09t. Traslado de táxi 0,22t. Não há números para as emissões de trem na Índia.

Custo da neutralização: US$56,30; £15,85; A$62,05

Onde ficar: Em modernas casas de estilo tradicional

Preços: A partir de Rs48.000 (US$1.200) por pessoa em uma estadia de 9 dias, com tudo incluído.

Melhor época: Out-nov, pela paisagem, dias quentes e noites frescas.

Mais informações: www.villageways.com

Responsabilidade: Assim que chegar às vilas, você só deixará pegadas nas trilhas. A comida é produzida no local, os guias são locais, a energia e a água quente são fornecidas pelo sol. Toda a operação é executada segundo rigorosas regras de turismo responsável, que deveriam ser seguidas por todos os empreendedores do setor.

The Orchid Hotel

Nehru Road, Vile Parle East, Mumbai (Bombaim) 400 099, Índia
+91 (0)2226 164040 / www.orchidhotel.com / samohmu@orchidhotel.com

A SIMPLES ideia de um hotel de negócios cinco-estrelas próximo ao aeroporto de Mumbai que se diz ecológico parece inacreditável. Mas, se você está preocupado com o impacto ambiental de seu voo, pode corrigir um pouco isso hospedando-se no Orchid. Como se vê na quantidade cada vez maior de prêmios que este hotel pioneiro continua acumulando, o empreendimento inovador pode tornar mais leve o impacto das emissões de carbono de sua viagem.

O projeto e os materiais de construção são uma fusão de bom senso e modernidade. As depressões e saliências da fachada, por exemplo, desempenham importante papel na conservação de energia, já que a maior parte dos espaços vazios permanece à sombra, minimizando a radiação solar sobre a superfície. Um átrio central recebe iluminação natural e permite que os 72 quartos ao seu redor fiquem protegidos dos elementos externos. Além disso, a piscina na cobertura traz mais isolamento.

Embora o hotel pareça ter sido construído com materiais convencionais de impacto ambiental negativo, trata-se, mais uma vez, de uma ideia errada. Os dois tipos de concreto usados contêm altas proporções de *fly ash*, o que oferece excelente isolamento térmico e sonoro contra o incessante tráfego aéreo, e as paredes internas são feitas de resíduos de fertilizantes químicos. Esse cuidado com os materiais de construção e decoração se estende às janelas de vidro triplo, à madeira reciclada usada no restaurante e à madeira de seringueira reconstituída de que são feitos os

batentes e persianas das janelas. O consumo de água é reduzido graças ao uso de restritores, cisternas de fluxo duplo, reciclagem do esgoto e irrigação por gotejamento, e a instalação de lâmpadas de baixo consumo reduziu a conta de eletricidade do hotel em incríveis US$75 mil ao longo de um ano. Um sistema de controle de gases reduz a poluição do ar causada pela caldeira, e instrumentos de controle de temperatura otimizam a eficiência dos refrigeradores e frigobares.

Embora os quartos estejam em aparente conformidade com os padrões de um hotel de negócios cinco-estrelas, uma inspeção mais detalhada revela o grande comprometimento do Orchid em criar um diferencial na indústria hoteleira. Uma chave no sistema de ar-condicionado central eleva automaticamente a temperatura em 2 °C para economizar energia, os cabides são feitos de serragem reciclada e as cestas de frutas e os jornais são distribuídos apenas quando solicitados, para diminuir o desperdício. Produtos naturais aiurvédicos estão disponíveis nos banheiros, e os sacos da lavanderia e de compras são de tecido, para reduzir o uso do plástico.

O nível de inovação se estende além do hotel, na comunidade local, onde os vários programas apoiados pelo Orchid têm tido um impacto positivo, entre eles o programa de compostagem Nirmalaya, que transforma em adubo orgânico todo o lixo produzido nos dez dias do festival anual em honra a Ganesh – de guirlandas a oferendas.

Aqui, todos os detalhes parecem ter sido cuidadosamente planejados, da responsabilidade do hotel para com o ambiente e a comunidade a minúcias como os palitos de dentes de cravo-da-índia oferecidos ao fim das refeições.

ECO**INFO**

Quartos: 245 quartos, de quartos de luxo a suítes presidenciais.

Preços: A partir de Rs14.000 (US$350) por noite em quartos de luxo, com café da manhã incluído.

Local: Vizinho do aeroporto de Mumbai (Bombaim).

Melhor época: O ano todo.

Como chegar: 5-10min de táxi do aeroporto até o hotel.

Emissão de CO_2: Voo para Mumbai, de Nova York 3,85t; de Londres 2,03t; de Sydney 2,99t.

Custo da neutralização: US$57,20; £15,25; A$56.

Responsabilidade: O Orchid é considerado um diferencial entre os hotéis urbanos cinco-estrelas, provando que um moderno prédio de concreto pode fazer avanços significativos na redução do impacto sobre o ambiente. Enquanto muitos hotéis se apoiam em atividades de relações públicas para divulgar sua imagem, o Orchid tem mostrado que cumprir o prometido pode ser mais importante do que os resultados financeiros.

Ambiental: ØØØØØ

Social: ØØØØ

Wildernest Nature Resort

Swapnagandha, próximo a Sankhali, Chorla Ghats, Goa, Índia
+91 (0)8314 207954 / www.wildernest-goa.com / reservations@wildernest-goa.com

NÃO IMPORTA o que digam os mochileiros, Goa não é feita apenas de belas praias. Tem também um interior que rivaliza com o de qualquer estação de montanha da Índia. Wildernest é um paraíso naturalista que nasceu da intenção altruísta de preservar uma área de 180 hectares da invasiva mineração de bauxita que tinha devastado grande parte do território de Goa. A 800 metros do nível do mar, o local oferece magníficas vistas da costa e do sol que se põe atrás das enevoadas montanhas azuis.

O foco do hotel é a preservação da vida selvagem, que aqui conta com 140 espécies de pássaros, 30 diferentes mamíferos e 150 plantas medicinais. Duas vezes por dia, guias locais treinados levam os hóspedes a cavernas e cataratas, entre elas as de Vazra, uma impressionante queda-d'água de 142 metros. Ecologistas residentes estão disponíveis para responder a qualquer questão, e zoólogos são convidados para dar palestras ilustradas ao cair da tarde, antes do jantar, quando os hóspedes se reúnem ao redor da lareira para partilhar histórias das explorações do dia.

Os 16 chalés foram construídos de modo a criar baixo impacto ambiental. Alguns têm vista para o desfiladeiro, enquanto outros estão suspensos acima da floresta circundante. Grandes tubos de bambu escondem a iluminação e criam resistentes corrimãos, e velhos dormentes de estrada de ferro servem de apoio ao bar Cloud 9 e formam rústicas varandas. A acácia australiana, plantada a princípio para fornecer lenha, é fornecida

por projetos de reflorestamento próximos e é utilizada no mobiliário do hotel, inclusive nas persianas que refrescam o ambiente. Os quartos têm uma decoração minimalista, mas de bom gosto, com cortinas de algodão branco e lajotas de terracota, enquanto as torneiras e duchas oferecem um luxo raro na Índia: boa pressão de água. Esse conceito de *design* se estende ao restaurante, onde o telhado em duas camadas ajuda a resfriar o ambiente. Aqui, um impressionante bufê é servido sobre um imenso balcão feito de troncos de madeira. No exterior, a forma orgânica da piscina de borda infinita se mistura à paisagem, permitindo ao hóspede flutuar acima de um abismo.

Atualmente, seis chalés são alimentados por energia solar, mas em breve todos os outros também abandonarão os atuais geradores. Foi feito um estudo para o uso de energia eólica, cuja turbina vai gerar energia suplementar para o resort e para a vila próxima. A água do esgoto é tratada biologicamente, e todo o lixo plástico é reciclado na cidade mais próxima.

Para ajudar a preservar a área, foi fundado um departamento de conservação para monitorar o ambiente a longo prazo. Além disso, foi criado um corredor de biodiversidade, dando aos mamíferos de grande porte a liberdade de movimento de que eles necessitam. Desde então, descobriu-se que alguns leopardos e um tigre se beneficiaram dessa iniciativa neste cantinho de Goa, que é partilhado com alguns dos mais impressionantes mamíferos da Índia.

ECO**INFO**

Quartos: 15 chalés para 2 pessoas e 1 chalé familiar.

Preços: Chalés com vista da floresta a partir de Rs6.000 (US$148) por noite; chalés com vista do vale a partir de Rs7.000 (US$173) por noite; chalé familiar com vista do vale por Rs10.000 (US$248) por noite.

Local: Acima do vale Swapnagnadha, a 27km de Sankhali e 65km da capital de Goa, Panjim.

Melhor época: O ano todo, mas, durante a época das monções (jun-ago) a floresta renasce.

Como chegar: De Mumbai, 1h de avião até Goa e 2h30 de táxi até o Wildernest. Outra opção é viajar 12h de trem de Mumbai a Thivin, e um táxi até o hotel.

Emissão de CO_2: Voo para Goa via Mumbai, de Nova York 3,97t; de Londres 2,15t; de Sydney 3,12t. Traslado 0,03t. Não há índices para as emissões de trem na Índia.

Custo da neutralização: US$59,60; £16,45; A$59.

Responsabilidade: O Wildernest inspirou-se em um projeto de longo prazo comprometido em oferecer uma experiência de baixo impacto ambiental e educacional para a região. Especialistas do campo da botânica e da zoologia garantem aos hóspedes o máximo aproveitamento da vivência no hábitat natural.

Ambiental: 4/5

Social: 3/5

Yogamagic Canvas Ecotel

Bapougue, 1586/1 Grand Chinvar, Anjuna, Bardez 403509, Goa, Índia
+91 (0)832 562 3796 / www.yogamagic.net / info@yogamagic.net

O YOGAMAGIC parece ter nascido não só da divina providência, mas também de um projeto consciente. Os proprietários, Phil Dane e Juliet Leary, se conheceram em Goa, em 2003, quando Phil possuía apenas uma tenda Rajasthani, a recém-descoberta paixão pela ioga e o desejo de construir um refúgio em um pedaço de terra que lhe tinham oferecido em Anjuna. Entretanto, com uma carreira como compositor e produtor musical, Phil não tinha nenhuma experiência para administrar um empreendimento de turismo. Aí é que entra em cena Juliet, disposta a transformar o sonho em realidade. O resultado foi o Yogamagic.

Poucos anos depois, é difícil acreditar que os dois não tinham nenhum conhecimento de construção ou decoração, já que criaram um ambiente esteticamente maravilhoso e totalmente funcional. Durante a temporada de funcionamento do centro, os visitantes se hospedam em sete espaçosas tendas de lona, cada uma delas decorada em uma das sete cores do arco-íris, que correspondem aos sete chacras

ECO**INFO**

Quartos: 7 tendas para 2 pessoas e a suíte Maharani.
Preços: Rs2.750 (US$70) por tenda por noite, com café da manhã.
Local: No interior, perto das praias de Anjuna e Vagator, em Goa.
Melhor época: dez-jan é a alta estação. Abre 17 nov-31 mar.
Como chegar: Saindo de Mumbai, pega-se avião para Goa e daí uma corrida de 1h de táxi até o hotel.
Emissão de CO_2: Voo até Goa via Mumbai, de N. York 3,97t; de Londres 2,15t; de Sydney 3,12t. Traslado 0,04t.
Custo da neutralização: US$59,55; £16,40; A$59.

Responsabilidade: Tendo estabelecido as bases de um centro de ioga de baixo impacto ambiental, Phil e Juliet agora estão empenhados em um programa para estimular o cultivo de *jatropha* para a produção de biodiesel. Eles têm a intenção de que seja uma cooperativa de larga escala, que pretendem lançar junto com um projeto musical que levará Phil de volta aos estúdios, tudo para levantar fundos para a produção de biodiesel.
Ambiental: 4/5
Social: 3/5

ou centros de energia da ioga. Cada tenda é equipada com um banheiro adjacente e um toalete onde os dejetos são tratados com microorganismos e juntados ao lixo orgânico a cada dois dias, formando um produto de compostagem que não gera odor. Atualmente, os proprietários têm planos de expandir o número de unidades, criando estruturas de baixo impacto ambiental graças ao uso engenhoso de materiais reciclados.

Mas o talento do casal para a decoração é mais evidente na sua casa particular e na Suíte Maharani, que dela faz parte. Construída com blocos de laterita, existente no próprio terreno, a casa parece muito simples, mas conta com os mais modernos e sofisticados confortos. A atenção aos detalhes está sempre presente, das portas Rajasthani recuperadas às almofadas bordadas e belas luminárias artesanais.

A piscina é uma prova do talento natural deste casal de empreendedores: esculpida ao redor de uma ilha, cheia de arbustos floridos e pequenas palmeiras plantadas em meio às rochas. Plataformas submersas permitem ao hóspede sentar-se ao sol ou à sombra, ou no pavilhão ao lado da piscina, coberto com folhas de arroz. Pequenos tanques de água fresca são ligados à piscina principal e cobertos de lótus em flor. No tratamento da água, o cloro logo será substituído por ozônio ou água salgada, que eliminam a necessidade dos tratamentos químicos convencionais.

O pavilhão de ioga é uma estrutura baixa, comprida e aberta, com piso de barro compactado e teto de palha. Diferentes instrutores dão aulas durante a temporada, mas a prática da ioga não é absolutamente obrigatória – os hóspedes têm a liberdade de participar ou não. Também se pode visitar as praias próximas, as grutas secretas de Vagator ou o semanal mercado de pulgas de Anjuna, local de luaus mundialmente famosos.

Os que buscam paz e isolamento terão o prazer de constatar que o Yogamagic fica suficientemente afastado da agitação, para evitar qualquer interrupção à meditação. Aqui, nada distrai você, a não ser o leve ruído do vento nas folhas das palmeiras.

Nihiwatu

Kuta Poleng Complex Block C/2, Kuta 80361, Sumba, Indonésia
+62 (0)361 757149 / www.nihiwatu.com / info@nihiwatu.com

ELES CHEGAM de todas as partes do mundo, bronzeados de sol, descalços e cheios de expectativa. São os peregrinos que se dirigem a Nihiwatu – meca de surfe que está emergindo em um canto remoto da Indonésia. Com 2 quilômetros de praias desertas, ladeada por um promontório e cercada por 177 hectares de florestas tropicais, Nihiwatu é de uma beleza ímpar. Mas só quando se chega ao bar e restaurante de chão de areia, suspenso sobre as ondas, é que se entende o porquê de tantos surfistas: a imensa onda *"fat left break"*, que fez a fama de Nihiwatu.

Aborrecido com a proliferação do que ele chama de "favelas do surfe", as acomodações baratas que arruinaram muitas praias da Indonésia e geraram um desenvolvimento predatório, Claude Graves decidiu agir. O resultado é Nihiwatu, o Santo Graal dos que querem chegar a Sumba, pequena ilha a leste de Bali. O compromisso de Claude de preservar o santuário é tal que apenas nove surfistas podem pegar a mesma onda, ao mesmo tempo.

Embora a conversa no bar quase sempre gire em torno de manobras e tubos, Nihiwatu não se restringe ao surfe. A pesca e o mergulho são excelentes, trilhas de mountain-bike serpenteiam pela floresta circundante, e pode-se caminhar até cachoeiras, passando por sítios arqueológicos da Idade da Pedra e vilas tradicionais. Para se recuperar da caminhada, mergulhe na piscina de borda infinita que dá para a praia, faça exercícios suaves de *hatha yoga* ou entregue-se a uma massagem no spa.

ECO**INFO**

Quartos: 7 chalés para 2 pessoas, 2 *villas* (para até 4 pessoas) e 1 grande *villa* (apenas para grupos)
Preços: A partir de Rp3.652.100 (US$390) por chalé por noite, e a partir de Rp7.866.200 (US$840) por *villa* por noite, refeições incluídas.
Local: Sumba fica 400km a leste de Bali.
Melhor época: O ano todo; a estação das chuvas é entre jan-mar.
Como chegar: De Denpasar, em Bali, voe para Tambolaka, no oeste de Sumba, de onde Nihiwatu oferece traslado por rodovias (4-5h no total).
Emissão de CO_2: Voo para Denpasar, de Nova York 5,36t; de Londres 5,84t; de Sydney 1,28t. Traslado 0,17t.
Custo da neutralização: US$82,20; £30,10; A$27,10.

Responsabilidade: Nihiwatu é líder mundial no estabelecimento de novos padrões para o turismo responsável. Sua obra social transformou a vida de milhares de nativos e criou um modelo que pode ser aplicado em outras partes de Sumba.
Ambiental:
Social:

Mas a realização do projeto não foi fácil. Com a mulher, Petra, Claude levou anos perseguindo seu sonho tropical, abrindo picadas na selva até descobrir Nihiwatu. O casal viveu no local durante sete anos, em um abrigo rústico, lutando contra a malária, criando laços com a comunidade e desenvolvendo os planos para o seu empreendimento de baixo impacto. Hoje, escondidos entre as árvores e de frente para o espetacular Índico, erguem-se sete chalés de luxo e duas *villas*, cuja construção integra bambu e palha de *alang-alang* com portas corrediças de vidro, com mínima interferência na vegetação nativa. Eles têm planos de converter os geradores elétricos para biodiesel.

Além de empregar os membros da comunidade local, que constituem 98% do pessoal, em 2001 Claude criou a Fundação Sumba, para reinvestir na economia local. Até hoje, mais de US$2 milhões foram destinados a projetos que vão da construção de escolas a clínicas de saúde, o que vem reduzindo os níveis endêmicos da malária.

À medida que o turismo chega a regiões mais remotas, Nihiwatu é um exemplo de desenvolvimento sensível. Se você está surfando uma onda ou sentado numa poltrona com um drinque na mão, sua visita vai beneficiar a população local.

Panchoran Retreat

Nyuh Kuning Village, Ubud, Gianyar 80571 Bali, Indonésia
+62 (0)361 974028 / www.lindagarland.com / info@lindagarland.com

AO LONGO dos últimos 15 anos, Linda Garland se firmou como autoridade mundial na arte do bambu, um material ecológico por excelência. Carinhosamente chamada de Rainha do Bambu, Linda aplicou sua paixão por esse recurso inexplorado em decoração, roupas, alimentos, joias e até na fabricação de cerveja. No Panchoran Retreat, em Bali, ela integrou o material em todos os aspectos da espetacular construção que tomou forma a partir de seus sonhos.

O bambu está presente em toda parte, do edifício aos castiçais, camas sofás e luminárias. Este é o centro do reino de bambu de Linda, com campos de arroz e um desfiladeiro profundo, onde cascatas despencam em lagoas espelhadas, ótimas para um mergulho. Penduradas acima desta paisagem encantada, erguem-se casas de baixo impacto ambiental, entre elas a River House, a Waterfall House e a New Waterfall House.

Nos últimos 25 anos, a luxuriante propriedade vem sendo cultivada por Linda, que permitiu que edifícios e jardins crescessem lentamente em perfeita simbiose. A área de 10 hectares é cercada por uma área equivalente de floresta preservada, de modo que a sensação de isolamento é perene. Uma das muitas atrações de se hospedar aqui é que, para chegar aos restaurantes e lojas da cidade próxima de Ubud, centro da rica herança cultural de Bali, é só atravessar a floresta dos Macacos em uma curta caminhada ou um passeio de bicicleta.

Nas três casas, o bom gosto impera, criando um ambiente suntuoso e ao mesmo tempo de elegante simplicidade. Os padrões são altos, da

roupa de cama de linho branco imaculado aos luxuosos banheiros, mas o tom dominante é de praticidade e discrição. Os chuveiros, incrustados em rochas, são abertos para um céu estrelado. A *alang-alang*, cuja palha cobre os telhados, é plantada no local, assim como o bambu e a madeira usados na construção. A propriedade é abençoada com 42 fontes naturais, capazes de alimentar *jacuzzis* e piscinas naturais com água fresca e limpa, minimizando a necessidade de tratamento químico. Em uma das casas, um imenso sofá-cama fica suspenso sobre o rio.

Panchoran cumpre a maioria dos requisitos de sustentabilidade. Tem um programa de reciclagem e planeja expandir os projetos de energia renovável com mais energia solar e hídrica. A paixão de Linda pelo bambu se estende além da propriedade. Sua Environmental Bamboo Foundation tem catalisado projetos não só na comunidade, mas também em outras partes da Indonésia e do mundo. A partir da observação do lago onde vivem 200 espécies, ela pode indicar o que deve ser usado para regenerar as bacias hidrográficas e remover os poluentes à beira das estradas. Uma visita a Panchoran não estará completa sem ouvi-la falar, com seu contagiante entusiasmo, sobre as propriedades dessa planta extraordinária.

ECO**INFO**

Quartos: River House (3 quartos de casal), Waterfall House e New Waterfall House (2 quartos de casal cada).

Preços: A partir de Rp1.874.100 (US$200) por pessoa por noite.

Local: Na periferia de Ubud, 30km ao norte de Denpasar.

Melhor época: O ano todo, mas a estação das chuvas é entre jan-mar.

Como chegar: De Denpasar, 1h30 de táxi até o hotel.

Emissão de CO_2: Voo para Denpasar, de Nova York 3,36t; de Londres 3,84t; de Sydney 1,28t. Traslado 0,02t.

Custo da neutralização: US$79,90; £28,95; A$24,25.

Responsabilidade: A sustentabilidade sempre esteve arraigada na concepção de Panchoran, vital também para a divulgação do trabalho feito para promover o bambu no mundo. A propriedade é administrada de modo fluido, informal e orgânico, oferecendo informações, plantas e recursos a quem estiver interessado.

Ambiental: 4/5

Social: 4/5

Devo visitar Mianmar e as Maldivas?

DA MESMA forma que a África do Sul foi excluída por viajantes socialmente responsáveis durante a época do *apartheid*, hoje é melhor evitar alguns países de regimes repressivos e violação dos direitos humanos. Dois exemplos atuais são Mianmar (Birmânia) e as Maldivas. Entretanto, muitos vão argumentar que, ao tomar essa posição contra os governos no poder, estaríamos privando comunidades dependentes do turismo de uma receita muito necessária. A pergunta que você deve se fazer é: para onde vai meu dinheiro?

Com algumas das paisagens e atrações mais espetaculares do sudeste da Ásia, como os templos de Pagan, Mianmar é governado por uma junta que nas últimas duas décadas vem reprimindo o movimento democrático liderado por Aung San Suu Kyi. Campanhas destinadas a boicotar o turismo ao país atraíram o apoio de políticos, dignitários e celebridades de todo o mundo (www.burmacampaign.org.uk / www.uscampaignforburma.org). A própria Aung San Suu Kyi tem conclamado os turistas a não visitar Mianmar, e afirma-se que em nenhum outro lugar do mundo a ligação entre turismo e violação de direitos humanos é mais forte. Grande parte da recente infraestrutura de turismo, de novas rodovias a hotéis, foi construída com trabalho escravo e infantil. O regime alega que o turismo gera ao país US$100 milhões ao

ano, mas o que ocorre na verdade é o controle estatal da indústria do turismo. Como 50% do orçamento nacional é gasto na máquina militar e apenas 38 centavos de dólar por pessoa na saúde, é difícil imaginar que uma visita a Mianmar vá melhorar a vida da população.

Poucos casos de potencial boicote são tão inequívocos como o de Mianmar. Embora o governo das Maldivas, por exemplo, seja acusado de despotismo, tendo colocado os opositores do regime na prisão, um boicote total não seria o caso, porque uma abordagem responsável e ética ao turismo pode beneficiar a população local. Grupos como os Friends of Maldives (www.friendsofmaldives.org) fornecem uma lista atualizada de resorts que merecem um boicote devido a suas ligações com ministros corruptos do partido do governo. A organização britânica Tourism Concern (www.tourismconcern.org.uk) também desenvolve uma campanha por condições de vida mais justas e pela divisão dos benefícios do turismo nas Maldivas. Afirma que, enquanto os turistas desfrutam férias de luxo, grande parte da população local vive na pobreza. Frutas e verduras frescas quase nunca chegam à população, porque vão diretamente para as ilhas turísticas, e um relatório da ONU mostrou que 30% das crianças abaixo de 5 anos sofrem de desnutrição. Ao mesmo tempo, o governo maldívio impõe restrições à liberdade de expressão, de modo que a população local é proibida de se manifestar contra essas injustiças. Alguns hotéis das Maldivas tem uma visão mais responsável (*ver* Soneva Fushi, págs. 246-7), provando que o turismo pode ser uma força positiva nas Maldivas. Como sempre, se você tiver dúvidas no momento de escolher um destino turístico, vale a pena pesquisar.

The Boat Landing Guest House

PO Box 28, Ban Khone, distrito de Luang Namtha, província de Luang Namtha, Laos
+856 86 313 398 / www.theboatlanding.com / theboatlanding@yahoo.com

ECO**INFO**

Quartos: De casal pequenos e grandes, suítes e 1 quarto para 4 pessoas.
Preços: A partir de LAK274.000 (US$28) por noite, com café da manhã.
Local: Vila de Ban Khone, em Luang Namtha, a 135km de Udomsai. A Guest House é vizinha do ancoradouro do rio Namtha, a 6km da cidade.
Melhor época: Nov-abr.
Como chegar: Da capital do Laos, Vientiane, 1h de voo até Udomsai, depois de 3 a 5h de ônibus ou carro.
Emissão de CO_2: Voo para Udomsai via Vientiane, de Nova York 4,31t; de Londres 2,81t; de Sydney 2,30t. Traslado de carro 0,08t; de ônibus 0,04t.
Custo da neutralização: US$65,25; £21,70; A$44,60.

Responsabilidade: O projeto de baixo impacto ambiental e a operação socialmente consciente da Boat Landing existem desde sua concepção, garantindo uma evolução orgânica e o cuidado com a comunidade maior. O envolvimento da comunidade local no projeto e o clima de grande família existente no local criaram uma experiência autêntica e responsável na região.
Ambiental: 4/5
Social: 4/5

ISOLADA DO mundo exterior desde o início da década de 1960, a província de Luang Namtha é um dos raros locais que continuam preservados no século 21. Fazendo fronteira com a China, ao norte, e com o estado de Shan, em Mianmar (Birmânia), a oeste, lar de uma grande diversidade de grupos étnicos, este cantinho esquecido da Indochina tem uma rica biodiversidade, paisagens esplêndidas e muitas possibilidades para o turista de aventura.

Reconhecendo esse potencial, a Boat Landing Guest House opera em conjunto com uma companhia-irmã, a Green Discovery, para abrir a região ao turismo de uma maneira responsável e de baixo impacto ambiental, criando um modelo para o ecoturismo apoiado na comunidade. Com a colaboração entre um funcionário da agência de ajuda americana, Bill Tuffin, e um casal local, Sompawn e Joy

Khantisouk, o hotel ecológico foi criado num bosque às margens do rio Namtha. Os planos iniciais de uma mansão em estilo colonial francês logo foram abandonados em favor de uma arquitetura local e do uso de materiais naturais e ecológicos. Os painéis das paredes são de ratã, a madeira tem origem em projetos de sustentabilidade, e o uso do cimento foi reduzido a quantidades mínimas necessárias às fundações.

Da perspectiva ambiental, a Boat Landing desempenha um papel positivo, do uso da energia solar para aquecimento da água à separação e reciclagem do lixo. O óleo automotivo usado é aplicado para tratar as madeiras, o lixo orgânico passa por compostagem e há iniciativas para proteger a biodiversidade da região do uso de pesticidas e herbicidas químicos. Todas as atividades oferecidas pelo hotel envolvem moradores e ajudam a preservar a Área Protegida Nacional Nam Ha com os recursos gerados pelas licenças de acesso. Desde 2001, a Green Discovery e a Boat Landing trabalham em conjunto com o Nam Ha Ecotourism Project, da Unesco, fixando os padrões para o turismo na região e, nesse processo, sendo agraciados com prêmios por uma prática responsável.

A culinária do Laos por si só justifica a viagem, e o cardápio regional da Boat Landing não é exceção, com um extenso repertório de delícias vegetarianas capazes de seduzir até o carnívoro mais inveterado. Usando alguns poucos ingredientes básicos, como o *gohan* (arroz japonês), uma espécie de canja e pastas de chilli, as refeições são servidas tradicionalmente em mesas baixas e redondas de ratã. Depois de um dia de caminhada ou de um passeio de bicicleta pelos bosques, poucas coisas na vida são mais gratificantes do que saborear essas delícias observando o fluxo de vida do rio, os moradores pescando, as crianças brincando e pássaros e borboletas iridescentes sobrevoando as águas lânguidas e preguiçosas.

Soneva Fushi Resort

Ilha de Kunfunadhoo, atol Baa, Maldivas
+960 660 0304 / www.sixsenses.com / reservations-fushi@sonevaresorts.com

A SIMPLES ideia de criar, numa das ilhas Maldivas, um resort de luxo de acordo com parâmetros ecológicos pode parecer uma contradição. Cercadas por alguns dos hábitats marinhos em maior risco de extinção no mundo, as ilhas Maldivas também estão muito ameaçadas pelas mudanças climáticas. Além de seu isolamento geográfico, a dependência de produtos importados e as constantes controvérsias que envolvem o governo em relação à violação de direitos humanos podem levar o leitor a se perguntar por que um resort no arquipélago foi incluído neste livro.

À primeira vista, Soneva Fushi pode passar despercebido, mas vale um segundo olhar. São 65 luxuosas *villas* construídas em meio à paisagem natural da ilha Kunfunadhoo. Ciclovias de areia serpenteiam pela luxuriante vegetação, onde os tentáculos de gigantescas figueiras desaparecem em um espesso tapete de folhas secas. Esta ilha de 40 hectares é apenas uma das 1.190 ilhas esparsas que constituem as Maldivas.

Cercada por um anel de praias deslumbrantes e recifes de coral, e por uma extensão de água que oscila do azul-claro a uma leve tonalidade safira, Kunfunadhoo é semelhante a outras ilhas da região – mas as acomodações que oferece a destacam entre todas.

O *slogan* de Soneva, "luxo inteligente", resume a fórmula criativa do resort, e a empresa-mãe, Six Senses, é uma das poucas a estabelecer a consciência ambiental dentro da indústria hoteleira de luxo. O desafio é

imenso. A demanda de energia de um hotel deste porte é enorme. Todas as *villas* dispõem de TV, DVD *player*, refrigerador, ar-condicionado e um desconcertante número de lâmpadas. Acrescente-se a isso as saunas, um equipamento de dessanilização e uma lavanderia funcionando a pleno vapor e a pretensão do Soneva de se tornar um estabelecimento "carbono zero" em 2010 parece uma causa perdida. Porém, trabalhando com consultores internacionais em arquitetura ecológica, a equipe do Soneva está no caminho certo para atingir a meta.

Nos últimos 15 anos, Sonu e Eva Shivdasani (daí o nome Soneva), o casal de empreendedores que dirige o grupo Six Senses desde sua fundação, se dedicaram à solução de numerosos problemas locais, forçando um boicote contra a pesca de tartarugas e criando projetos de educação ambiental nas ilhas vizinhas. As construções utilizam palha de palmeira produzida no local, postes telegráficos reciclados, madeira flutuante, teca originária de projetos de reflorestamento e outras madeiras nativas da ilha. Restaurantes e bares são estruturas abertas, com piso de areia para minimizar o uso do cimento. A atenção aos detalhes é impecável, dos sistemas de compostagem ao engarrafamento da água e à política de contratar a maioria do pessoal entre nativos das ilhas.

Embora Soneva ainda dependa de alimentos importados, passos importantes foram dados no sentido de formar horta e pomar próprios, este último local de um restaurante suspenso acima da copa das árvores. Cogumelos são cultivados em uma câmara subterrânea, normas estritas regem a pesca local, e até o caviar vem da única fonte de produção sustentável do mundo.

Em Soneva, a filosofia "sem notícias e sem sapatos", aliada a um ambiente despojado, mas elegante, torna o conceito de "luxo inteligente" uma realidade.

E, se atingir a meta de zero carbono em 2010, o mito de que sustentabilidade é igual a privação vai cair por terra.

ECO**INFO**

Quartos: 65 *villas* de luxo.
Preços: A partir de Rf7.000 (US$540) por *villa* por noite.
Local: A ilha fica 227km ao norte da capital, Malé.
Melhor época: O ano todo.
Como chegar: De Malé até o resort, são 25min de hidroavião.
Emissão de CO_2: Voo para Malé, de Nova York 4,42t; de Londres 2,45t; de Sydney 2,65t. Traslado 0,04t.
Custo da neutralização: US$66,20; £18,65; A$50,20.

Responsabilidade: A ideia de "luxo inteligente" que caracteriza o Soneva merece elogios pela inovação e pelo compromisso. A postura preventiva do *resort* em questões como a pesca de tartarugas e a educação ambiental nas ilhas vizinhas tem feito crescer o respeito que o empreendimento angariou na região. Se o ambicioso objetivo de "zero carbono" for conquistado e copiado, um novo dia vai nascer na indústria hoteleira de luxo.

Ambiental: 4/5
Social: 4/5

Three Camel Lodge

Nomadic Expeditions, LLC Building 76, Suite 28, 1-40,000, Peace Avenue, distrito de Chingeltei, Ulaanbaatar, Mongólia
+976 11 313 396 / www.threecamellodge.com / info@threecamellodge.com

EXISTE ALGO de surreal em desfrutar este nível de sustentabilidade e de conforto no deserto de Gobi. Dominada por um afloramento vulcânico de 54 milhões de anos e cercada pelo silêncio das dunas em uma paisagem cheia de fósseis de dinossauros e arte rupestre, qualquer um se sente insignificante diante da escala de tempo geológico e da infinitude do espaço. O deserto sempre foi um lugar místico, e no Three Camel Lodge isso não é exceção. É difícil não pensar nas "grandes questões" quando se está mergulhado em tão imensa quietude.

O hotel é uma obra-prima de arquitetura mongol, fielmente executada de acordo com os cânones da crença budista e construída sem usar um único prego. As sólidas paredes de pedra conservam o calor do dia, irradiando-o de volta para o interior durante as frias noites do deserto, e retêm o calor da lareira central. O resultado é um ambiente acolhedor, onde os hóspedes se reúnem para tomar um drinque e trocar as experiências de um dia de aventura entre as muitas atividades oferecidas. A varanda de madeira e o terraço exterior de pedra permitem horas de observação do céu estrelado, protegido da poluição luminosa que hoje esconde tais maravilhas na maior parte do mundo.

Os hóspedes ficam em 45 *gers*, tradicionais tendas dos povos nômades. Têm espaço suficiente para quatro pessoas e são decoradas com bom gosto, com móveis nativos e camas de madeira pintada. O ambiente é despretensioso. Lareiras fornecem calor à noite, e a energia elétrica vem de painéis solares e de uma turbina movida a energia eóli-

ca. Os banheiros são equipados no estilo ocidental, e o lixo é tratado biologicamente. Por isso, as marcas deixadas no deserto são mínimas, semelhantes às deixadas pela comunidade nômade tradicional. Se as tendas fossem removidas, poucos sinais restariam de sua presença de um hotel no local.

Em conjunto com uma empresa-irmã, as Nomadic Expeditions, a Three Camel Lodge oferece aos hóspedes uma grande variedade de viagens de aventura pelo deserto de Gobi, que abrangem passeios de camelo pelas dunas, cavalgadas pelos férteis vales, visita ao sítio Flaming Cliffs, onde os paleontólogos da Academia Mongol de Ciências promovem escavações de fósseis de dinossauros. Uma excursão a pé pode levar você pelas savanas do Parque Nacional Gorkhi-Terelj, a um passeio de caiaque pelas águas azuis e cristalinas do lago Baikal ou em busca do cavalo de Przewalski, a única espécie de cavalo selvagem existente no mundo.

Depois dessas aventuras, você terá muito o que conversar com seus companheiros de viagem ao pé da lareira do Three Camel Lodge. Poucos lugares no planeta podem oferecer uma experiência tão incomum e estimulante, principalmente em um lugar tão confortável e ao mesmo tempo ecologicamente sustentável.

ECO**INFO**

Quartos: 45 *gers* de feltro.
Preços: *Ger* para 2 pessoas de MNT82.880 (US$70) a MNT118.400 (US$100) por pessoa por noite, com refeições.
Local: Deserto de Gobi, a 640km de Ulaanbataar, ao lado do Parque Nacional Gobi Gurransaikhan, a cerca de 1h30 de Bulgan Soum.
Melhor época: Maio-set.
Como chegar: De Ulaanbataar, 1h30 de voo até Dalanzadgad, onde se pode conseguir uma camionete.
Emissão de CO_2: Voo para Dalanzadgad via Ulaanbataar, de Nova York 2,99t; de Londres 1,96t; de Sydney 2,98t. Traslado 0,04t.
Custo da neutralização: US$47,20; £16,05; A$59.

Responsabilidade: O hotel tem impacto mínimo no deserto, pois usa energias renováveis e esgoto biológico. Opera com uma empresa parceira, as Nomadic Expeditions, para criar e patrocinar projetos educacionais ecológicos, e forma guias e motoristas segundo os princípios do turismo sustentável e responsável.
Ambiental:
Social:

Tiger Mountain Pokhara Lodge

GPO Box 242, Gongabu, Kathmandu, Nepal
+977 (0)1 4236 1500 / www.tigermountain.com / info@tigermountain.com

ECOINFO

Quartos: 19 no total, entre os de casal, triplos e familiares.
Preços: A partir de NRs13.000 (US$200) por pessoa por noite, com refeições.
Local: A menos de 1h de carro de Pokhara, a 175km de Katmandu.
Melhor época: Mar-mai ou set-nov, quando há dias quentes e noites frias.
Como chegar: De Katmandu, voo de 30min, ou 6h de ônibus a Pokhara, onde se pode conseguir uma camionete. Outra opção é dirigir por 4h30 diretamente até o hotel.
Emissão de CO_2: Voo para Kathmandu, de Nova York 3,68t; de Londres 2,07t; de Sydney 2,84t. Traslado de avião 0,08t; de ônibus 0,03t; de carro 0,12t.
Custo da neutralização: US$56,50; £16,45; A$55,40.

Responsabilidade: O compromisso da Tiger Mountain com o turismo responsável é sincero. O número de pessoas por grupo é restrito, os guias são bem treinados, o lixo é recolhido adequadamente, e a energia solar é utilizada onde for possível, nas casas das árvores e nos bangalôs. Utiliza a produção local orgânica, recruta pessoal na região e apoia obras locais de assistência.
Ambiental: 4/5
Social: 4/5

DESPERTE, belisque-se e alegre-se. Você está o mais perto do paraíso que um simples mortal pode chegar, e essa clara visão celestial está envolvendo todo o seu ser com uma sensação de paz. Perfeitamente emoldurados à sua frente erguem-se três dos mais altos picos do planeta – Dhaulagiri, Manasulu e o famoso Annapurna –, todos acima dos 8.000 metros.

Situado 300 metros acima do impressionante vale Pokhara, o mais recente hotel da rede Tiger Mountain é também o mais extraordinário e exclusivo. Construídos em pedra talhada a mão, 13 bangalôs, com 19 quartos, estão todos estrategicamente situados para oferecer as vistas mais estupendas e desfrutar o luxo de jardins particulares. Os pisos revestidos de tábuas de madeira, o calor sensual dos tapetes tibetanos de lã e as cobertas de cama de um vermelho profundo criam uma sensação de conforto e aconchego fundamental ao luxo na grande altitude. Sente-se confortavelmente com um drinque na mão, absorva o brilho do pôr-do--sol no Himalaia e agradeça por ter tido a sorte de estar aqui.

A empresa The Tiger Mountain foi fundada no início da década de 1960, e o Pokhara Lodge vem juntar-se ao Tiger Tops Jungle Lodge, Tented Camp and Karnali Lodge e Tented Camp para oferecer ao hóspede todos os confortos necessários para uma perfeita aventura no Himalaia. Safáris de elefantes, caminhadas na selva, montanhismo, rafting, observação de pássaros, exploração do rio – tudo está à disposição e além das expectativas. Você pode sair à procura de rinocerontes, ursos ou do tigre-de-bengala, ou tentar avistar algumas

das 450 espécies de pássaros aqui existentes. O rafting não exige nenhuma experiência anterior, já que os seis rios próximos oferecem seis diferentes níveis de dificuldade. Os viciados em adrenalina vão querer conhecer as corredeiras de Jailhouse Rock e Inversion, no Karnali, garantia de grandes emoções.

Depois do esforço do dia, entregue-se a uma massagem de *shiatsu*, faça uma aula de ioga com o instrutor residente ou mergulhe na lagoa isolada acima do rio Bijaypur, onde o reflexo do pico Machhapuchhare cintila na superfície como uma miragem perpétua. Recuperado de suas intrépidas investidas no teto do mundo, você terá muito o que conversar ao pé da lareira principal do hotel, onde o bar fica aberto "até o último cliente". Quem desejar um prazer mais sóbrio pode visitar a biblioteca do coronel Jimmy Roberts (um dos fundadores da Tiger Mountain), uma interessante coleção de obras sobre escaladas no Himalaia. Quando o sono finalmente chegar, relaxe em meio a arbustos nativos, bambuzais e árvores frutíferas, sente-se em sua varanda e tente lembrar que isto é real.

Sem carma

Depois de ficar uma semana na vila ecológica de Ulpotha, no Sri Lanka, para escapar das tensões da civilização, **Rory Spowers** voltou com uma sensação renovada de paz interior.

CHEGOU O momento de abraçar sua "criança interior". A vida nesta Terra do Nunca no Sri Lanka é simples e despreocupada como a das crianças. Enquanto você brinca num lago de águas frescas, escala as montanhas ou visita cavernas, Ulpotha provoca uma alegre sensação de encantamento que a vida moderna quase sempre nos nega. É uma vida simples e inocente, exótica e divertida. Poucos lugares podem oferecer uma mistura tão sutil de satisfação sibarita e conforto ascético. Basta você sentir a necessidade de alguma coisa – uma bebida, algo para beliscar, um lugar onde relaxar sob uma majestosa figueira –, ela surge milagrosamente, como se cada um de nossos pensamentos se materializasse. A vida apenas flui, sem esforço.

No início, a transição do Ocidente urbano para uma vila rural na Ásia foi um choque. Viver sem eletricidade em uma cabana de

Nesta pág.: Materiais naturais são amplamente usados em Ulpotha; spa ayurvédico. Pág. ao lado: O ambalama (pavilhão de repouso)

barro aberta, comer pratos de aparência bizarra e desintoxicar-se de uma dieta de café forte me fez sentir deslocado. Para alguns dos meus companheiros visitantes, esses primeiros dois dias foram de desconforto: a diferença de fuso combinada à mudança no espaço-tempo os deixou um tanto desnorteados. Até a luz parecia diferente. Mas assim que se adaptaram ao ritmo da vida em Ulpotha, ninguém mais queria sair de lá. A vila é espartana, mas sofisticada; básica, mas rica; simples, mas bela.

Iniciei minha temporada com exercícios de ioga em um pavilhão aberto onde soprava uma brisa agradável. Ulpotha atrai um fluxo contínuo de excelentes mestres de todos os tipos de ioga, da suave *hatha* à revigorante *ashtanga*. Todos os alunos encontram o seu lugar, do novato ao experiente. O ambiente em Ulpotha impede qualquer sensação de exclusão, de modo que, mesmo que você nunca tenha meditado ou feito a "saudação ao sol", não será deixado de lado. Os mestres estabelecem seus horários, mas em geral oferecem uma aula pela manhã e outra no fim da tarde. Como tudo o mais em Ulpotha, das refeições às gentis massagens diárias e aos cuidados recebidos no spa ayurvédico, as aulas de ioga também estão incluídas no preço da estadia. Portanto, aproveite. Ninguém vai fazer cara feia se você decidir ficar na cama ou numa rede em vez de trabalhar as posturas da ioga.

O café da manhã é um calmo entra-e-sai no *kade* (estábulo). Beba uma caneca de chá feito de folhas frescas, delicie-se com bananas com gosto de bananas de verdade ou experimente uma panqueca recheada de coco e *jaggery*, o açúcar escuro extraído da palmeira *kitul*. Apaixonei-me pela *kola-kanda*, que parece um *milkshake* de ficção científica, capaz de garantir uma força sobre-humana, mas na verdade é um mingau de arroz preparado com *gotu-kola*, uma

Nesta pág.: Ingredientes locais frescos e delicados condimentos fazem parte de nutritivas refeições. Cansou-se da ioga? Vá remar no lago de águas limpas.

erva famosa pelas propriedades antienvelhecimento e muitos benefícios à saúde.

Devidamente estimulado por esse combustível no início do dia, eu descia lentamente as trilhas de terra até o *wedegedara*, ou spa ayurvédico. Durante minha consulta gratuita, o dr. Srilal, médico ayurvédico residente, determinou meu tipo corporal, ou *dosha*, me prescreveu uma dieta e sugeriu tratamentos durante minha estada. Esses pacotes são adaptados às necessidades individuais e constituem o único custo extra na estadia. Um mínimo de uma semana é exigido, mas os programas mais complexos podem requerer um mês para um resultado satisfatório. As terapias tradicionais de desintoxicação abrangem banhos suavizantes de ervas, massagens com óleo e banhos com ervas e especiarias dentro de uma enorme cesta de vime. Embora pareça uma câmara de tortura de um filme de James Bond, não deve ser motivo de alarme: é muito segura e agradável. Algumas terapias de desintoxicação, por outro lado, não são adequadas a quem tem coração fraco, porque envolvem clister e vômito. Você será avisado.

O almoço e o jantar são servidos no *ambalama* (pavilhão de repouso) no centro de Ulpotha. Uma impressionante variedade de *curries* elaboradamente preparados, servidos em tigelas de barro, é lindamente disposta sobre uma imensa esteira de madeira. O raro arroz vermelho se combina com o delicado sabor condimentado de legumes e verduras, todos plantados em Ulpotha, e acompanhados de chás ayurvédicos ou de um suco medicinal feito do marmeleiro-de-bengala. Você jamais vai fazer refeições como essas, em nenhum lugar. O *ambalama* também é o local de encontro da comunidade de Ulpotha, onde os hóspedes se reúnem para comer, conversar ou apenas relaxar com um livro, absorvendo a tranquilidade que permeia a vida aqui. Em pouco tempo, senti como se semanas tivessem se escoado, hipnotizado por borboletas durante o dia e vaga-lumes à noite.

A atividade física não se restringe à ioga. Todos os dias eu nadava e andava de bote pelo imenso lago de água doce, cercado por lótus e libélulas iridescentes. Do outro lado, os riachos desapareciam no meio da selva, e as excursões pareciam aventuras amazônicas. Eu caminhava pelas trilhas abertas na mata até o *ulpotha*, a nascente que dá nome ao lugar, enquanto outros iam visitar os xamãs ou monges ascetas em cavernas ou templos espalhados pelas colinas. E sempre se podia pegar uma bicicleta e pedalar até a vila vizinha ou se aventurar mais longe, em passeios de um dia a sítios antigos.

A maioria preferia ficar ancorada em Ulpotha, porque a combinação entre o *ambalama*, o lago e as massagens criavam uma deliciosa dependência da qual era difícil abrir mão. Um número constante de profissionais ocidentais visitam Ulpotha duas vezes por ano, adicionando sessões de acupuntura, reflexologia e outros tratamentos ao repertório ayurvédico do spa. Esses tratamentos também não têm nenhum custo adicional, de modo que, além dos meios de comunicação, da eletricidade e dos *cappuccinos*, você também pode se esquecer do dinheiro por um tempo.

Se isso está lhe parecendo muito virtuoso e respeitável demais, saiba que você tem liberdade de abrir a garrafa de uísque ou vinho que comprou no *free-shop* e dançar a noite toda ao som oferecido pelos músicos locais e às luzes cintilantes fornecidas pela natureza. Ulpotha não é um *ashram*. É um lugar onde a gente pode esquecer as pressões e se divertir.

ECO**INFO**

Local: Ulpotha fica 135km a nordeste de Colombo, perto da cidade antiga de Anuradapura.

Como chegar: Os hóspedes são recebidos no aeroporto de Colombo e levados numa minivan até Ulpotha; a viagem dura 3h.

Emissão de CO_2: Voo para Colombo, de Nova York 4,43t; de Londres 2,51t; de Sydney 2,52t. Traslado 0,08t.

Custo da neutralização: US$67,20; £19,45; A$48,70.

Onde ficar: São 12 cabanas de barro com 2 camas cada e 1 quarto familiar com 3 camas.

Preços: SLRs45.000 (US$1.300) por pessoa por semana, tudo incluído. Tratamentos ayurvédicos especiais: SLRs44.500 (US$400) por semana. Mínimo de uma semana.

Melhor época: São duas temporadas, de fim nov-fim mar e jun-ago.

Mais informações: www.ulpotha.com

Responsabilidade: Todo o pessoal é recrutado na região, os alimentos orgânicos são cultivados no local e a vila é autossuficiente em água. Não há energia elétrica, todo o lixo é reciclado, e os resíduos de carbono são praticamente nulos. A nova clínica ayurvédica oferece serviços gratuitos aos moradores, e a recuperação do esgoto transformou a vida das pessoas que dependiam dele. Para finalizar, Ulpotha não tem eletricidade nem equipamentos modernos, e faz uso inteligente dos recursos naturais.

Galapita

Buttala, Sri Lanka, Galapita, Sri Lanka
+94 (0)11 2508755 / www.galapita.com / paradiselanka@sltnet.lk

SE FOI carma, destino ou algo escrito nas estrelas, não se sabe, mas Galapita foi abençoado desde o início. Em uma peregrinação a Kataragama – local sagrado para os budistas, hindus, muçulmanos e comunidades indígenas do Sri Lanka –, o gemólogo Rukman De Fonseka se deparou com Galapita. Aqui, as águas volumosas do Menik Ganga, ou "Rio das Gemas", são comprimidas em uma estreita garganta e depois despencam em várias cascatas, criando piscinas e redemoinhos naturais ao se chocarem com rochas de mais de 2 bilhões de anos. Rukman comprou a terra e se dedicou a construir sua própria joia: um refúgio na selva, que só recentemente foi aberto ao público.

A chegada a Galapita não é complicada. Depois de percorrer 1 quilômetro numa estrada de terra, os veículos são abandonados e depara-se com um muro de barro, onde uma porta de madeira dá acesso a extensos terrenos e jardins. Depois de uma curta caminhada, chega-se ao rio e a uma ponte suspensa, mais fácil de atravessar quando se está sóbrio.

Na margem oposta fica o lugar onde você vai passar a noite, uma das várias cabanas de barro, onde cadeiras e camas apoiadas em plataformas de barro, cobertas com mantas de lã e almofadas, imploram sua atenção. Todas as estruturas foram construídas com materiais nativos, da palha de *illuk* que reveste os telhados aos galhos retorcidos que formam as moldu-

ras das cabanas. Todos os quartos oferecem lindas vistas do rio, do desfiladeiro e do glorioso céu estrelado. Famílias ou grupos podem se hospedar em uma *villa* afastada das acomodações principais, enquanto as casas das árvores talvez seduzam os românticos e aventureiros.

O uso do cimento foi reduzido ao mínimo necessário, e não há eletricidade, a não ser a fornecida por um pequeno painel solar. Praticamente todo o lixo passa pelo processo de compostagem, e a água é extraída de poços. As refeições são simples, preparadas com arroz, verduras, frutas, tudo cultivado organicamente na propriedade. O solo rico em minerais e as condições climáticas secas se combinam para intensificar o sabor de tomates, mangas e melancias. A comida é feita em forno a lenha, em vasilhas de barro chamadas *chuttees*, que, segundo Rukman, são responsáveis por no mínimo 25% do sabor dos alimentos.

Aqui há pouco, mas nada falta, nem mesmo um telescópio para observar as estrelas. São agendados passeios ao vizinho Parque Nacional Yala, onde se pode ver elefantes, crocodilos e talvez um leopardo, ou aos locais sagrados de e ao redor de Kataragama. Se você gosta de adrenalina, desça as corredeiras em um pneu de borracha quando as águas do rio estiverem altas.

Levando sua ligação com pedras preciosas um passo à frente, Rukman acaba de inaugurar em Galapita um spa ayurvédico mineral, que mistura várias pedras com tratamentos ayurvédicos capazes de aproveitar as propriedades curativas das pedras. Uma consulta com o médico ayurvédico residente pode resultar em um tratamento com compressas de ervas combinadas com certos minerais, ou banhadas em citronela, lima kafir, tamarindo ou folhas de frangipana e safiras em estado bruto.
Rukman também estimula os hóspedes de Galapita a "garimpar" o rio com uma cesta de vime. Várias safiras e olhos-de-gato em estado bruto foram encontrados, inclusive uma safira azul de 18 quilates. Como você pode ficar com qualquer pedra que encontrar, é fácil entender por que pode ser difícil viver em Galapita.

ECO**INFO**

Quartos: 5 prédios abertos de um lado, 1 *villa* e 3 casas nas árvores.
Preços: A partir de SLRs8.000 (US$80) por pessoa por noite, com refeições.
Local: Perto do km 31 da estrada entre Buttala e Kataragama. Galapita fica a 280km de Colombo.
Melhor época: O ano todo.
Como chegar: De Colombo, alugue uma van com motorista para a viagem de 6h até Galapita.
Emissão de CO_2: Voo para Colombo, de Nova York 4,44t; de Londres 2,51t; de Sydney 2,52t. Traslado 0,17t.
Custo da neutralização: US$68,50; £20,10; A$50,35.

Responsabilidade: Galapita usa materiais nativos na construção, cultiva alimentos orgânicos e é autossuficiente em água, tornando seu impacto sobre a região insignificante. Todo o pessoal é recrutado entre a população local e recebe uma porcentagem dos lucros.
Ambiental: 4/5
Social: 3/5

Samakanda Bio-versity

Nakiyadeniya, Sri Lanka
+94 (0)777 424 770 / www.samakanda.org / rory@samakanda.org

ECO**INFO**

Quartos: 2 bangalôs totalmente reformados e autossustentáveis.
Preços: A partir de SLRs8.400 (US$75) por bangalô por noite, com 1 refeição diária de *curry* e arroz. Estadia mínima: 2 noites.
Local: Saindo da cidade sulista de Galle, 40min de carro. Fica a 140km de Colombo.
Melhor época: Dez-abr e jul-ago.
Como chegar: De Colombo, voo de 15min por hidroavião até o vizinho lago Koggala, onde se pode conseguir uma camionete, ou uma viagem de carro de 4h até Samakanda.
Emissão de CO_2: Voo para Colombo, de Nova York 4,44t; de Londres 2,51t; de Sydney 2,52t. Traslado de avião 0,04t; de carro 0,08t.
Custo da neutralização: US$67,25; £19,50; A$48,75.

Responsabilidade: Embora esteja ainda em formação, o empreendimento tem objetivos louváveis e boas credenciais ecológicas. Quando o programa do curso estiver totalmente estabelecido e a segunda fase for completada, Samakanda será um destino de primeira para aqueles que desejam levar para casa algo mais do que lembranças.

Ambiental: 4/5
Social: 4/5

BEM-VINDOS à "bio-versidade", uma universidade para os ecoconscientes. Aqui se pode aprender um modo de vida autossustentável – e vê-lo em ação. Você não ganha um diploma, mas com certeza receberá uma boa educação; e ainda encontrará um lugar tranquilo onde se hospedar.

Não há como negar que Samakanda (Colina da Tranquilidade) é diferente. Embora reconheça que é uma empresa de ecoturismo, Samakanda dá igual ênfase ao fato de ser um centro de aprendizado ecológico. Com isso em mente, os proprietários cunharam o termo "bio-versidade" e abriram espaço a uma população mutável de professores e alunos.

O *campus* desta bio-versidade é uma "bacia" no coração de Samakanda, uma paisagem comestível onde abundam vegetais orgânicos, o raro arroz vermelho, frutas tropicais, ervas e especiarias. A inspiração para o conteúdo dos cursos e *workshops* – tanto faz se versam sobre técnicas ecológicas de construção, permacultura ou medicina ayurvédica – nasce do conceito de inteligência natural dos sistemas biológicos.

Samakanda é resultado da visão de Rory e Yvette Spowers, que se mudaram do Reino Unido para o Sri Lanka em 2004 para perseguir o sonho de viver de uma forma autossustentável. Aqui eles compraram uma antiga fazenda de chá de 40 hectares, que voltará a ser uma mata fechada depois de dez anos de abandono. A presença de fontes de água pura, solo fértil e quilômetros de terraços de pedra, combinada com o fato de que nenhum fertilizante químico ou pesticida havia sido usado no local desde que fora abandonado, fornecia o ambiente perfeito onde o casal podia plantar suas ideias de uma cultura orgânica.

Inaugurada em janeiro de 2007, Samakanda oferece acomodações em dois bangalôs reformados. Numa segunda etapa, serão construídas três Eco-Pods (cabanas de baixo impacto ambiental). As Eco-Pods irão maximizar o potencial de resfriamento passivo, captar a própria água, gerar a própria energia e tratar seu lixo biologicamente. O bangalô de três quartos fica no cume de uma montanha e tem água aquecida por energia solar, acesso à internet de alta velocidade, uma cozinha e um banheiro moderno. O chalé de dois quartos tem energia solar e funciona de modo semelhante. Um chuveiro externo foi posicionado dentro de uma espiral de bananas e é alimentado por um cano de bambu. As duas construções, que têm forno a lenha, uma tenda para as crianças e plataforma em cima de uma árvore, são ideais para famílias com crianças pequenas.

A propriedade se divide em sete zonas, entre elas a "bacia" de terras cultivadas, horta de temperos e trilhas para caminhadas e *mountain-bike*, que atravessam um refúgio de biodiversidade. Essa reserva ocupa a maior parte da propriedade e será preservada como hábitat de numerosos pássaros, mamíferos e répteis nativos, entre eles o gigantesco lagarto-monitor, ouriços e o raro pangolim noturno. Uma "zona de cura" está sendo desenvolvida ao redor de imensos rochedos, cavernas e figueiras, onde estão sendo plantadas ervas medicinais e plantas ayurvédicas raras.

Todas as pessoas empregadas no projeto vivem na vizinhança, os materiais de construção são obtidos no local e as refeições são preparadas com os produtos cultivados em Samakanda, do arroz e do curry às saladas verdes e os legumes assados no forno a lenha. Os hóspedes não têm a obrigação de participar dos cursos, *workshops* ou outras atividades oferecidas em Samakanda – afinal, relaxar em uma rede e desfrutar a vista e a tranquilidade do local fazem parte da experiência da bio-versidade.

Tree Tops Jungle Lodge

Buttala, Sri Lanka
+94 (0)777 036 554 / www.treetopsjunglelodge.com / treetopsjunglelodge@yahoo.com

NA CERTEZA de que paquidermes não sobem em árvores, o sono chega facilmente neste lugar. Do alto da casa na árvore pode-se ouvir os elefantes se movendo ruidosamente pela mata que circunda o hotel. Às vezes a gente até consegue avistá-los à luz monocromática da lua cheia. Lars Sorensen, o proprietário, chama isso de "turismo realista": uma experiência autêntica do hábitat selvagem. Chegar a Tree Tops Jungle Lodge já é uma aventura, segura apenas durante o dia, quando os elefantes não perambulam pela trilha esburacada que leva ao hotel.

O projeto começou em 1997 como um refúgio natural particular, com a intenção de preservar o elefante selvagem da Ásia, que estava ameaçado de extinção. Em 2002, o local foi aberto a pequenos grupos de visitantes. Prolongados períodos de seca obrigaram os fazendeiros

locais a buscar fontes alternativas de renda, ou seja, a caça proibida e o corte ilegal de árvores, o que levou à destruição da floresta e à perda da biodiversidade. Lançando as bases para um turismo responsável, Lars não só ofereceu um novo meio de vida, mas também um mecanismo natural de proteção da área, já que seu pessoal está sempre atento a idas e vindas ilícitas.

As simples cabanas de barro são quase invisíveis, já que integradas à paisagem. Todos os materiais usados na sua construção foram obtidos num raio próximo, de árvores caídas a excrementos de gato e barro – nem uma única árvore foi derrubada. O projeto das casas das árvores imita o das tradicionais cabanas *chena* construídas sobre árvores e usadas pelos fazendeiros para vigiar sua terra e protegê-la de elefantes intrusos, mas adota ideias novas de conforto e funcionalidade – entre elas, cadeiras esculpidas em barro, espaço para redes, lençóis de boa qualidade e mosquiteiros. Não há energia elétrica, o banho é feito numa fonte de água limpa e os pratos são preparados num fogão a lenha e nas tradicionais *chuttees* de barro, que parecem intensificar o sabor dos alimentos.

A principal razão para visitar Tree Tops são as excursões pela selva, que são feitas a pé, com guias locais experientes, no início da manhã ou no fim da tarde. Além da quase certa visão dos elefantes, a região está cheia de cervos, crocodilos, tatus, esquilos gigantes e javalis, assim como de uma grande variedade de pássaros, muitos deles nativos. Esta floresta tropical perene está também cheia de madeiras raras, como o ébano, além de uma farmácia viva de plantas medicinais ayurvédicas.

Os visitantes ávidos por cultura e os naturalistas vão ficar à vontade aqui, já que a região está cheia dos mais belos sítios arqueológicos do país, entre eles a pedra calcária cristalina de Buda em Maligawila, as cavernas de Arahat Kanda e o centro de peregrinação de Katargama. E os que estão preocupados com a proximidade dos paquidermes, tranquilizem-se, porque o hotel tem um bom estoque de tiros de festim para afastar qualquer intruso que se aproxime demais.

ECO**INFO**

Quartos: 1 casa na árvore com 2 camas e 1 cabana para 2 pessoas.

Preços: SLRs6.700 (US$60) por pessoa por noite, com refeições, sem atividades. Pacotes de 3 noites com tudo incluído por SLRs25.200 (US$225) por pessoa.

Local: 9km de Buttala, no sudeste do Sri Lanka.

Melhor época: O ano todo, mas é melhor evitar a estação das chuvas (out-jan). A selva permanece luxuriante até o calor de maio; jun-set é a melhor época para ver os elefantes.

Como chegar: De Colombo, alugue uma van para as 6h de viagem até Buttala. Verifique com o Tree Tops as condições da estrada e a melhor época para viajar.

Emissão de CO_2: Voo para Colombo, de Nova York 4,44t; de Londres 2,51t; de Sydney 2,52t. Traslado 0,17t.

Custo da neutralização: US$68,50; £20,10; A$50,35.

Responsabilidade: Sem eletricidade, com água de fontes naturais, materiais coletados na terra e sem uma única árvore derrubada durante a construção, o impacto ambiental do Tree Tops foi mínimo. A não ser pelo administrador, todo o pessoal é da região, e os impactos sistêmicos sobre a comunidade e a ecologia – policiamento contra a caça proibida e o corte ilegal de árvores – fazem de Tree Tops um modelo de turismo ecológico responsável.

Ambiental:

Social:

Gecko Villa

126 Moo 13, Baan Um Jaan, A Prajak Sinlapakom, 41000 Udon Thani, Tailândia
+66 81 9180500 / www.geckovilla.com / info@geckovilla.com

O LONGO túnel feito de arcos de bambu que conduz à Gecko Villa é como uma garganta verde de natureza engolindo você. A trilha se abre e revela uma área cercada por árvores frutíferas, hortas orgânicas, pastos e um projeto de reflorestamento em expansão.

Charles Coleman fundou a Gecko Villa em resposta à fragmentação das famílias que testemunhou na província de Isaan, no nordeste da Tailândia, quando a população era atraída para o sul em busca de trabalho, mas as comunidades originais eram privadas dessa nova prosperidade econômica. Construído por moradores locais, o projeto permitiu que várias famílias permanecessem unidas e desfrutassem um modo de vida autossustentável. Todos os serviços são recrutados no distrito, e a renda obtida com o projeto volta para a comunidade. Começando com uma área de arrozais secos, uma série de poços e reservatórios foram cavados para armazenar a água que hoje irriga uma fértil paisagem, revertendo a tendência de desflorestamento.

A *villa* propriamente dita é moderna e totalmente equipada, com dois quartos para duas pessoas com ar-condicionado e banheiro, um terceiro quarto para duas pessoas com ventilador, uma cozinha ocidental contemporânea, uma cozinha anexa em estilo tailandês e uma sala de estar com TV e aparelho de som. Peças de arte e artesanato local inserem a casa no contexto. Em uma convidativa piscina, cercada de lajotas artesanais e grande deque de madeira, os hóspedes podem saborear um churrasco ao ar livre, tendo como pano de fundo os vaga-lumes cintilando na folhagem ao redor.

Você pode passar o tempo aqui apenas absorvendo languidamente o ambiente, ou pode escolher entre uma grande variedade de atividades que ajudam a criar uma conexão com

ECO**INFO**

Quartos: 3 (2 de casal e 1 para 2 pessoas).
Preços: A partir de B4.900 (US$150) por noite para 2 pessoas, com refeições e traslados de Udon Thani.
Local: a 20km de Udon Thani, Isaan.
Melhor época: O ano todo.
Como chegar: De Bangkok, são 50min de avião ou 9h de trem até Udon Thani, onde se pode conseguir uma camionete.
Emissão de CO_2: Voo para Udon Thani via Bangkok, de Nova York 4,51t; de Londres 2,92t; de Sydney 2,27t. Não há números disponíveis das emissões de trem na Tailândia.
Custo da neutralização: US$33,85; £21,90; A$44,40.

Responsabilidade: Por identificar possibilidades inovadoras para o turismo ecológico em uma região remota e intocada, a Gecko Villa mostrou o caminho. Tem respondido bem às necessidades locais e criado oportunidades positivas e autossustentáveis para a comunidade nesse processo.
Ambiental: 3/5
Social: 4/5

a comunidade local. Você pode ver o plantio ou a colheita do arroz e depois visitar os pântanos vizinhos, ou aprender a cozinhar pratos da culinária tailandesa. Caminhadas, mountain-biking ou excursões de pesca também podem ser agendadas e permitem conhecer a flora, a fauna e a rica tradição local de artesanato. Este nível de interação entre hóspedes e comunidade tem trazido benefícios recíprocos em termos de educação e provocado um orgulho renovado pela cultura local.

Em uma área que, como Charles diz, "geralmente se imagina que as pegadas de carbono são deixadas no solo quando alguém pisa nas cinzas de uma antiga fogueira", a Gecko Villa tem estimulado uma impressionante variedade de novas iniciativas comunitárias, do tratamento do lixo ao plantio de árvores. Embora os materiais e modernos confortos da Gecko Villa possam não ser credenciais ecológicas, o projeto criou um modelo para a comunidade mais ampla, atuando como catalisador de impactos mais profundos e mais sistêmicos. O fato mais significativo talvez tenha sido ela ter mostrado a importância desse tipo de abordagem em um meio que anteriormente não reconhecia tais possibilidades para o turismo.

OCEANIA

Foto principal: Wilpena Pound, sul da Austrália. À esq., de cima para baixo: Lagarto, Paperbark Creek; Burrawang West Station; pesca em Cabo Leveque; spa no Resort Jean-Michel Cousteau, nas Ilhas Fiji

Localização e orçamento

● Barato (abaixo de US$100)
● Moderado (US$100-250)
● Caro (US$250-500)
● Muito caro (acima de US$500)

Preços para um quarto de casal, ou duas pessoas, por noite

Onde ficar

Destaques

Dilema ético na viagem

O C E A N O
P A C Í F I C O
Papua-
-Nova
Guiné
Ilhas
Salomão
Mar de Coral
Cairns
Vanuatu
Fiji
Nova Caledônia
Austrália
Brisbane
Sydney
Adelaide
Canberra
Melbourne
Mar da Tasmânia
Auckland
Ilha do Norte
Nova
Zelândia
Hobart
Ilha do Sul
Christchurch

Aquila Eco Lodges

Victoria Valley Road, Dunkeld, Victoria 3294, Austrália
+61 (0)3 5577 2582 / www.ecolodges.com.au / ecolodges@ozemail.com.au

O QUE o Aquila Eco Lodges oferece é o sabor das clássicas savanas da Austrália. Aninhada em 40 hectares de terras agrestes, entre as acidentadas montanhas e as bizarras formações rochosas dos Southern Grampians, em Victoria, a propriedade situa-se num mundo de grevíleas e orquídeas, juntamente com cangurus, vombates, casuares e pelo menos 200 espécies de aves. Uma atração a mais são as equidnas, mamíferos semelhantes a um porco-espinho, mas que botam ovos. As terras e a rede de trilhas de Aquila limitam-se com o magnífico Grampians National Park. Rodeados de tamanha abundância natural, seus proprietários adotaram uma abordagem de equilíbrio e tato, trabalhando com órgãos oficiais para preservar o meio ambiente.

Aquila conta com quatro cabanas autossuficientes, em dois estilos: Loft e Treehouse. Foram construídas com amplas janelas, para aproveitar ao máximo a vista e o sol de inverno, mas equilibrando o excesso de sol no verão. Elas proporcionam grande sensação de privacidade.

No projeto da Lofthouse acomodam-se até seis pessoas, há um mezanino e o ambiente assemelha-se um pouco ao de uma catedral iluminada. O projeto da Treehouse recebe até quatro pessoas, o ambiente é acolhedor, com piso de ladrilhos cor de terra e pé-direito triplo, do qual se goza a vista da copa do arvoredo e do vale de

Victoria. Um banheiro possibilita a você observar a vida selvagem enquanto se ensaboa, mas quem sente vergonha de ficar nu e ser observado por marsupiais bisbilhoteiros pode descer uma persiana.

Todas as cabanas contêm itens essenciais, tais como aquecedor à lenha, churrasqueira, cozinha totalmente equipada, DVD e varanda coberta. Debaixo de uma janela que parece ser um pouco menor do que uma tela de cinema há um divã, lugar perfeito para se esticar e ler um livro, embora a vista provavelmente prenda sua atenção.

A propriedade conta com aquecimento solar e um gerador a diesel. Quando o gerador precisa funcionar, ele é alimentado em parte com biodiesel produzido em Aquila a partir de óleo de cozinha reciclado, metanol e soda cáustica. Toda a iluminação é de baixa voltagem, e os hóspedes são encorajados a economizar energia, o que é facilitado pelo projeto das cabanas, que incorpora isolamento térmico, bem como aquecimento e refrigeração passivos.

Quanto à água, tema cada vez mais delicado na Austrália, é coletada nos telhados, e a água servida é reciclada para irrigar um pomar. O lixo é tratado com racionalidade, mas, a exemplo de tantas medidas ecológicas ali tomadas, é algo que ocorre tranquilamente nos bastidores, enquanto os hóspedes se concentram em apreciar aquele belo recanto das matas.

ECO**INFO**

Quartos: 2 cabanas Loft (até 6 hóspedes cada) e 2 cabanas Treehouse (até 4 hóspedes cada).

Preços: A partir de A$220 (US$180) por casal, por noite. Pode-se cozinhar nas cabanas; pode-se também pedir um café da manhã.

Local: Dunkeld, a 288km de Melbourne, no sul dos Grampians, sudoeste de Victoria.

Melhor época: Evite o calor do verão e as queimadas (dez-fev).

Como chegar: De Melbourne, guie 3h30 até Dunkeld.

Emissão de CO_2: Voo para Melbourne de Nova York 5,5t; de Londres 5,59t; de Sydney 0,18t. Traslado: 0,17t.

Custo da neutralização: US$84,30; £43,25; A$6,60

Responsabilidade: Aquila é conveniada com o Trust for Nature, tendo em vista a preservação e o estudo de seu ambiente natural e de suas espécies. As cabanas foram construídas usando materiais e mão-de-obra locais, quando possível, e os projetos minimizam o impacto ambiental e o consumo da energia. A energia é sobretudo solar. Realiza-se a reciclagem, o lixo orgânico é compostado e os níveis de lixo não-biodegradável são medidos e registrados. Com a recuperação do meio ambiente as orquídeas nativas ressurgiram.

Ambiental: ØØØØØ

Social: ØØØØØ

Bamurru Plains

PO Box R446, Royal Exchange, Sydney, Nova Gales do Sul 1225, Austrália
+61 (0)2 9571 6677 / www.bamurruplains.com / info@bamurruplains.com

BÚFALOS DESLOCAM-SE pesadamente, e o sol nascente elimina os derradeiros vestígios do nevoeiro que envolveu um mar de juncos. A margem é um tapete ondulante de patos que grasnam. Gansos voam em esquadrões compactos, atravessando o céu ainda alaranjado. Quando o hidroavião se aproxima para repousar no meio de uma planície inundada, que vibra com o alarido das pegas, rãzinhas minúsculas, marrom-esverdeadas, saltam dos caules. Maçaricos de olhos brilhantes e penas brancas atravessam brejos com uma elegância quase dançarina. De vez em quando, a silhueta de um crocodilo vem à tona, em silêncio.

Um drama é encenado ali bem perto, no ninho de uma pega, quando um bando de papagaios afugenta os pais e cerca dois filhotes recém-nascidos. Um deles é agarrado e levado embora, mas o papagaio vitorioso é emboscado por outro. Durante o caos resultante, o indefeso filhote cai e se precipita em direção ao chão, mas outro papagaio dele se apodera e o enfia em seu bico. A única coisa que fica faltando é a voz de David Altenborough.

A planície aluvial é o que existe de mais significativo e mutante no ciclo natural do extremo norte do Território do Norte: na estação das chuvas, campinas verdejantes e, na estação seca, grandes extensões de terra ressequida, onde se veem poças de água permanentes, enfeitadas com nenúfares. Bamurru – designação aborígine da pega – é a janela perfeita para se observar este notável mundo.

Um luxo em plena savana, Bamurru contém cabanas simples, mas não espartanas, nos limites da planície aluvial, numa fazenda de búfalos. A apenas 20 minutos de Darwin, num avião pequeno, ou a menos de 3 horas de carro, na estação seca, é um mundo muito próprio.

O centro de tudo é uma grande cabana, com divãs, mesas onde se toma café e um bar. A parede voltada para a planície aluvial é, na verdade, um biombo, através do qual se avista um deque de madeira com lareira, um tanque e bancos com almofadões. Mais ao longe veem-se pequenos cangurus e o sol que se põe. Relaxe um pouco no deque e não demorará muito para que um empregado se aproxime com tentações pequenas, mas perfeitas, tais como ostras e tiras de carne de búfalo. É apenas um prelúdio ao que virá logo mais, no almoço. Uma das atrações mais saborosas são caranguejos redondos como pratos, coletados ali mesmo, cuja carapaça se assemelha a uma armadura medieval. São fantásticos temperados com chilli.

Não há televisão nem telefone, apenas conforto, vistas e sons da planície aluvial. O ar-condicionado é uma opção – é preciso solicitar o controle remoto –, mas é melhor você se acostumar com o calor. De vez em quando poderá haver necessidade de recorrer ao gerador local, silencioso, mas aqui tudo é movido por energia solar, exatamente como os crocodilos locais.

ECO**INFO**

Quartos: 9 suítes sobre palafitas.
Preços: A$850 (US$710) por pessoa por noite, em quarto de casal. Inclui todas as refeições e atividades programadas. Mínimo de 2 noites.
Local: Próximo do extremo oeste de Kakadu, perto de Point Stuart, na planície aluvial do rio Mary, 190km a leste de Darwin, Território do Norte.
Melhor época: Estação seca (fev-mar) quando a vida é mais exuberante. Mar-mai é melhor para observar aves e o tempo é mais seco e fresco a partir de abril. Fecha nov-dez.
Como chegar: De Darwin, voe 20min em avião pequeno ou guie 2h30 em jipe, até Bamurru. É aconselhável voar na estação seca.
Emissão de CO_2: Voo para Darwin de Nova York 5,91t; de Londres 6,33t; de Sydney 0,69t; traslado de avião 0,03t; de carro 0,11t.
Custo da neutralização: US$89,50; £48,30; A$15,10.

Responsabilidade: Bamurru baseia-se quase inteiramente em aquecimento solar computadorizado, não tem televisão, não encoraja o ar-condicionado. O lixo orgânico é compostado, o máximo possível de detritos é reciclado e algumas ervas são cultivadas ali mesmo. As edificações são de madeira resistente a cupim, para reduzir o uso de pesticidas. A maior parte dos empregados é nativa. Fornecedores e mão-de-obra locais são contratados, sempre que for mais prático.

Ambiental:
Social:

Bay of Fires Walk & Lodge

170 Leighlands Road, Evandale, PO Box 1879, Launceston, Tasmânia 7250, Austrália
+61 (0)3 6391 9339 / www.bayoffires.com.au / bookings@cradlehuts.com.au

DAQUI SE contempla o que sobrou da ponte de terra que outrora ligava a ilha da Tasmânia à Austrália continental. O Mt William National Park é um lugar de savanas diversificadas, paisagens rochosas, praias de areia granítica alvíssima e mar do azul mais claro que existe. É também um lugar rico em vida selvagem e em sítios de grande significado para os aborígines. Como ocorre com tantos lugares da Tasmânia, é australiano à primeira vista – os batalhões de pequenos cangurus e vombates assim o indicam – e, ao mesmo tempo, é um mundo à parte.

Uma das melhores maneiras de vivenciar a Tasmânia em geral e o Mt William National Park em particular é a pé. Uma das rotas mais agradáveis é o Bay of Fire Walk, uma caminhada de quatro dias na direção sul, com a possibilidade de remar caiaque e mergulhar com snorkel, ao longo do litoral, até chegar à Bay of Fires. É uma aventura tranquila, na companhia de guias locais experientes. A primeira noite é passada no Forester Beach Camp, um pequenino reino aninhado num lugar escondido, atrás da praia. Os quartos para casal têm assoalho de madeira, coberturas de lona, toaletes eco-

lógicas e deques externos. É um prenúncio muito atraente do que o espera no Bay of Fires Lodge, mais luxuoso, base para se relaxar e para as expedições locais no terceiro e quarto dias.

Com seus compridos pavilhões de vidro e madeira, no alto de uma colina a 40 metros acima do mar, Bay of Fires Lodge não parece ter sido forçado na paisagem, o que – é triste dizer – oferece drástico contraste com boa parte do que aconteceu no litoral australiano. Graças às estritas leis dos parques nacionais, é a única edificação que se vê em muitos quilômetros. Construído com madeira de lei nativa e pinheiros, todos levados até lá por helicóptero ou por terra, combina uma sensação de abertura e luminosidade com linhas despojadas e elegância simples. Os quartos para duas pessoas oferecem vista para o mar ou para as matas, e a área de estar tem um largo deque de madeira, além de uma lareira, o que é importante no clima mais fresco da Tasmânia. A iluminação e a água quente vêm do aquecimento solar.

Caminhar, remar, ar puro – tudo isso provoca enorme apetite. As refeições são preparadas com ingredientes locais. Os produtos da Tasmânia gozam de grande reputação na Austrália e todos os vinhos também são da ilha. Não há nada melhor do que o borbulhar de um pinot noir local em seu copo, ao pé do fogo que crepita na lareira, ouvindo o barulho das ondas quebrando na praia. Se a harmonia descompassada dos diabos-da-tasmânia, bichos que parecem bocas com pés, também intervir, você ganhou a noite.

ECO**INFO**

Quartos: 10 quartos de 2 pessoas.
Preços: A$1.850 (US$1.540) por pessoa para uma excursão de 3 noites, em quarto para 2 pessoas, refeições, ingresso para o parque, guias, transporte a partir de Launceston.
Local: Mt William National Park, Tasmânia.
Melhor época: Nov-abr.
Como chegar: De Melbourne voe até Launceston ou tome um ferryboat até Devonport (9h) e então guie até Launceston (1h15), onde camionetes aguardam.
Emissão de CO_2: Voo para Melbourne, de Nova York 5,50t; de Londres 5,59t; de Sydney 0,18t. Traslado de avião 0,23t; de ferryboat e carro, 0,05t.
Custo da neutralização: US$84,5; £43,6; A$6,75..

Responsabilidade: O camping e o alojamento interagem com a terra e a paisagem. Os materiais de construção foram trazidos de helicóptero ou por terra, para minimizar danos. A água da chuva é coletada nos telhados e a água cinza é tratada e reutilizada. Os banheiros são ecológicos. A iluminação e o aquecimento da água são solares. As refeições são preparadas com produtos locais. Os guias locais são confiáveis e interessados.
Ambiental:
Social:

Burrawang West Station

Ootha (perto de Condobolin), Nova Gales do Sul 2875, Austrália
+61 (0)2 6897 5277 / www.burrawangwest.com.au / bookings@burrawangwest.com.au

TUDO COMEÇOU como uma loucura implausível – um pedaço da área rural australiana para executivos japoneses, entre casuares, cisnes negros e cangurus, na região do rio Lachlan, centro da Nova Gales do Sul. Foi no início dos anos 1990 e o principal executivo da Kajima Corporation, gigantesca empresa construtora, escolheu uma fazenda de 5.000 hectares para criar um refúgio com o que a vida campestre australiana tinha de melhor.

O arquiteto Richard Johnston contribuiu projetando uma bela casa no estilo georgiano, rodeada por varanda, salas e aposentos com pé-direito alto e um roseiral. Você encontrará assoalhos de madeira encerada, mobiliário em estilo colonial, piano, mesa de bilhar, bar, enormes lareiras e uma coleção de arte eclética, que abriga desde litografias da era colonial a pinturas aborígines sobre cortiça e uma escultura japonesa de ferro laminado.

Acrescente a tudo isso uma piscina de 20 metros, toda de arenito, saunas, sala de confe-

rência, quadra de tênis e quatro cabanas, que se parecem com galpões onde se tosquiam ovelhas, mas que contêm 12 suítes, com finos lençóis, lareiras e banheiras. Isso é só o começo, e você ficará imaginando como aqueles executivos bem posicionados conseguiam realizar algum trabalho, sobretudo nas noites em que se sentavam na varanda, em cadeiras de balanço, contemplando o reflexo da lua nas águas do rio. Isto é uma possível indicação do motivo pelo qual a economia japonesa sofreria uma distorção, obrigando uma grande empresa como a Kajima a vender futilidades, por mais atraentes que fossem.

Atualmente, Burrawang recebe hóspedes pagantes e seus zelosos proprietários, Graham e Jana Pickles, em conjunto com sua equipe, mantêm cuidadosamente uma atmosfera de requinte rural, ajudados, até certo ponto, por uma ampla cozinha e uma adega de vinhos de proporções gigantescas. Eles também se dedicam a cuidar com empenho do meio ambiente. Uma de suas principais tarefas tem sido a recuperação e proteção dos 111 hectares de brejos e charcos da propriedade. Trabalhando com cientistas ambientais, os Pickles removeram os belos, mas catastróficos salgueiros, reintroduzindo espécies nativas, e construíram mais de 18 quilômetros de cercas para isolar o gado de raça da propriedade, que pisoteia a terra. O resultado é água cristalina e um próspero ecossistema de plantas aquáticas, peixes e aves nativas, ornitorrincos, invertebrados e duas espécies de tartarugas de água doce, como a enorme tartaruga-gigante.

Os hóspedes podem explorar o local a pé, de bicicleta ou remar barcos, à sombra do arvoredo que margeia o rio. Entre os opcionais há apresentações de poetas locais, que vão do sublime ao deliciosamente ingênuo, e a chance de vivenciar a cultura aborígine local por meio de danças, para manter a geração mais jovem em contato com a cultura de seus pais, além de participar de algumas oficinas culturais, muito interativas.

ECO**INFO**

Quartos: 12 suítes.

Preços: A partir de A$770 (US$640) por pessoa por noite, refeições, bebidas e transporte incluídos (do aeroporto de Parkes ou de Condobolin).

Local: 435km a oeste de Sydney, entre Condobolin e Parkes, Nova Gales do Sul central.

Melhor época: Evite jan-fev.

Como chegar: Voo de Sydney (1h) ou viagem de ônibus (7h) até Parkes, onde há caminhonetes para o percurso de 45min. Alternativa: guiar 6h, de Sydney até o local.

Emissão de CO_2: Voo para Sydney, de Nova York 5,21t; de Londres 5,63t. Traslado de avião e carro 0,14t; de ônibus e carro 0,07t; de carro 0,10t.

Custo da neutralização: US$79,60; £43,30; A$2,50.

Responsabilidade: Os proprietários têm o trabalho significativo de preservar e proteger 110ha de terras ecologicamente ricas. O fato de isso ocorrer numa fazenda ainda ativa é algo considerável. As atividades culturais aborígines incentivam as crianças a conhecer suas tradições e se envolver com elas. A água da chuva é recolhida dos telhados e armazenada em grandes tanques subterrâneos. É usada para beber e cozinhar. Quando este guia foi escrito, a água não faltou sequer uma vez, o que é algo relevante no interior da Austrália. A água cinza é tratada e destinada à limpeza e irrigação. Usa-se aquecimento solar e não se recorre à iluminação excessiva. O lixo é separado e reciclado.

Ambiental: ØØØØ

Social: ØØ

Daintree EcoLodge and Spa

20 Daintree Road, Daintree, Queensland 4873, Austrália
+61 (0)7 4098 6100 / www.daintree-ecolodge.com.au / info@daintree-ecolodge.com.au

AS 15 VILLAS do Daintree EcoLodge impõem-se, apoiadas em palafitas de madeira, acima de um arroio murmurante, em meio ao arvoredo e às lianas da mais antiga floresta tropical do mundo. Daintree, tombada pela Unesco como patrimônio histórico da humanidade, prospera em um microclima peculiar, que a viu sobreviver, bem como sua milenar riqueza botânica, através de múltiplas eras do gelo. Quando a floresta amazônica finalmente acabou de se formar, Daintree já existia há 40 milhões de anos, o que não é de se desprezar.

Resistindo à depredação ocasionada pelo homem nos dois últimos séculos, a floresta tropical de Daintree ainda está conosco e o Daintree EcoLodge, empreendimento gerenciado com rara sensibilidade ecológica e cultural, é um indicativo de que podemos estar começando a compreender que é possível conviver. Parte dessa convivência implica trabalhar intimamente com organizações como o National Heritage Trust e a Wet Tropics Management Authority; outra parte consiste em consultar regularmente os kuku yalanjis, povo aborígine local.

Muitos kuku yalanjis são contratados pelo hotel para ensinar a arte aborígine e servir de guias nos passeios pela floresta tropical, transmitindo o significado cultural e espiritual desta parte do mundo. Você entenderá como o meio natural proporciona grande abundância de alimen-

tos, remédios e materiais artísticos – por exemplo, a ocra, um tipo de terra fina que é usada na arte, na decoração corporal e no alívio da coceira provocada por picadas de mosquitos.

Outros kuku yalanjis colaboram com o spa do hotel, um dos mais elogiados e prestigiosos da Austrália, onde ingredientes locais e técnicas aborígines de massagem foram incorporados a uma experiência profunda e deliciosa. Algumas vezes as massagens são feitas no local em que uma cascata despenca num poço de pedras, que, por sua vez, alimenta o arroio que percorre a floresta, abaixo das *villas*, desaguando no lago ao lado do restaurante Julaymba, pertencente ao hotel.

É ali que o coro das rãs atinge o auge, proporcionando às suas refeições um fundo musical. O *chef* e a equipe da cozinha evitam aquela culinária característica de um spa e recorrem a ingredientes locais, quando possível, para servir pratos como patas de lagostim com alho e gengibre e bifes de canguru com risoto de arroz selvagem e molho de pétalas de rosa.

O equilíbrio entre a responsabilidade e a descontração estende-se às próprias *villas*, desde os lençóis de linho aos espessos mosquiteiros e às banheiras Jacuzzi das varandas, protegidas por paredes de vidro. Mesmo ao banhar-se na água borbulhante, próximo à copa das árvores, você pode dar uma espiada na vida selvagem. Nesta parte do mundo, é inteiramente possível avistar qualquer coisa, desde borboletas de um azul elétrico à segunda maior ave da Austrália, o casuar, que não voa.

ECO**INFO**

Quartos: 15 *villas* (até 3 hóspedes).
Preços: A partir de A$550 (US$460) por *villa* standard, por noite, com café da manhã.
Local: Perto da aldeia de Daintree, 110km ao norte de Cairns.
Melhor época: O ano todo; ocorrem ciclones entre dez-abr.
Como chegar: De Cairns, guie 1h30 na direção norte até o hotel.
Emissão de CO_2: Voo para Cairns, de Nova York 5,65t; de Londres 6,07t; de Sydney 0,44t; traslado 0,07t.
Custo da neutralização: US$85; £46,05; A$9,45.

Responsabilidade: O hotel trabalha com organizações como a National Heritage Trust. Os povos aborígines locais são consultados em relação a questões culturais e ecológicas e proporciona-se emprego aos kuku yalanjis de modo a preservar seus costumes, tradições e conhecimentos. As edificações são construídas com material reciclado e reciclável. O lixo é cuidadosamente tratado e adotam-se medidas quanto à conservação da água e da energia.
Ambiental:
Social:

Caminhando em Eyre

James Jeffrey descobriu uma terra de contrastes na península de Eyre, no sul da Austrália, da alvura do lago salgado de Gairdner à abundância marinha de seu litoral ocidental.

Ao surgir diante de nós, quase nos cegando, o lago Gairdner é como a luz no fim do túnel. Fazemos uma curva e uma nuvem de poeira levanta-se atrás de nosso jipe, como a cauda de um cometa; apertamos os olhos quando o lago salgado surge numa explosão de luz: é uma visão estranhamente divina neste lugar que é quase um deserto. A salina estende-se por 160 quilômetros. Ao caminharmos sobre sua superfície rija e brilhante, o que podemos ver é apenas um fragmento dela, mas de onde estamos parece ser tão vasta e alva como as estepes da Sibéria.

Estou na estrada há menos de duas horas com Geoff Scholz, guia, ativista ambiental e um dos proprietários do Gawler Ranges Safaris. Viajamos pela península de Eyre, no sul da Austrália, que tem o formato de um dente de tubarão. Atravessamos um arquipélago de vegetação semi-desértica, cruzamos areias alaranjadas até as cordilheiras de Middleback, passando por lugares como a pequena comunidade mineira de Iron Knob, verdadeira natureza-morta com casas e um sanitário público, e por uma propriedade de nome Sião, que se anuncia por meio de uma pequena tabuleta e um cartaz dos Vigilantes da Natureza.

Nesta página: Geoff Scholz na rija superfície salgada do Lago Gairdner

Nesta pág.: Vida selvagem na Cordilheira de Gawler: uma corruíra azul e abundância de cangurus

("Muita gente caçoa deles", observou Geoff, "mas eles sabem o que está acontecendo.")

De Gairdner seguimos até a cordilheira de Gawler, que hoje abriga um dos mais novos parques nacionais da Austrália, cerca de 650 quilômetros a nordeste de Adelaide. Avistamos bandos de emus que pulam comicamente. Cruzamos leitos secos de rios, passamos por montanhas e árvores cuja copa se parece com um guarda-chuva, por rochas em forma de tubos de órgão, sombreando os lugares onde se refugiam cangurus.

Cangurus-cinza e imponentes e robustos veados cruzam nosso caminho. Alguns descansam à sombra das árvores, outros disparam em bandos saltitantes. Geoff fica se desculpando por seu pequeno número ("normalmente víamos uns 200 num único dia") mas ele, é claro, está se referindo a outros tempos. Ele cresceu nessa região, mas os 70 e poucos animais que observamos me parecem muitos.

E então estamos na zona dos vombates. Trilhas de vombates marcam o relvado verde como uma versão diminuta do sistema viário de Los Angeles. Não consigo deixar de imaginar o congestionamento que eles provocam pouco antes do amanhecer, de volta a suas tocas. Estão entre os mamíferos mais raros da Austrália e um deles, bem novo, nos espia.

Esta paisagem extraordinária foi outrora uma fazenda onde se criavam ovelhas, algumas de uma espécie rara. Há alguns anos fez-se uma pressão muito grande para que o governo adquirisse a propriedade e a transformasse em parque nacional, mas surgiu um obstáculo – e é aí que Geoff entrou em cena.

"Convidamos três políticos que não iam assinar a compra da propriedade para percorrê-la conosco", diz Geoff com seu jeito lacô-

Planta nativa, Sturt's Desert Pea

nico. "Bastou isso para convencê-los a aderir." O Gawler Rangers National Park surgiu no início de 2002.

Quando o sol se põe chegamos a Kangaluna, o lar de Geoff distante de seu verdadeiro lar, na cidadezinha agrícola de Wudinna. O acampamento compreende três luxuosas tendas sob as árvores, próximas de dois lagos secos. Cada uma delas tem dois quartos, decorados com mobília artesanal e camas que garantem aos hóspedes o sono dos inocentes. Estão situadas a uma distância suficiente para proporcionar privacidade e ficam perto de um depósito de alumínio corrugado, feito com latas de cerveja da Segunda Guerra. Em Kangaluna Camp, o gás é usado para cozinhar e para ferver água, mas o resto funciona com aquecimento solar. Geoff recorre a seus dotes culinários para preparar um lombo e salada de manga, enquanto conta histórias da vida da península de Eyre.

Charles Carlow, dono de Bamurru Plains (*ver* págs. 270-1) e fundador da Wilderness Australia, companhia especializada em viagens que agencia o Gawler Ranges Safaris, considera Geoff o anfitrião e guia perfeito, além de grande expoente do turismo responsável. "Geoff viveu aqui (na cordilheira de Gawler) a vida inteira", diz Charles. "É o grande responsável pela criação do parque nacional. Kangaluna conta somente com três tendas, mas é muito autêntico. Oferece boa comida, bom vinho, e durante o dia, quando se visita a cordilheira ou a península de Eyre, a experiência é fantástica. Ela, porém, tem muito de Geoff. Pode-se estar no melhor camping do

Da esq. para a dir.: Tendas em Kangaluna; nadar com leões-marinhos

mundo, mas quando não se tem personalidade para apreciar essa experiência, fica-se no meio do caminho."

Eu poderia ficar em Kangaluna na maior felicidade, mas temos um compromisso com Trish e Alan Payne na baía de Baird, no lado oeste da península de Eyre. Ali há lugares que evocam a morte (Coffin Bay, baía do caixão), o amor (Venus Bay, baía de Vênus) e sensações intermediárias (Anxious Bay, baía ansiosa).

Equipados com roupa de mergulho, máscara e snorkel, subimos no barco de Alan. Ao longe tubarões-brancos nos espreitam, mas aqui, nas baías abrigadas, os leões-marinhos transitam com toda a segurança, perto de uma ilhota. Nela veem-se mães com filhotes e machos vigilantes, de porte gigantesco. Um esquadrão de leões-marinhos diminui a marcha para nos examinar.

Então é nossa vez de nos juntarmos a eles e a nossos guias locais. Mergulho, e os leões-marinhos transformam-se magicamente em dançarinos de balé. Brincam, deixam-se levar languidamente pelas águas, como cavalos-marinhos, e aceleram como mísseis, erguendo suas centenas de quilos acima das ondas e quase nos atropelando quando, com seu grande peso, caem estrondosamente.

Acabo saindo da água com frio, mas animado, pronto para proclamar aos céus o nome da península de Eyre. Vendo a expressão de meu rosto, Geoff sorri. Desconfio que ele sabe exatamente como me sinto.

ECO**INFO**

Local: Wudinna, a 566km de Adelaide, na Península de Eyre, sul da Austrália.

Como chegar: De Adelaide voe até Port Lincoln, onde o aguardam para uma viagem de 2h30 até Wudinna. A alternativa é guiar 6h30 até Wudinna via Port Augusta.

Emissão de CO_2: Voo para Adelaide, de Nova York 5,68t; de Londres 5,33t; de Sydney 0,27t. Traslado de avião e carro 0,22t; de carro 0,34t.

Custo da neutralização: US$87,60; £41,55; A$9,10.

Onde ficar: Em tendas de safári.

Preços: A$1.538 (US$1.280) por pessoa, para a Sea Lion e Outback Experience (3 dias e 2 noites), incluindo acomodação e refeições. Outras excursões são oferecidas.

Mais informações: www.gawlerangessafaris.com

Melhor época: Evite o calor de dez-fev. Não há excursões em jun-jul.

Responsabilidade: Geoff Scholz conhece muito bem o meio ambiente e compartilha isso com os visitantes. Trabalha com os moradores locais e ajuda a gerar renda para a região. Kangaluna funciona com uma mistura de aquecimento solar e gás. O lixo é reciclado e os detritos orgânicos são compostados. Todos os impactos são minimizados.

Gunya Titjikala

Level 57, MLC Centre, 19 Martin Place, Sydney, Nova Gales do Sul 2000, Austrália
+61 (0)2 9211 2322 / www.gunya.com.au / bookings@gunya.com.au

O VENTO do final da tarde sopra através do deserto, agita os tufos prateados dos arbustos e assovia em torno das armações das tendas em Gunya Titjikala. Apoiadas em altas palafitas, as tendas gemem como barcos num mar agitado de areia vermelha. Tudo isso provoca um surpreendente efeito náutico em pleno interior da Austrália, longe do mar.

E então o vento desaparece com o sol e, preenchendo todo o horizonte, surge a constelação da Via Láctea. Em nenhum outro lugar o céu estrelado brilha com tanta majestade como no meio do deserto. E em meio a todas essas estrelas veem-se as formas escuras das constelações aborígines, tais como o casuar e o caçador, imobilizados para sempre na caçada. Seu mistério em breve será desvendado, pois alguém da vizinha comunidade aborígine de Titjikala o ajudará a perceber a noite através dos olhos nativos e o apresentará a um sistema astrológico muito mais antigo do que aquele mais familiar, concebido pelos babilônios.

É este o modo de Gunya Titjikala lançar pontes entre as culturas. Iniciativa promissora e experimento intrigante, é o resultado da junção de forças entre Gunya Tourism e Titjikala para criar uma experiência que não só apresenta aos visitantes as culturas nativas da Austrália central, mas que também motiva toda a comunidade, envolvendo-a de várias maneiras e gerando renda.

São os habitantes locais que tornam essa experiência tão memorável. Esteja você à beira de um rio, conversando, ouvindo histórias, aprendendo sobre arte, observando a coleta de alimentos ou percorrendo a surpreendente paisagem, de extrema luminosidade, em direção a lugares como Chambers Pillar, você começará a perceber a profunda ligação do povo de Titjikala com a terra. O melhor de tudo é que existe muita coisa autêntica naquela experiência e pouca coisa parece ser forçada. Mesmo depois de passar alguns dias com eles, existe a possibilidade muito real de que você nunca mais veja aquela região como antes.

A experiência culinária de Gunya é uma fusão da cozinha ocidental e da comida tradicional da região, incluindo ingredientes colhidos pelos hóspedes e seus anfitriões, e histórias aborígines.

Quanto à acomodação, as coisas se mantêm simples, mas com um discreto luxo. Cada tenda com varanda apoia-se em palafitas de 2 metros. Janelas com telas permitem a passagem da brisa, mantendo o interior surpreendentemente fresco, mesmo diante do calor abrasador de um dia de verão no deserto.

Os interiores têm assoalhos de madeira encerada, sofás, camas de casal que podem se transformar em camas de solteiro e banheiros parcialmente abertos, equipados com banheiras confortáveis o bastante para se ficar horas nelas, contemplando as estrelas entremeadas por nuvens escuras.

ECO**INFO**

Quartos: 5 tendas para casal/duas pessoas, com banheiro.

Preços: A$1.300 (US$1.080) por noite por tenda, com refeições, visitas à comunidade e atividades culturais. Mínimo de 2 noites.

Local: À beira do deserto de Simpson, 120km ao sul de Alice Springs, Território do Norte.

Melhor época: Outono, para temperaturas frescas; primavera, para a floração no deserto, ou verão (dez-fev), para as cores da paisagem.

Como chegar: De Alice Springs vá de jipe (2h).

Emissão de CO_2: Voo para Alice Springs, de Nova York 5,66t; de Londres 6,08t; de Sydney 045t. Traslado 0,07t.

Custo da neutralização: US$85,25; £46,15; A$9,75.

Responsabilidade: Metade do que você paga vai para a comunidade de Titjikala para programas de saúde, assistência escolar, proporcionar empregos significativos, reduzir a dependência da assistência social, promover estabilidade social e a cultura tradicional. Gunya Titjikala é administrada como uma autêntica cooperativa entre a Gunya Tourism e a comunidade Titjikala. Oferece aos visitantes uma visão autêntica da Austrália aborígine. O uso da eletricidade no acampamento é mínimo e é gerada localmente.

Ambiental: ØØØØ½

Social: ØØØØØ

Inala

320 Cloudy Bay Road, Bruny Island, Tasmânia 7150, Austrália
+61 (0)3 6293 1217 / www.inalabruny.com.au / inala@inalabruny.com.au

SITUADA ENTRE diabos-da-tasmânia e o profundo mar azul, a ilha de Bruny é um lugar muito especial. Coladas uma na outra como um par de gêmeos por um istmo arenoso, Bruny Norte e Sul são separadas da Ilha da Tasmânia pelas águas escuras e estreitas do Canal D´Entrecasteaux, mas, juntas, formam uma ilha com um universo muito próprio. É a Tasmânia em miniatura, com paisagens que abrangem bucólicas fazendas e baías douradas, florestas tropicais temperadas e um litoral castigado por ondas enormes vindas dos mares da Antártida.

É também um lugar que parece ter um fraco por peles claras, algo raro no mundo natural: veem-se raras formas albinas de opossuns e gatos-tigres (marsupiais carnívoros) e brancos cangurus-de-bennett entre os arbustos. De certo modo a doutora Tonia Cochran, que tem vastas melenas louras, se encaixa bem na paisagem.

Zoóloga, botânica, conservacionista e fazendeira, a doutora Cochran é também proprietária, anfitriã e principal guia do santuário de Inala, um lugar de 200 hectares em Bruny Sul, no caminho de Cloudy Bay, abrigo da vida selvagem e ideal para os observadores de aves.

Existem duas escolhas de acomodação, entre os pastos de Inala, onde se refestelam as vacas da doutora Cochran, e as matas. A sede da fazenda é simples, mas muito atraente. Foi reformada e oferece todo o conforto moderno, com vistas para as montanhas de South Bruny e, nos dias mais frios de inverno, lenha crepitando na lareira. Um acréscimo recente é o Nairana Cottage, spa com um único quarto e janelas bem planejadas, amplas, que facilitam a observação das aves e dos animais selvagens.

ECO**INFO**

Quartos: Cabana com 3 quartos e um spa com 1 quarto.
Preço: A partir de A$180 (US$150) por noite (cabana). Passeios à parte.
Local: Ilha de South Bruny, a 87km e uma curta viagem de ferryboat ao sul de Hobart, Tasmânia.
Melhor época: O ano todo.
Como chegar: De Hobart, 1h de carro até Kettering, e um ferryboat até a Ilha de Bruny (15min). Mais 45min até a cabana.
Emissão de CO_2: Voo para Hobart, de Nova York 5,46t; de Londres 5,88t; de Sydney 0,25t. Traslado 0,05t.
Custo da neutralização: US$81,90; £44,50; A$5,60.

Responsabilidade: Inala combina agricultura sustentável com um sério trabalho de conservação. Os projetos em curso incluem replantio, proteção de nascentes e proteção às plantas raras. Tonia Cochran é uma ativa defensora da Ilha de Bruny, do meio natural e do ecoturismo, sendo um exemplo em um estado pouco renomado pelas práticas ambientais. Ela também cria oportunidades de negócios para seus companheiros ilhéus.
Ambiental: 5/5
Social: 3/5

Ao redor estendem-se as terras de Inala. Um quinto delas foi desmatado e destinado à agricultura sustentável, mas o resto se mantém, sobretudo as altas matas de eucalipto, que vibram com pelo menos 90 das 141 espécies de aves de Bruny. Entre elas está o pardalote, ameaçado de extinção. Metade da população restante dessa ave vive em Bruny, e Inala abriga uma das maiores colônias. Não é raro avistá-los saltitando nas árvores próximas das cabanas.

A doutora Cochran oferece passeios guiados pelas trilhas que atravessam Inala. Isto permite aos visitantes vivenciar a beleza do meio ambiente com a ajuda de uma pessoa experiente e presenciar parte do trabalho de conservação que está sendo executado. Há também opções de passeios além de Inala, na floresta tropical e a lugares como a Adventure Bay. O nome "baía da aventura" se justifica, pois foi visitada no passado por muitos europeus, como James Cook, Abel Tasman e William Bligh, além das baleias que por ali passam todo ano.

São, porém, os passeios noturnos da zoóloga que revelam parte da magia de Bruny, desde batalhões de pinguins aos raros gatos-tigres, que saltam na escuridão como criaturas de sonho.

Kooljaman

PMB 8, Cabo Leveque, via Broome, oeste da Austrália 6725, Austrália
+61 (0)8 9192 4970 / www.kooljaman.com.au / leveque@bigpond.com

ECOINFO

Quartos: Várias opções, desde campings até tendas.
Preços: A partir de A$16 (US$13) por pessoa por noite, no camping, a A$240 (US$200) por noite na tenda (1 cama de casal e 2 de solteiro). Permanência mínima: 2 noites.
Local: Cabo Leveque, península de Dampier, 225km ao norte de Broome, oeste da Austrália.
Melhor época: Abr-out (estação seca), jul-out (estação das baleias).
Como chegar: Voo de Perth até Broone (2h30); guie um jipe para o rumo norte (3h) ou voe 1h em avião pequeno até cabo Leveque.
Emissão de CO_2: Voo para Broome via Perth, de Nova York 6,75t; de Londres 4,98t; de Sydney 0,74t. Traslado de carro 0,12t; de avião 0,06t.
Custo da neutralização: US$102,05; £38,25; A$16.

Responsabilidade: As comunidades locais One Arm Point e Djarindjin são coproprietárias de Kooljaman e todo lucro reverte a elas. O acampamento cria empregos locais, trabalha com organizações de conservação, o lixo é reciclado e a eletricidade é usada apenas para iluminação e refrigeração.
Ambiental: ØØØØØ
Social: ØØØØØ

UMA ESTRADA acidentada leva a Kooljaman, grande área de terra que se estende por 225 quilômetros, a partir de Broome, em Kimberley, oeste da Austrália. Os menos resistentes podem chegar em pequenos aviões, mas em jipe a estrada pelo interior oferece uma experiência inigualável.

A viagem vale a pena. Não há como negar: o cabo Leveque é surpreendente. Projetando-se da ponta da península de Dampier, na extremidade noroeste da Austrália, é aqui onde o vermelho-páprica das terras do interior colide com o azul luminoso do oceano Índico e a alvura das praias, quase inteiramente vazias.

Um jeito muito agradável de começar o dia é contemplar a praia, repousando no deque de uma das tendas de Kooljaman, propriedade dos aborígines. Aí se encontram muitas acomodações a seu dispor, desde campings e abrigos de praia, muito simples, mas divertidos, cobertos com folhas de palmeiras, a cabanas de madeira e luxuosas tendas sobre palafitas, com deques, varandas,

quitinete e suíte. Há também um restaurante, um serviço para quem prefere comer "em casa" e a típica proposta australiana: a churrasqueira, ideal para assar o peixe que você acabou de pescar.

Kooljaman é propriedade comum de membros de duas comunidades aborígines – One Arm Point e Djarindjin. Ambas fazem parte da nação bardi. Sua missão – a de criar um estabelecimento de baixo impacto, que gera emprego e mostra aos visitantes esta belíssima região através do olhar dos bardis – tem alcançado um retumbante sucesso.

Muitas das atividades envolvem passeios com guias locais. Incluem visitas relativas à cultura dos aborígines, e aqui estamos falando de uma das mais antigas culturas vivas, em uma das paisagens geologicamente mais antigas do planeta. Há também pescaria, coleta de caranguejos e passeios às ruínas de uma antiga missão e aos recifes de coral da ilha Sunday. Para divertir-se nas alturas, há voos espetaculares sobre o Buccaneer Archipelago, de incomparável beleza, e as Horizontal Waterfalls, onde as turbulentas águas do rio Kimberley exibem toda a magia, em uma série de abismos róseos e alaranjados.

Há também prazeres singelos, como remar uma canoa e banhar-se no mar de águas muito calmas. Os donos de Kooljaman fazem questão de enfatizar que, ao contrário do que acontece no rio Kimberley, os crocodilos e as arraias jamais foram um problema naquelas águas.

As baleias-jubarte aparecem regularmente, de julho a outubro, e nadam com frequência perto da praia com seus filhotes recém-nascidos, antes de migrarem para o sul, onde passarão o verão antártico.

Ilha de Lord Howe

Nova Gales do Sul 2898, Austrália
+61 (0)2 6563 2114 / www.lordhoweisland.info / lhi.visitorcentre@bigpond.com

OS PICOS gêmeos do monte Gower e do monte Lidgbird destacam-se na ponta sul e a Ilha de Lord Howe supera seu tamanho diminuto, com uma das paisagens mais surpreendentes da Austrália. É suficientemente próxima do continente para merecer uma breve visita, e suficientemente distante para oferecer um ar de descuidado isolamento e a sensação de uma Austrália do passado, quando os carros eram poucos e ninguém pensava em trancar as portas.

Dizer que a ilha tem tudo o que há de melhor no planeta não é exagero. Além de suficientemente quente para abrigar palmeiras, o recife de coral mais meridional do mundo, bandos de tartarugas marinhas, peixes-borboleta e arraias de tamanho descomunal, não tem aquela umidade sufocante, águas-vivas e crocodilos que infestam os trópicos. A ilha, com apenas 11 quilômetros de comprimento, curvada em torno de uma reluzente laguna, é suficientemente pequena para oferecer intimidade e,

no entanto, apresenta um cenário épico e uma multiplicidade de ambientes, desde recifes onde pululam peixinhos tropicais, praias sublimes, bosques de copados banyan a florestas envoltas em neblina. Não bastasse isso, o penhasco mais alto do mundo – a Ball's Pyramid, 562 metros – emerge do mar como uma presa gigante.

Tendo em vista as paisagens e a extraordi-

nária profusão de vida selvagem, não surpreende que a Ilha de Lord Howe foi considerada patrimônio da humanidade pela Unesco, em 1982, no mesmo ano que as ilhas Galápagos. Graças a uma administração cuidadosa e à sensibilidade dos ilhéus, vem sendo considerada a melhor das duas.

Quem vai pela primeira vez, não pode simplesmente aparecer por lá. A acomodação tem de ser reservada no continente e há um limite para o número de visitantes em qualquer época – apenas 400, que corresponde ao número de moradores. Assim a ilha jamais fica congestionada. Todos aqui passeiam a pé ou de bicicleta.

Espécies raras ali encontraram um santuário e algumas, como a galinha-do-mato da Ilha de Lord Howe, deixaram de ser espécie ameaçada, graças aos cuidadosos programas de reflorestamento e à erradicação de animais ferozes. Boa parte deste sucesso deve ser creditada aos próprios ilhéus, pertencentes, em geral, a famílias que aqui estão há gerações. Eles sabem que possuem algo especial e fazem questão de que se mantenha assim. Toda a comunidade vive de acordo com as regras que regem o patrimônio da humanidade.

Há acomodações de todo tipo, desde unidades autossuficientes a cabanas de luxo. O mais antigo de todos é o venerável resort de Pinetrees, pertencente à mesma família há mais de um século, algo raro em um país tão jovem quanto a Austrália.

ECO**INFO**

Quartos: De unidades autossuficientes a suítes em cabanas de luxo.
Preço: Quartos de casal nos Lorhiti Apartments, a partir de A$90 (US$75) por noite, incluindo traslado. No outro extremo, uma noite na Capella Lodge, a partir de A$550 (US$460) por pessoa por noite, incluindo café da manhã, jantar e traslado.
Local: No mar da Tasmânia, a 663km a leste de Port Macquarie, Nova Gales do Sul.
Melhor época: Out-mai. Para observador de aves, entre out-nov.
Como chegar: De Sydney voe até a ilha em apenas 2h.
Emissão de CO_2: Voo para Sydney, de Nova York 5,21t; de Londres 5,63t. Traslado 0,23t.
Custo da neutralização: US$80,40; £43,70; A$3,65.

Responsabilidade: Os moradores são cuidadosos e têm orgulho da ilha. Há programas para preservar as espécies locais e recuperar a vegetação nativa. O comércio e a acomodação pertencem, em sua maior parte, a proprietários locais. Há reciclagem e tratamento do lixo. O número de visitantes se limita a 400 e as principais formas de deslocamento são a bicicleta e a pé.
Ambiental: ØØØØØ
Social: ØØØØØ

Devo comprar arte aborígine?

A AUSTRÁLIA aborígine é responsável por uma imaginária vigorosa, surpreendente, e pelo florescimento da mais longa e contínua tradição artística do mundo. Quem não há de querer uma pecinha desta arte?

Porém, em anos recentes, a tradição de pelos menos 40 mil anos tornou-se uma próspera indústria, envolvida com fraudes, embustes, especulações e roubos culturais. O escritor australiano Nicolas Rothwell qualifica este panorama como decadência moral.

Quer se trate de artistas honestos ou de impostores que vendem arte falsificada para lojas de lembranças, a maior parte do dinheiro vai parar nas mãos de atravessadores. Para os artistas bem-sucedidos, as coisas podem se complicar, já que eles têm obrigações e responsabilidades com suas remotas comunidades. A pressão da família e dos membros da comunidade, para não mencionar os marchands, a fim de

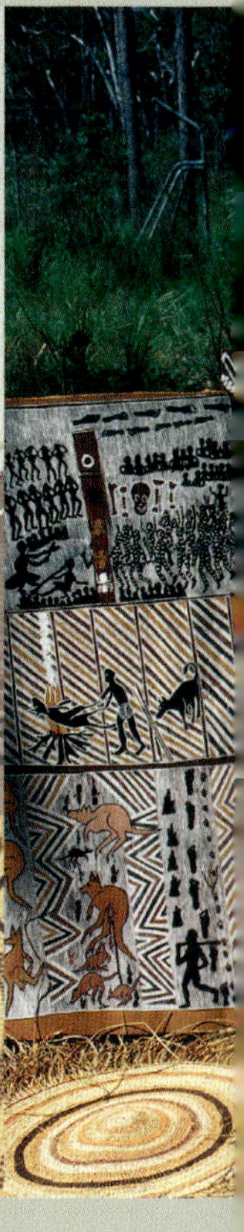

que eles criem uma arte rentável, pode acabar comprometendo os artistas e sua arte.

Um agravante é a ausência de uma crítica fundamentada na arte aborígine, em parte porque muitos críticos de arte são incapazes de lidar com um universo simbólico ao qual são alheios.

A situação não é de todo desoladora. Visite o site www.aboriginalart.org, que fornece *links* para muitos centros de arte pertencentes e administrados por aborígines, e www.ankaa.org.au, site da Associação dos Artistas Aborígines de Norte, de Kimberley e Arnhem, onde encontrará guias detalhados para a aquisição de arte aborígine.

A peça deve trazer um certificado de autenticidade, com informações sobre o artista – nome, grupo linguístico – sobre a obra de arte – título, seu histórico, onde e quando foi criada – e, se possível, uma declaração do artista.

Quando for comprar, faça perguntas ao vendedor ou ao responsável pelo centro de arte sobre o trabalho, o artista, o contexto cultural da obra e como o artista é pago. Assim será possível adquirir arte aborígine de maneira culturalmente ética, que proporcione o máximo de benefícios aos artistas e as suas comunidades.

Ningaloo Reef Retreat

PO Box 471, Exmouth, oeste da Austrália 6707, Austrália
+ 61 (0)8 9949 1776 / www.ningalooreefretreat.com / info@ningalooreefretreat.com

MUITO DISTANTE do trânsito, das multidões, das lojas de lembranças baratas presentes na Grande Barreira de Corais (Great Barrier Reef), o Ningaloo oferece uma experiência muito mais envolvente. Remota até mesmo para os padrões australianos, ainda pouco conhecida nos estados do leste, a barreira de corais de Ningaloo estende-se por 420 quilômetros ao longo do cabo North West, na costa central do oeste da Austrália. Abriga cerca de 250 espécies de coral e, no mínimo, 500 espécies de peixes. Entre os maiores destacam-se dugongos, arraias, baleias e, durante alguns meses do ano, tubarões-baleia, avistados em sua migração anual.

O Ningaloo Reef Retreat dispõe de um belo cenário, a praia, e uma trilha para chegar até as suas elegantes tendas. Situado a 1 quilômetro de distância da praia, escondem-se discretamente entre dunas de areia. O cabo Range, com suas escarpas de calcário, é o pano de fundo. O cenário é a comprida praia, esplendidamente vazia, que morre em águas de um azul profundo, coalhada de seixos alaranjados e areia alvíssima.

E temos também a barreira. Para os mais acostumados à Grande Barreira de Corais, onde o acesso implica geralmente em longas viagens de barco, Ningaloo chega a ser surpreendente. Aqui, a barreira começa a apenas 10 metros da praia. Com o equipamento de snorkel

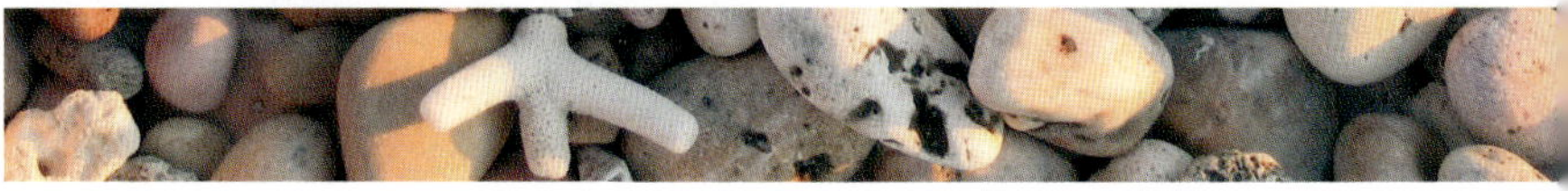

fornecido pelo Ningaloo Reef Retreat, é fácil você se deixar levar pela suave correnteza que percorre a barreira, paralelamente à praia. Graças a ela, você poderá deslizar sem esforços ou sem se movimentar muito, o que lhe permitirá observar melhor a vida marinha. Ela inclui o multicolorido bodião, o peixe-leão, cujas barbatanas evocam plumas e leques, tartarugas dormitando entre corais e mexilhões gigantescos. É um mundo em constante movimento, de cores caleidoscópicas, valorizado pela transparência das águas. Para apreciá-lo melhor, são oferecidas excursões guiadas em caiaque e mergulhos com snorkel. Os guias são experientes.

Quando você estiver pronto para firmar-se novamente nas pernas, trilhas serpenteiam em direção às ravinas do cabo Range e, no trajeto, verá casuares e cangurus.

O acampamento tem no centro uma tenda, onde há um refeitório e uma cozinha. Cada tenda fica sobre um deque de madeira, com uma pequena varanda e uma rede, que é fundamental. Tem camas de casal e banheiros, abertos para os elementos, mas com privacidade garantida por cortinas. Os chuveiros funcionam com aquecimento solar e os banheiros permitem a compostagem.

Enquanto se prepara o jantar, você poderá apreciar o isolamento. Sem poluição, o céu noturno é tão claro, tão livre da interferência da luz ambiental, que você poderá contemplar Vênus se pondo no mar.

ECO**INFO**

Quartos: Tendas com banheiro.
Preços: A partir de A$440 (US$370) por tenda simples por noite ou A$720 (US$600) por tenda dupla. É possível contratar pacotes a preços menores.
Local: Cape Range National Park, a 60km de Exmouth, oeste da Austrália.
Melhor época: Abr-jun é o pico da estação dos tubarões-baleia; as jubartes são vistas entre ago-out; out-fev é a melhor época para ver a desova das tartarugas.
Como chegar: De Perth voe até Exmouth (1h30), de onde o carro o levará até o camping (1h).
Emissão de CO_2: Voo para Perth, de Nova York 6,37t; de Londres 4,60t; de Sydney 0,72t. Traslado 0,35t.
Custo da neutralização: US$100; £37,15; A$20,65.

Responsabilidade: Ningaloo Reef Retreat é discreto. Os deques elevados e as trilhas minimizam o impacto sobre as dunas. A iluminação e os chuveiros funcionam com aquecimento solar, os banheiros não têm água e tudo é compostado. Oferece bolsas para estudantes de pós-graduação em muitas disciplinas, entre elas ecoturismo, biologia marinha e antropologia. Contrata sua equipe entre moradores de Exmouth, oferendo treinamento em turismo marinho.
Ambiental: ØØØØØ
Social: ØØØØØ

O'Reilly's Rainforest Retreat

Lamington National Park Road, via Canungra, Queensland 4275, Austrália
+61 (0)7 5502 4911 / www.oreillys.com.au / reservations@oreillys.com.au

LEVA-SE POUCO menos de uma hora, de carro, para percorrer a distância que separa O´Reilly's do fascínio de Surfer´s Paradise. Rodeado por quase 20.000 hectares de florestas subtropicais, este lugar parece estar situado em outro planeta. Funciona desde 1926, quando recebia eventuais hóspedes, mas a família O´Reilly, que se dedicava à criação de gado leiteiro – eram cinco irmãos e três primos – se recusou a vender as terras que havia adquirido do governo do Estado de Queensland, que mudou de ideia e queria transformar a região em parque nacional. Conforme explicou o atual diretor do refúgio, Shane O´Reilly: "Se aqueles oito jovens irlandeses de sangue quente sequer concordavam quanto às horas do dia, o que dizer então do preço das terras? Negaram-se a fechar negócio".

Decorridos mais de 80 anos a fazenda não existe mais, porém o clã dos O´Reilly ainda está aqui e a casa de hóspedes transformou-se em quase um vilarejo, no coração do parque nacional de Lamington, considerado patrimônio da humanidade pela Unesco. Um pioneiro do verde muito antes de ser criado o conceito de ecoturismo, O´Reilly´s oferece excursões em partes da mais bela floresta tropical do país. Aqui há uma rede de trilhas em expansão, inclusive uma trilha para a prática do arborismo de 180 metros, a uns 15 metros acima do solo.

Durante as oito décadas em que a casa de hóspedes vem funcionando, as opções de acomodação se expandiram e hoje há 66 quartos, decorados em muitos estilos. Os mais luxuosos são as Canopy Suites, com dois quartos, criados quando as residências da família O´Reilly foram transformadas em duas unidades. Eles se distinguem pelos tons quentes do assoalho de madeira encerada, janelas de cedro e mobília artesanal, feita de ácer de Queensland. São dois quartos – um deles equipado com cama de casal com dossel – sala de estar, lareira, um spa no deque e uma vista esplendorosa das árvores da floresta e das montanhas McPherson. De deixar qualquer um de queixo caído.

Há também as Canopy Suites de um quarto, com vistas arrebatadoras, camas com dossel e assoalho de madeira reciclada e encerada. O spa é interno, mas se localiza perto de uma enorme janela. Os quartos denominados Mountain View são menores, mas o espaço é generoso. A madeira é o tema dominante, nas vigas mestras e tesouras do teto. A varanda é o lugar perfeito para se contemplar o sol, com seu fulgor de açafrão, se pondo atrás das montanhas McPherson.

Os Garden View Rooms são basicamente no estilo quarto de motel, mas de bom gosto, com janelas de cedro, mobiliário de ácer e, conforme o nome sugere, vistas para jardins luxuriantes. Para quem viaja sozinho, há a opção dos Bithongabel. A partir de 2007 o Lost World Spa também passou a fazer parte do cardápio do O´Reilly´s.

ECO**INFO**

Quartos: 66 quartos. Das luxuosas Canopy Suites (2 quartos) aos quartos em estilo de motel.

Preços: De A$155 (US$130) por quarto de solteiro por noite, incluindo chá de manhã e à tarde, a A$680 (US$570), pelas Canopy Suites (2 quartos). Consulte o site na internet para descontos.

Local: Lamington National Park, a 100km ao sul de Brisbane, Queensland meridional.

Melhor época: O ano todo. Para amantes de orquídeas, set-out. No O´Reilly´s (altitude de 900m) o clima é mais fresco que no litoral.

Como chegar: De Brisbane, guie no rumo sul (2h), até O´Reilly´s.

Emissão de CO_2: Voo para Brisbane, de Nova York 5t; de Londres 5,43t; de Sydney 0,19t. Traslado 0,06t.

Custo da neutralização: US$75,25; £41,20; A$4,65.

Responsabilidade: Três gerações de O´Reillys acumularam muito conhecimento sobre administração e educação de seus hóspedes. Os cuidados ambientais incluem um plano de manejo do meio ambiente, práticas de redução do lixo, reciclagem, uso da água, da energia, e da emissão de gás de efeito estufa, além de apoiar a pesquisa no Lamington National Park. Os materiais reciclados são usados nas construções. O´Reilly´s também pratica a política de contratar equipes e fornecedores locais, quando possível.

Ambiental: ØØØØØ

Social: ØØØØ

Paperbark Camp

PO Box 39, Huskisson, Nova Gales do Sul 2540, Austrália
+61 (0)2 4441 6066 / www.paperbarkcamp.com.au / info@paperbarkcamp.com.au

UMA DAS maneiras mais divertidas de acordar é ouvir o barulho de uma ave entretida em conversar consigo mesma no espelho de seu banheiro. Isto sempre é uma possibilidade em Paperbark Camp, onde os banheiros das suítes, em tendas africanas, são parcialmente abertos para o tempo e para as bisbilhoteiras aves. Enquanto você desperta de seus sonhos matinais, talvez ouça um suave tap-tap no vidro e, em seguida, um animado arrulho que mais parece uma conversa entre amigos que há muito não se veem.

O mundo das aves é apenas uma das maravilhas que Paperbark Camp oferece. No meio da mata, na margem do ribeirão de Currambene, perto da baía de Jervis, Paperbark é o resultado da paixão e persistência de seus proprietários, Irena e Jeremy

Hutchings, que tiveram que enfrentar alguns anos de inércia burocrática para realizar seu sonho.

O resultado é Paperbark, um acampamento com 12 tendas rodeadas de eucaliptos e de árvores da família das murtas. Trilhas atravessam as matas, onde se veem cangurus e um largo ribeirão, no qual se pode remar, que percorre alguns quilômetros até desaguar na baía de Jervis. Aqui se encontram algumas das praias de areias mais alvas da Austrália.

O centro de Paperbark é Gunyah, a chique construção principal e restaurante erguidos sobre palafitas e, à noite, parecem flutuar sobre as árvores. Com pé-direito alto, o fogo que crepita na lareira nas noites de inverno e mesas ao ar livre no verão, Gunyah é um lugar extremamente atraente. Além disso tem um cardápio que lhe faz inteira justiça, pois goza da reputação de ser o melhor restaurante de Nova Gales do Sul, ao sul de Sydney, o que significa uma distância e tanto.

Olhando ao redor, em Gunyah, você verá o acampamento. Nenhuma das tendas é distante, mas todas se escondem no final de uma trilha suavemente iluminada à noite. A trilha serpenteia sob a Via-Láctea. Você poderá ficar observando da varanda de sua tenda as constelações e o abrupto clarão provocado pelas estrelas cadentes e, se for durante o dia, poderá esticar-se para receber uma massagem.

As tendas se erguem em palafitas, a iluminação é fornecida por painéis solares, as camas são confortáveis e os banheiros, internos ou externos. Duas tendas de luxo oferecem divãs, perfeitos para neles se esticar e contemplar crepúsculos e alvoradas. Têm também uma enorme banheira, onde você pode se banhar sob a luz das estrelas. Lençóis de algodão e acolchoados de plumas o manterão aquecido, mesmo nas noites mais frias, e você dormirá embalado pelo suave pio das corujas e pelo ocasional barulho de um peixe mergulhando no ribeirão ao lado.

ECO**INFO**

Quartos: 10 tendas para casal e 2 tendas de luxo, todas com banheiro.
Preços: A partir de A$344 (US$290), com café da manhã ou A$816 (US$680) por 3 noites.
Local: Perto de Huskisson, baía de Jervis, Nova Gales do Sul.
Melhor época: O ano inteiro. Out-mar é melhor para nadar.
Como chegar: De Sydney, guie para o sul até o acampamento (2h30).
Emissão de CO_2: Voo para Sydney, de Nova York 5,21t; de Londres 5,63t. Traslado: 0,12t.
Custo da neutralização: US$79,25; £43,15; A$2,25.

Responsabilidade: Paperbark Camp é visualmente discreto e todas as construções/tendas são sobre palafitas, para minimizar o impacto. Uma pequena porção de terra foi desmatada para sua implantação, toda feita à mão. A iluminação das acomodações é fornecida por painéis solares e a água é aquecida a pedidos e por gás. O esgoto e a água usada são bombeados para fora do local, a fim de proteger o ribeirão. Os funcionários e proprietários conhecem bem as plantas e os animais locais, e os hóspedes são encorajados a interagir com o ambiente natural.

Ambiental: 4/5
Social: 3/5

Rawnsley Park Station

Wilpena Road, via Hawker, Austrália do Sul 5434, Austrália
+61 (0)8 8648 0030 / www.rawnsleypark.com.au / info@rawnsleypark.com.au

VISTO DO ar, Wilpena Pound, um anfiteatro de montanhas que emergem do solo na cordilheira de Flinders, assemelha-se estranhamente a uma boca gigantesca, abrindo-se para beijar o céu ou para sugá-lo inteiro. O artista teuto-australiano Hans Heysen contemplou essas elevações antigas e erodidas nesse canto do interior da Austrália e declarou que elas eram "os ossos da terra expostos". Com seus quentes tons de marrom e ocre, a região tem uma beleza muito diferente do Red Centre, mas que nem por isto deixa de ser eloquente. Exerce enorme atração sobre os artistas e também os viajantes.

Muitos deles terão conhecido Tony e Julieanne Smith, a quinta geração de moradores que transformaram o lugar onde se criavam ovelhas, à sombra de Rawnsley Bluff, no extremo sul de Wilpena Pound, em um bem-sucedido empreendimento turístico. Durante mais de 20 anos os Smiths vêm oferecem campings, unidades de férias e área para trailers, em uma ravina de terra vermelha, mas, em 2006, deram um passo adiante e acrescentaram quatro *eco-villas*.

Projetadas por Paul Downton, arquiteto de Adelaide especialista em construções ambientalmente sustentáveis, as *villas* estão sobre uma elevação, afastadas da sede, e delas se têm magníficas vistas de Wilpena Pound e, no fim da tarde, do bando de cangurus, vistos pelos janelões que vão do chão ao teto. Elas se completam com um acessório importante, as varandas que as rodeiam, e são um luxo: pé direito alto, televi-

são de tela plana, obras de artistas aborígines locais, vinho do sul da Austrália, banheiros com grandes banheiras, toalhas de uma maciez impressionante, assoalho de madeira encerada, sólida mobília de madeira e camas enormes. Há até mesmo uma claraboia acima da cama, no teto retrátil, que proporciona a oportunidade de dormir sob a luz das estrelas.

Foram muitos os cuidados dispensados ao projeto. As *villas* usam ao máximo a luz solar e a ventilação natural para manter em níveis mínimos o consumo de energia. Cada uma delas possui um tanque de captação de água da chuva, e os efluentes são tratados por meio de um sistema natural de compostagem e filtragem.

É claro que nem tudo se resume em toalhas felpudas e toaletes da era espacial. Há uma natureza magnífica a ser explorada, rica em vida selvagem, de luzes e cores vívidas, silêncios e ruídos selvagens. O cardápio de aventuras do Rawnsley Park Station inclui safáris em jipes, voos panorâmicos, excursões a cavalo e caminhadas. Tem *mountain bikes* para alugar, piscina e restaurante.

ECO**INFO**

Quartos: *Eco-villas*, além de camping, área para trailer e quartos.
Preço: A partir de A$320 (US$270) por *eco-villa* por noite; a partir de A$104 (US$90) por casal em suíte de luxo; A$50 (US$42) por casal em trailer; A$10 (US$8) por pessoa, no camping.
Local: Ao sul de Wilpena Pound e a 435km ao norte de Adelaide, na cordilheira Flinders, sul da Austrália.
Melhor época: Qualquer época, menos o verão (dez-fev).
Como chegar: De Adelaide, guie 4h-5h para o norte até chegar.
Emissão de CO_2: Voo para Adelaide, de Nova York 5,68t; de Londres 5,33t; de Sydney 0,27t. Traslado 0,26t.
Custo da neutralização: US$88,25; £41,90; A$9,90.

Responsabilidade: As *eco-villas* foram construídas de modo sustentável, de baixo impacto e eficiente quanto à energia. Os proprietários têm amplo conhecimento da região. Trabalham em íntima colaboração com o Departamento do Patrimônio e do Meio Ambiente do Sul da Austrália e, recentemente, transformaram 1.000ha da propriedade em reserva particular de vida selvagem. Também criam empregos numa região onde o setor agrícola enfrenta dificuldades.

Ambiental: (5/5)
Social: (4/5)

Bem-estar tribal

James Jeffrey conheceu um projeto inovador, no qual os membros são recrutados pela internet para criar uma ecoaldeia de baixo impacto em uma ilha Fiji. Esse é o futuro do ecoturismo?

DEVEMOS SER gratos a Ben Keene e a Mark James, por usar seus poderes para o bem, e não para o mal. Eles conceberam um projeto de recrutamento de uma "tribo" pela internet, para criar uma comunidade em uma pequena ilha Fiji, com praias isoladas e as assim chamadas "cavernas de piratas"; isso poderia ser considerado o início de um seriado de televisão. Na verdade, o que eles propõem é uma audaciosa experiência social e ecológica, que poderá resultar no nascimento de uma nova e interessante forma de turismo responsável.

Apesar das inúmeras adversidades nos primeiros meses – incêndios, ciclones e até mesmo um golpe militar – Keene, James e sua tribo, em

contínua expansão, estão conseguindo concretizar essa mistura de aventura, audácia e sonhos. É, segundo Keene, "um povo fazendo história em uma pequena faixa de rochedos, selva e areia ao sul do Pacífico".

O cerne do projeto Tribewanted é Vorovoro, 80 hectares de um perfeito paraíso tropical, ao longo do litoral de Vanua Levu, a segunda maior ilha de Fiji.

Até 2009, Keene e James alugaram a ilha de Tulu Mali, um chefe local que, juntamente com outros membros das comunidades de pescadores das ilhas vizinhas, é consultado em todas as questões e é um grande admirador do projeto. Conforme explicou em uma entrevista dada ao *Guardian*, no início de 2007: "Meu povo se preocupava com o que estava acontecendo aqui, mas ao saberem que os visitantes estavam usando *sulus* e tentando construir como nós, todo mundo quis vê-los". Mali e sua família eram os únicos moradores de Vorovoro até que a nova tribo começou a chegar.

O plano é desenvolver uma ilha de maneira ecológica e socialmente responsável. Nada de piscinas, ar-condicionado que se assemelhe a um Clube Med, com a participação de 5 mil pessoas da tribo. São recebidas na ilha 100 pessoas ao máximo, em qualquer ocasião, mas esse núme-

Esta pág., pág. ao lado e págs. 302-3.ilha de Vorovoro, sede de uma notável experiência de ecoturismo, que alia baixo impacto à tecnologia da internet

ECO**INFO**

Local: Ilha de Vorovoro, ao largo da costa norte de Vanua Levu, Fiji.
Como chegar: De Nadi, em Viti Levu, voe para Labasa, Vanua Levu; faça um traslado de barco até a ilha.
Emissão de CO_2: Voo para Nadi, de Nova York 3,96t; de Londres 5,32t; de Sydney 0,70t. Traslado 0,09t.
Custo da neutralização: US$60,20; £40; A$13,25.
Onde ficar: Em cabanas básicas – o *bure*, o dormitório ou as tendas.
Preços para associados: £120 (US$240) para os "nômades" em estadia de 1 semana; £240 (US$480) para "caçadores" (2 semanas); £360 (US $720) para "guerreiros" (3 semanas).
Mais informações: www.tribewanted.com

Responsabilidade: O impacto de todas as atividades sobre o meio ambiente é reduzido e mensurado com cuidado. Os banheiros são ecológicos; há práticas de reciclagem de lixo, e não há eletricidade. Os membros das comunidades locais são envolvidos no projeto e consultados. Existe intercâmbio cultural entre nativos e membros da "tribo". Emprega-se pessoas do lugar, e os projetos da comunidade recebem apoio financeiro e ajuda voluntária. As emissões de CO_2 são neutralizadas.

ro poderá ser menor. Os membros da tribo permanecem ligados à internet, informam-se sobre o que está acontecendo, votam e manifestam suas opiniões sobre tudo. Trata-se de uma comunidade de internautas que interfere na vida cotidiana.

Qualquer pessoa acima dos 18 anos pode participar, e as taxas de adesão começam em £120 (US$240) para os "nômades", que podem passar uma semana na ilha, chegando a £360 (US$720) para os "guerreiros" (três semanas). Uma vez lá, os membros se alojam no povoado, centrado em torno de um *bure* comunitário, uma cabana com teto de palha. Além das atrações de uma ilha tropical – como nadar com snorkel etc. – os membros da tribo trabalham com a ajuda de um pequeno exército remunerado formado de habitantes de uma ilha vizinha. Ninguém tem outras obrigações que não lavar os próprios pratos, mas há muito trabalho a ser feito, e que é discutido com o resto da comunidade de Vorovoro pela internet.

Ao falar com Keene em maio de 2007, ele estava deixando algumas atividades da ilha para dedicar-se a um livro que escrevia, relatando as experiências do projeto Tribewanted.

"Muita coisa aconteceu desde que os 'pioneiros' chegaram à ilha em 1º setembro de 2006", disse. "Contamos com uma infraestrutura básica, como o depósito para 50 mil litros de água de chuva, banheiros com compostagem, chuveiros e um grande *bure* (casa comunitária). Praticamos a compostagem, temos forno, unidade de reciclagem, minhocário, mesas de jantar ao ar livre, um *bure* familiar e um para o chefe, galpão, plantação, campo de futebol e jardins com paisagismo."

Àquela altura, 1.170 membros de tribos de 35 países haviam aderido ao projeto, dos quais 250 visitaram Vorovoro. Quase 50 votos foram registrados na internet e mais de 15 mil mensagens foram postadas, variando desde conselhos detalhados sobre como melhorar o sistema de compostagem a planos para o primeiro casamento do projeto Tribewanted. Foi montada uma biblioteca para a escola local, com mais de 500 livros doados.

"Tivemos muitos desafios", explicou Keeene. "Organizar a comunidade na internet e na ilha foi complexo, mas valeu o esforço: no primeiro mês tivemos que combater um incêndio na ilha; um golpe em Fiji quase nos obrigou a encerrar o projeto e um ciclone por pouco não destruiu o povoado. Apesar de tudo, continuamos aqui e é uma experiência de vida para aqueles que dela participam."

Quanto ao futuro e à possibilidade de que o conceito do projeto possa se espalhar além daquele pequenino canto do arquipélago de Fiji, Keene declarou que tudo era um ponto de interrogação.

"Para mim trata-se, antes de mais nada, de sermos bem-sucedidos em Vorovoro. Estamos a caminho, mas ainda não chegamos lá. Se a coisa funcionar aqui, então funcionará em qualquer outro lugar. Para mim, os dois maiores sucessos do projeto, até agora, foram, em primeiro lugar, o envolvimento dos viajantes durante e após suas férias. Agora eles conhecem este lugar e esta cultura, como espero que conheçam a de quaisquer outros lugares por onde viajarem, e muitos ainda nem chegaram aqui.

Em segundo lugar, vem o enfoque do projeto, que é abordar e proteger a cultura local. Isso parece ter despertado um interesse pelo passado, seja através das *mekes* (danças tradicionais), da construção do *bure* ou seja pelo relacionamento com seu chefe.

Quando o projeto de três anos chegar ao fim, a decisão caberá ao chefe da ilha, Tui Mali. Ele e sua comunidade serão donos de tudo o que foi construído aqui. O objetivo de uma comunidade online é ampliar a experiência da ilha e estruturar um sistema democrático de tomada de decisões que influencie o desenvolvimento sustentável de Vorovoro."

Resort Jean-Michel Cousteau nas Ilhas Fiji

Savusavu Bay, Vanua Levu, Fiji
+1 415/788-5794 (para reservas) / www.fijiresort.com / info@fijiresort.com

QUANDO UM astro da oceanografia se apaixona por uma ilha, percebe-se que nela deve haver algo muito especial, sobretudo quando esse oceanógrafo é ninguém menos que Jean-Michel Cousteau, filho de Jacques Cousteau. O resort (9 hectares) nasceu do caso de amor de Cousteau e as Fiji, resultando numa experiência que combina luxo e beleza natural, forte e significativa interação com a comunidade local e algumas revelações sobre a vida num recife de coral.

Os hóspedes ficam em 25 requintadas *bures* (casas cobertas de palha) a alguns passos da água. Cada uma delas tem pé-direito alto, cama com dossel, divã, mobília de ratã, assoalhos de madeira e banheiros com azulejos italianos. Para melhorar a circulação do ar, cada *bure* é construída sobre palafitas e tem janelas com telas. Nenhuma delas possui telefone ou televisão, o que é extremamente sensato.

O resort oferece um spa e tratamentos com massagem. O jantar é servido ou à beira de um pequeno lago, à luz de velas, ou no restaurante ao ar livre. Alguns dos itens do cardápio provêm da horta do resort; não são apenas ornamentais, mas comestíveis. Sendo Cousteau quem administra e cria a programação do resort, a ecologia e a cultura local são enfatizadas. Com essa finalidade, a equipe conta com um bió-

logo marinho e um agente cultural, ambos muito empenhados em tornar os hóspedes mais conscientes do mundo que habitam.

A programação inclui excursões guiadas às aldeias, mercados e serviços religiosos, bem como a narração de histórias, cerimônias *kava* e mostras de artesanato tradicional. O resort criou a Fundação da Comunidade de Savusavu, que se propõe a proteger o meio ambiente local, educar ecologicamente a comunidade e proporcionar atendimento médico e oftalmológico grátis aos moradores do lugar.

O biólogo marinho conduz expedições ao recife de coral e, de barco, leva a lugares como a reserva marinha de Namena, que fica a apenas 10 quilômetros e é considerada um dos dez melhores locais do mundo para mergulhar. As expedições são adequadas à capacidade do mergulhador, mas é uma boa ideia ter conhecimento da teoria e da prática do mergulho, antes de viajar a Fiji. Só assim você passará mais tempo dentro da água.

Passeios aos mangues e à floresta, palestras com slides, seminários e mergulhos noturnos com snorkel também são oferecidos. Há um desejo real de compreender a riqueza, a diversidade, a complexidade e a delicadeza daquele mundo e como tudo se relaciona à vida cultural de Fiji. Cousteau não quer apenas que você volte para casa feliz por ter mergulhado, ele deseja que você volte para o mundo como um embaixador.

ECO**INFO**

Quartos: 25 *bures* (casas cobertas de palha).
Preços: A partir de F$620 (US$575) por noite. Mínimo de 3 noites.
Local: Baía de Savusavu, Vanua Levu.
Melhor época: O ano inteiro. A água é mais quente entre dez-mai.
Como chegar: De Nadi, voe 50min até Savusavu, onde irão pegá-lo.
Emissão de CO_2: Voo para Nadi, de Nova York 3,96t; de Londres 5,32t; de Sydney 0,70. Traslado 0,07t.
Custo da neutralização: US$59,90; £40,40; A$14,30.

Responsabilidade: Entre outras iniciativas, o resort minimiza o impacto através da reciclagem e do uso de aquecimento solar, garante a eficiência da energia, trata a água usada, destinando-a à irrigação e coloca lixo orgânico nas hortas. Os hóspedes e os moradores são educados ecologicamente e aos primeiros é apresentada a cultura local. Os moradores constituem 98% da equipe e são bem pagos. As comunidades locais são consultadas regularmente e também têm acesso a serviços de saúde. Além disso, criou-se um fundo para beneficiar o meio ambiente e a comunidade.
Ambiental:
Social:

Resort de Sonaisali

PO Box 2544, Nadi, Viti Levu, Fiji
+679 670 6011 / www.sonaisali.com

EMBORA SEJA uma das viagens de barco mais curtas do mundo – apenas 3 minutos, atravessando uma laguna a partir da ilha de Viti Levu, em Fiji – você chegará ao mundo autossuficiente de Sonaisali, 42 hectares de verde e a própria imagem de tudo o que um resort do sul do Pacífico pode oferecer de melhor. Aqui, palmeiras, areia muito alva, barracas de palha na praia e um límpido mar azul se mesclam ao atendimento atencioso que ajudou a estabelecer a boa reputação de Fiji.

Entre as agradáveis opções de acomodação, o resort conta com 32 quartos ao longo da praia, dotados de amplas janelas e sacadas das quais se avistam belas paisagens. Eles dispõem de muito conforto e incluem quase tudo, desde ar-condicionado até televisão por satélite. As famílias que queiram permanecer juntas, mas que desejam manter certa privacidade, podem optar por quartos conjugados.

É, porém, nos *bures*, casas de palha, com cobertura igualmente de palha, pé-direito alto, persianas e deques de madeira, onde melhor se sente a atmosfera do sul do Pacífico. Todos os *bures* ficam na praia ou, quando não, deles se pode contemplar o incrível mar azul. O resort conta com três *bures* para famílias, cada um deles com dois quartos, uma sala de estar, televisão por satéli-

te e tudo o mais, em termos de conforto. Os *bures* da praia ficam um pouco afastados e deles se avista o mar até onde a vista pode alcançar. Os *bures* com spa, na beira da praia, têm deques.

As principais opções de refeição são o Sunset Terrace, cujo bufê é servido ao ar livre, e o Plantation, com ar-condicionado, talheres de prata e um requintado menu. Uma parte do que é servido é cultivado em Sonaisali, com técnicas de hidroponia.

Há algumas apresentações da cultura tradicional de Fiji: espetáculos de dança típicas e andar sobre brasas, bem como apresentações de danças mais espontâneas, executadas pela equipe do resort e por seus parentes da vizinha aldeia de Korovuto. Outras atividades abrangem desde relaxantes tratamentos no spa até esportes náuticos, tais como canoagem, velejar num catamarã, jogar o incongruente paintball e pescarias.

Entre as principais atrações estão os mergulhos, sobretudo nos recifes nas ilhas Mamanuca, arquipélago vulcânico a 20 minutos de distância de barco. Há mergulhos diurnos e noturnos naquele mundo de cavernas, barcos naufragados, caleidoscópica vida marinha e formações de coral. Sonaisali, membro fundador da Sociedade Ambiental de Mamanuca, trabalha ativamente para proteger o meio ambiente, com dinheiro e educação da equipe e dos hóspedes. São muitas as ameaças que os recifes de coral enfrentam no mundo inteiro e quaisquer amigos que se consiga são valiosos.

ECO**INFO**

Quartos: 32 quartos de hotel, 42 *bures* de onde se avista o mar, 46 *bures* na praia com spa, 3 *bures* para famílias na praia.

Preços: De F$485 (US$800), por noite, para um quarto de hotel (de casal), com café da manhã, a F$803 (US$1.330) em *bure* familiar.

Local: Ilha de Sonaisali, ao largo do litoral oeste de Viti Levu, Fiji.

Melhor época: O ano inteiro. A água é mais quente entre dez-mai.

Como chegar: De Nadi, pegue táxi (15min) até o cais e depois vá de barco até o resort (3min).

Emissão de CO_2: Voo para Nadi, de Nova York 3,96t; de Londres 6,33t; de Sydney 0,70t. Traslado 0,01t.

Custo da neutralização: US$60,20; £39,95; A$13,25.

Responsabilidade: O resort é membro fundador ativo da Sociedade Ambiental de Mamanuca. São realizados esforços contínuos para reduzir o lixo, o consumo da energia e da água, pratica-se a hidroponia na propriedade e agentes químicos não biodegradáveis estão sendo eliminados. São criados empregos para os moradores, com especial consideração pelos aldeões da vizinha Korovuto, e a equipe é treinada segundo os princípios do ecoturismo.

Ambiental:

Social:

Awaroa Lodge

PO Box 163, Takaka, Golden Bay 7110, Nova Zelândia
+64 (0)3 528 8758 / www.awaroalodge.co.nz / stay@awaroalodge.co.nz

ESCONDIDO NO parque nacional Abel Tasman, no extremo norte da ilha do Sul, na Nova Zelândia, Awaroa felizmente está longe de estradas, e aos hóspedes resta tomar aviões pequenos, helicóptero, barco ou táxi aquático. Quem quiser envolver-se com a paisagem e reduzir drasticamente suas emissões de carbono pode remar caiaques ou caminhar pela trilha Abel Tasman, através de uma floresta de kanukas.

A ausência de carros proporciona grande parte da tranquilidade. Acrescente-se a isso uma baía dourada, o Pacífico azul, colinas escarpadas, cobertas por mata luxuriante e o resto é contornável. De acordo com o ambiente, a acomodação, em Awaroa, é elegante, sem excessos, decorada em tons de terra. O interior e o exterior são marcados por linhas despojadas.

Quatro quartos para famílias têm um mezanino e camas em número suficiente para oito pessoas, número que poderá abalar um pouco com a tranquilidade do local. A maioria dos quartos de luxo pode acomodar três ou quatro pessoas e as suítes, mais espaçosas, que incluem deques privados e vistas da floresta e do pântano, acolhem até três pessoas. Numa atitude sensata, aparelhos de televisão não foram incluídos. Para preservar o isolamento, a única concessão é a banda larga sem fio.

Entre os pontos altos do restaurante estão os frutos do mar frescos e as carnes apetitosas, mais os vinhos das regiões vizinhas de Nelson e Marborough. Grande parte dos vegetais é cultivada na propriedade, e o lixo orgânico, que antigamente era despachado por mar, e muito

caro, agora é compostado e espalhado numa horta orgânica de 750 metros quadrados. O isolamento é a mãe da invenção. Isso também significa que o cardápio é, em parte, ditado pelas estações do ano, e qualquer um que não recorra a produtos de supermercados sabe quanto isso é positivo.

Além das acomodações, as escolhas, em Awaroa, são múltiplas. Ela é rodeada de florestas repletas de trilhas por onde caminhar e a praia fica a pouco menos de 300 metros de distância. Se apenas uma praia não for suficiente, existem caiaques e barcos à vela para explorar o litoral, repleto de baías.

Sua noção desse mundo pode ser expandida através de uma excursão com um guia maori, que compartilhará seu conhecimento da floresta e da costa. Quer você escolha caminhar através das matas ou remar caiaque entre as ilhas e colônias de focas de Awaroa, seu guia o apresentará ao mundo natural tal como os maoris o veem, proporcionando-lhe o benefício de séculos de conhecimentos acumulados.

ECO**INFO**

Quartos: 4 quartos para famílias, 10 quartos de luxo, 12 suítes.

Preços: A partir de NZ$235 (US$165) por quarto por noite.

Local: Baía de Awaroa, Abel Tasman National Park, Ilha do Sul.

Melhor época: Nov-mar (água mais quente) ou mar-mai (mais vazio).

Como chegar: De Nelson guie durante 1h ou tome um ônibus até Marahau e, em seguida, um barco até a pousada (1h30). A alternativa é voar por 20min de avião pequeno até a pousada ou guiar 2h30 até Totaranui e em seguida caminhar 2h ou ir de caiaque até Awaroa (45min).

Emissão de CO_2: Voo para Nelson via Auckland, de Nova York 4,63t; de Londres 6,36t; de Sydney 0,62t. Traslado de carro e barco 0,01t; de avião 0,02t; de carro até Totaranui, 0,07t.

Custo da neutralização: US$69,85; £48,20; A$12,85.

Responsabilidade: Animais selvagens e predadores estão sendo eliminados aos poucos, permitindo a sobrevivência das aves nativas, e a recuperação do pântano (40ha). O lixo orgânico é compostado e usado nas hortas. Há aquecimento solar, reciclagem e são usados produtos ambientalmente positivos. Os hóspedes entram em contato com a história, os conhecimentos e as tradições dos maoris. Awaroa também coopera com a organização Nelson-Tasman Sustainable Tourism Charter.

Ambiental:

Social:

Wilderness Lodge Arthur's Pass

PO Box 33, Arthur's Pass, Canterbury, Nova Zelândia
+64 (0)3 318 9246 / www.wildernesslodge.co.nz / arthurspass@wildernesslodge.co.nz

ECO**INFO**

Quartos: 20 quartos Mountain View, 4 quartos Alpinde Lodge.
Preços: A partir de NZ$290 (US$200) por pessoa por noite, com café da manhã, jantar e passeios.
Local: 16km a leste de Arthur´s Pass, na estrada SH73, Ilha do Sul. A 130km de Christchurch.
Melhor época: O ano todo; jun-out para esquiar.
Como chegar: De Christchurch, pegue o trem transalpino TranzAlpine (2h30 até Arthur´s Pass) ou 1h30 de carro até a pousada.
Emissão de CO_2: Voo para Christchurch, de Nova York 4,67t; de Londres 6,50t; de Sydney 0,47t. Traslado de carro 0,08t. Não há cálculos para trens.
Custo da neutralização: US$70,60; £49,30; A$10,20.

Responsabilidade: Os proprietários cooperam com o Departamento de Conservação para proteger a flora e a fauna. A criação de carneiros é sustentável, mantém as tradições e gera empregos, ao mesmo tempo em que reduz o impacto. As construções são orientadas para maximizar o aquecimento solar natural no inverno e o resfriamento no verão, a fim de reduzir o consumo de energia.
Ambiental: 4/5
Social: 3/5

OS MAORIS, quando aqui chegaram, denominaram esta parte do mundo, situada nos Alpes ao sul da Nova Zelândia, Te Ko Awa a Aniwaniwa, ou o "Vale da Mãe do Arco-Íris". Neste mesmo cenário, séculos mais tarde, os colonos britânicos escolheram uma designação mais prosaica: Arthur´s Pass.

Arthur deve ter sido um homem cativante, pois este lugar é de uma beleza monumental. Wilderness Lodge Arthur´s Pass situa-se no meio dele e consegue realizar a proeza de harmonizar mundos distintos, tais como a criação de carneiros, a proteção ambiental e, para os interessados, a observação de pássaros.

Ocupa uma área de 3.000 hectares, entre florestas de faias, lagos e rios, de onde se avistam montanhas de picos nevados que pareceriam familiares a quem tenha visto a versão cinematográfica de *O senhor dos anéis*. São seus proprietários os ecologistas Gerry McSweeney (também presidente da Real Sociedade de Florestas e Aves, da Nova Zelândia) e Anne Saunders.

As acomodações são pintadas em tons suaves, de terra, têm grandes janelas e belas vistas, reunindo a tradicional mescla de pedra, vigas de madeira e chapas corrugadas das casas de campo. Na parte mais nova há quatro cabanas, construídas numa clareira mais retirada, contendo o essencial: lareira, spa e uma cama bastante grande.

O menu, no restaurante, oferece pratos sofisticados, tais como carne de veado ou filé de peixe, adequados ao clima fresco daquela altitude, mas há também opções vegetarianas. É possível aquecer-se junto de uma lareira comunitária, após as refeições.

Não surpreende que as caminhadas sejam

a forma principal de se exercitar e que a propriedade possua 30 quilômetros de trilhas, desde percursos suaves a acidentados. Um passeio guiado, com a duração de uma hora, está incluído na diária, e engloba quase tudo, desde a ecologia das florestas de faias e o mundo das aves, à astronomia e às atividades realizadas na criação dos carneiros. Se alguma vez você sentiu vontade de tosquiar, eis sua chance.

A fina lã dos carneiros de raça merino é enviada para os ateliês de moda da Itália e, imagino, talvez acabem voltando para cá sob a forma de um terno da marca Zegna. McSeeney e Saunders trabalham para melhorar a fertilidade do solo e a qualidade dos pastos, reduzindo o tamanho da área necessária.

Eles também trabalham com o Departamento de Conservação da Nova Zelândia para proteger o meio ambiente, descobrindo plantas raras na floresta próxima à propriedade e alimentando espécies de aves tais como a araponga e o kea. Este último é um dos poucos papagaios alpinos do mundo e, talvez, o único que aprecia carne de carneiro, o que é muitas vezes pretexto para eliminá-lo a tiros de espingarda.

Taxas extras, de NZ$88/US$61 a NZ$170/US$118 são cobradas para excursões de turismo de aventura, nas regiões remotas dos Alpes do Sul, que exploram rios, cavernas, geleiras, florestas, brejos alpinos e, para os aficcionados em esportes de neve, lugares para esquiar.

Colaboradores

Prefácio

RICHARD HAMMOND escreve uma coluna sobre ecoturismo para o *Guardian* e é editor do site de ecoturismo greentraveller.co.uk. Editou, de Alastair Sawday, *Green Places to Stay* e colaborou com muitas publicações, como *BBC Wildlife*, *Geographical*, *Green Futures*, *New Consumer*, *Observer*, *Resurgence*, *Times* e *Wanderlust*. Também escreveu vários livros sobre turismo responsável. Faz parte do júri do Prêmio ao Turismo Responsável e do Prêmio ao Turismo Ético. Foi recentemente editor-colaborador da série em seis capítulos "Férias mais ecológicas", exibida no canal Travel Channel, do Reino Unido.

Principais autores

REBECCA FORD é autora premiada de livros sobre viagens, tem grande interesse em ecologia e proteção de animais. Colabora regularmente para publicações do Reino Unido, tais como *Daily* e *Sunday Express*, bem como *Evening Standard*, *Independent on Sunday* e *Sunday Herald*, da Escócia. Especializou-se em escrever sobre a Grã-Bretanha e Itália, viagens de trem, caminhadas, vida selvagem e é a principal autora do capítulo sobre a Europa.

JAMES JEFFREY é premiado escritor de viagens e colaborador do jornal australiano, *Australian*. Cresceu rodeado de natureza e de vida selvagem e é, há muito tempo, defensor do ambiente natural. Escreveu para muitas outras publicações, como *Moscow Times*, *Australian Review of Books*, *Daily Telegraph*, na Austrália, e *Code Green*, do Lonely Planet. Seu livro recente, *The Paprika Paradise*, é descrito como uma autêntica história de amor, estilo e família na Hungria provinciana. Ele é o principal autor do capítulo sobre a Oceania.

NICK MAES escreve sobre viagens, é romancista e radialista. Colabora regularmente com o *Guardian*, *Intelligent Traveller* e *Daily Mail*. Escreve e apresenta programas sobre viagens na Radio 4, da BBC. Escreve muito sobre a África, sua especialidade, mas sente-se feliz por estar em qualquer outro lugar do globo. Prefere garimpar bazares na África Oriental ou morrer de frio nos desfiladeiros do Himalaia a ficar em casa, em Londres. É autor de dois romances, *Not Dark Yet* e *The Africa Bar*. É o principal autor do capítulo sobre a África e o Oriente Médio.

RICHARD NEWTON envolveu-se com conservação durante a vida toda. Trabalhou no setor educativo do Parque Zoológico de Marwell e no setor de vida selvagem do Departamento de Parques Nacionais e Vida Selvagem, no Maláui, mas desde 1989 é escritor e radialista autônomo, especializado em vida selvagem e turismo sustentável. Tem particular interesse pela vida selvagem da América do Norte e do Caribe e ganhou muitos prêmios com seus textos. É o principal autor do capítulo sobre a América do Norte e o Caribe e colaborou no capítulo sobre a África.

ALEX ROBINSON escreve sobre viagens, é fotógrafo e tem muitos escritos sobre questões ecológicas no México, América Central e do Sul, publicados na imprensa britânica e latino-americana. Seu livro sobre a Amazônia, escrito com sua esposa brasileira, foi o primeiro a referir-se ao turismo comunitário e ecológico na bacia amazônica. É autor de vários guias de viagem sobre o Brasil e o Rio de Janeiro. É o principal autor do capítulo sobre a América Central e do Sul e também colaborou com o capítulo sobre a América do Norte.

RORY SPOWERS é escritor, radialista e vive próximo a Galle, Sri Lanka, com a mulher e dois filhos. Seu livro mais recente, *A Year in Green Tea and Tuk-Tuks*, registra a criação de "Samakanda", a transformação de uma plantação de chá abandonada em horto florestal tropical, com centro de ensino ecológico, destinado ao ecoturismo. É também autor de *Rising Tides: A History of Ecological Thought*, bem como de *Three Men on a Bike*, narrativa sobre uma viagem de bicicleta pela África com amigos. É o principal autor do capítulo da Ásia.

Autores colaboradores

ROBIN BARTON nasceu na Inglaterra, foi educado na Nova Zelândia, e viaja pelo mundo como autor e editor autônomo. É especialista em esportes radicais e turismo de aventura e colabora regularmente com o *Independent on Sunday*. Colabora ocasionalmente com o *Guardian*, o *Observer*, o *Evening Standard* e o *Financial Times*, escreveu e editou vários guias de viagem. Escreveu sobre remar caiaque no mar do México, e ciclismo na Escócia.

RUPERT ISAACSON divide seu tempo entre escrever e trabalhar pelo direito à terra dos povos indígenas. É autor de *The Healing Land: the Bushmen and the Kalahari*, e escreveu guias de viagem sobre países africanos, Índia e outros. Colabora regularmente com o *Daily Telegraph* e *Conde Nast Traveler*. Sua organização, o Indigenous Land Rights Fund, participou de importantes negociações de posse de terras na África. É autor do texto sobre caçadas com os bosquímanos do Kalahari, na Namíbia.

Informações adicionais

As seguintes organizações são um bom ponto de partida para informações:

- Association of Independent Tour Operators *www.aito.co.uk*
  Associação ligada à indústria do turismo, exige que seus membros adiram às orientações do turismo responsável.
- Ecotravel.com *www.ecotravel.com*
  Catálogo de viagens ecológicas no mundo inteiro, com informações sobre políticas e práticas.
- Equations *www.equitabletourism.org*
  Organização sem fins lucrativos que trabalha com turismo holístico na Índia.
- Ethical escape *www.ethicalescape.co.uk*
  Catálogo de viagens responsáveis e de acomodações no mundo inteiro.
- Ethical Traveler *www.ethicaltraveler.org*
  Orienta os viajantes sobre o impacto social e ambiental do turismo.
- Green Traveller *www.greentraveller.co.uk*
  Lugares ecológicos onde ficar e dicas de como passar férias mais ecológicas.
- International Centre for Responsible Tourism (ICRT) *www.icrtourism.org*
  Sediado na Universidade de Leeds, no Reino Unido. Oferece conferências e cursos sobre turismo responsável.
- International Ecotourism Society (TIES) *www.ecotourism.org*
  Organização sobre turismo responsável sediada nos Estados Unidos, com amplos recursos on-line.
- International Tourism Partnership *www.tourismpartnership.org*
  Um programa empresarial responsável, que tem entre seus membros algumas das maiores agências que trabalham com hotelaria e turismo.
- Nature Conservancy *www.nature.org*
  Sediada nos Estados Unidos, com programas de conservação internacionais.
- Planeta www.planeta.com
  Banco de dados sobre ecoturismo e projetos de conservação.
- Responsible Travel *www.responsibletravel.com*
  Agência de viagens on-line que opera em torno do mundo.
- Responsible Ecological Social Tours (REST) *www.rest.or.th*
  Organização tailandesa, oferece turismo em comunidades na Tailândia rural.
- Sustainable Travel International *www.sustainabletravelinternational.org*:
  Site americano, com valiosos conselhos sobre turismo sustentável.
- Tourism Concern *www.tourismconcern.org.uk*:
  Organização filantrópica sediada no Reino Unido, que defende um turismo ético e faz campanhas pelos direitos humanos. Publica o *Ethical Travel Guide* (ver pág. 318).
- The Travel Foundation *www.thetravelfoundation.org.uk*:
  Sediada no Reino Unido, encoraja o turismo responsável e sustentável.
- World Tourism Organization *www.unwto.org*
  Agência especializada das Nações Unidas e principal organização internacional de turismo. É uma arena para questões de política de turismo.
- World Wide Fund for Nature (WWF) *www.wwf.org*
  Organização internacional de conservação. Seu site inclui informações sobre turismo responsável.

Destaques e dilemas

Os destaques e dilemas éticos de viagem apresentados neste livro abordam diversas questões. Abaixo há uma lista de temas relacionados.

Viagem ativa

Ciclismo (*ver* págs. 146-9)

- Sustrans *www.sustrans.org.uk*
- 7stanes mountain bike trails *www.7stanes.gov.uk*

Ver também

- Cycle Campaign network *www.cyclenetwork.org.uk*
- Cyclists' Touring Club *www.ctc.org.uk*

Caiaque oceânico (*ver* págs. 28-31)

- Baja Outdoor Activities *www.kayakinbaja.com*
- Journey Latin America *www.journeylatinamerica.co.uk*

Ver também

Conselhos para entusiastas de esportes ao ar livre

- Leave No Trace *www.lnt.org*

Caminhadas (*ver* págs. 132-5)

- ATG *www.atg-oxford.co.uk*
- Explore *www.explore.co.uk*
- Headwater *www.headwater.com*
- Inn Travel *www.inntravel.co.uk*
- The Ramblers Association *www.ramblersholidays.co.uk*
- Village Ways *www.villageways.com* (*ver* págs. 228-231)
- Walk to School *www.walktoschool.org.uk*
- WalkingBus.com *www.walking bus.com*
- Sustrans: Safe Routes to Schools *www.saferoutestoschools.org.uk*
- Living Streets *www.livingstreets.org.uk*

Ioga (*ver* páginas 252-5)

- Ulpotha *www.ulpotha.com*

Neutralização de carbono

(*ver* págs. 154-5)

O mercado de créditos de carbono ainda está se desenvolvendo e formula soluções para alargar sua credibilidade. O Padrão de Ouro, lançado em 2003 para o mercado do CER (sigla, em inglês, de Certificado de Redução de Emissões, para governos que objetivem cumprir os acordos de Kyoto) é considerado o mais rigoroso. Em 2006 o Padrão de Ouro lançou uma nova versão, aplicável a projetos no mercado VER (Redução Verificada das Emissões – para projetos de compensação existentes, além dos esquemas de redução de emissões, acordados no Protocolo de Kyoto). O relato do Ethical Consumers sobre a neutralização de carbono, "Ambientalismo da Enron?", verificou que entre as principais empresas que trabalham com essa proposta e que podem conferir o Padrão de Ouro estão:

- Atmosfair *www.atmosfair.de*
- My Climate *www.myclimate.org*
- Climate Friendly *www.climatefriendly*
- Pure *www.puretrust.org.uk*

Os projetos que estavam sendo avaliados para receber o Padrão de Ouro incluíam:

- Carbon Neutral *www.carbonneutral.com*
- Carbon Offsets *www.carbon-offsets.com*
- Climate Care *www.climatecare.org*

Aqueles que não tinham o Padrão de Ouro incluíam:

- Climate Trust *www.carboncounter.org*
- Co2balance *www.co2balance.com*
- Driving Green *www.drivinggreen.com*
- Equiclimate *www.ebico.co.uk*
- Global Cool *www.global-cool.com*
- NativeEnergy *www.nativeenergy.com*

Ver também

- CDM Gold Standard *www.cdmgoldstandard.org*

- Choose Climate
  www.chooseclimate.org/flying
- 'Enron Environmentalism?' Ethical Consumer, Issue 106, May/June, 2007
- Tufts Climate Initiative
  www.tufts.edu/tie/tci/carbonoffsets/
- UK Department of Environment, Food and Rural Affairs
  http://www.defra.gov.uk/environment/climatechange/uk/carbonoffset/faqs.htm
- FoE, WWF e declaração conjunta do Greenpeace
  www.foe.co.uk/resource/briefings/carbon_offsetting.pdf

Viagens de trem como alternativa a voos de avião
- Man in Seat 61 *www.seat61.com*
- Rail Europe *www.raileurope.co.uk*
- National Rail (UK) *nationalrail.co.uk*
- Countrylink (Australia)
  www.countrylink.com.au
- Amtrak (USA) *www.amtrak.com*

Carros

Aluguel de carros (*ver* págs. 52-3)
- Bio-beetle *www.biobeetle.com*
- EV Rental *www.evrental.com*

Ver também

Guiar de maneira ecológica
- Environmental Transport Association
  www.eta.co.uk
- Australian Government's Green Vehicle Guide
  www.greenvehicleguide.gov.au
- UK Department for Transport, Act on CO2 *www.dft.gov.uk/ActOnCO2*
- Car Fuel Data
  www.vcacarfueldata.org.uk

Reduzir a dependência de carros
- Car Free Cities *www.carfree.com*
- Autoholics Anonymous
  www.autoholics.org
- World Carfree Network
  www.worldcarfree.net
- Cutting Your Car Use
  www.cuttingyourcaruse.co.uk
- Greenergy *www.greenergy.co.uk*
- Veggiepower *www.veggiepower.org.uk*

Turismo em comunidades

Turismo em favelas (*ver* págs. 90-3)
- Be a Local *www.bealocal.com*
- Favela Tours *www.favelatour.com.br*
- Rio Hiking *www.riohiking.com*

Safáris no Kalahari (*ver* págs.184-7)

Agências turísticas responsáveis
- Okavango Tours *www.okavango.com*
- Safari Drive *www.safaridrive.com*

Comunidade kalahari
- Indigenous Land Rights Fund
  www.landrightsfund.org
- Kalahari Peoples Fund
  www.kalaharipeoples.org

Alimento

Vinhos e queijos (*ver* págs. 120-3)
- Ridge View *www.ridgeview.co.uk*
- Breaky Bottom
  www.breakybottom.co.uk
- Wensleydale Creamery, Hawes
  www.wensleydale.co.uk
- Northumberland Creamery
  www.northumberlandcheese.co.uk
- Caws Caerfai *www.cawscaerfai.co.uk*
- Pant Mawr Farmhouse Cheese
  www.pantmawrcheeses.co.uk
- Caws Cenarth Cheese
  www.cawscenarth.co.uk
- Lowna Dairy *www.lownadairy.com*

Ver também
- Specialist Cheesemaker's Association
  www.specialistcheesemakers.co.uk
- The Soil Association
  www.soilassociation.org
- The Greens-European Free Alliance
  www.greens-efa.org
- Compassion in World Farming
  www.ciwf.org.uk criação racional
- National Farmers' Retail and Markets Association (FARMA)
  www.farmersmarkets.net

- Slow Food
  www.slowfoodusa.org
  www.slowfood.com

Direitos humanos e bem-estar

Diminuição da pobreza (*ver* págs. 208-9)
- Department for International Development *www.dfid.gov.uk*
- Oxfam International *www.oxfam.org*
- UNICEF *www.unicef.org*

Direitos humanos (*ver* págs. 242-3)
- Burma Campaign, UK and US
  www.burmacampaign.org.uk
  www.uscampaignforburma.org
- Voices for Burma
  www.voicesforburma.org
- Friends of the Maldives
  www.friendsofmaldives.org
- Tourism Concern
  www.tourismconcern.org

Ver também
- Amnesty International
  www.amnesty.org
- Human Right Watch *www.hrw.org*

Arte nativa (*ver* págs. 290-1)
- Aboriginal Art *www.aboriginalart.org*
- Association of Northern, Kimberley and Arnhem Aboriginal Artists
  www.ankaaa.org.au

Ver também
- Aboriginal Art Online
  www.aboriginalartonline.com
- Yothu Yindi Foundation
  www.garma.telstra.com
- Nyinkka Nyunyu Art and Culture Centre *www.nyinkkanyunyu.com.au*

Experiências locais

World music (*ver* págs. 172-5)
- Gnaoua Festival, Morocco
  www.festival-gnaoua.co.ma
- Festival in the Desert, Mali
  www.festival-au-desert.org
- Busara Music Festival, Zanzibar
  www.busaramusic.com

Ver também
- World of Music, Art and Dance (WOMAD) *http://womad.org*

Excursões e projetos de ecoturismo locais (*ver* págs. 278-281, 300-3)
- Gawler Ranges Safaris
  www.gawlerrangessafaris.com
- Tribewanted *www.tribewanted.com*

Voluntariado e conservação
(*ver* págs. 198-201)
- Discovery Initiatives
  www.discoveryinitiatives.co.uk
- Earth Watch *www.earthwatch.org*
- Biosphere Expeditions
  biosphere-expeditions.org

Ver também
- Action Without Borders
  www.idealist.org
- Green Volunteers *www.greenvol.com*
- United Nations Volunteers
  www.unvolunteers.org
- World Volunteer Web
  www.worldvolunteerweb.org
- The Conservation Foundation
  www.conservationfoundation.co.uk
- Blue Ventures *www.blueventures.org*
- World Wide Opportunities on Organic Farms *www.wwoof.org*
- *World Conservation Union www.iucn.org*

Observação da vida selvagem

Observar ursos (*ver* págs. 38-41)
- All Alaska Tours *www.alaskatours.com*

Ver também

Responsible bear-watching holidays
- Valhala Wilderness Society
  www.vws.org
- Responsible Travel
  www.responsibletravel.com

Avistar onças-pintadas (*ver* págs. 80-3)
- Fundación Amigos de la Naturaleza (FAN) *www.fan-bo.org*
- Neblina Forest *www.neblinaforest.com*
- Ruta Verde *www.rutavedebolivia.com*

Ver também
- Tribes Travel *www.tribes.co.uk*

Agências de turismo responsável
- Adventure Company *www.adventurecompany.co.uk*
- Camino Travel *www.caminotravel.com*
- Discovery Initiatives *www.discoveryinitiatives.co.uk*
- Exodus Travel *www.exodus.co.uk*
- ExploreWorldwide *www.explore.co.uk*
- Intrepid Travel *www.intrepidtravel.com*
- Rainbow Tours *www.rainbowtours.co.uk*
- Sunvil *www.sunvil.co.uk*
- Tribes Travel *www.tribestravel.com*
- Wilderness Explorers *www.wilderness-explorers.com.*

Prêmios e credenciamento

Não existe uma organização global que confira credenciamentos e possa comparar acomodações ecológicas em todo o mundo. Há milhares de rótulos em torno do ecoturismo, todos com critérios variados, dificultando aos viajantes separar aquilo que é de fato ecológico. Algumas organizações estão empenhadas em desenvolver um padrão único, internacionalmente aceito, para viagens ecológicas. Iniciativas importantes:

Austrália
- Ecotourism Australia (Austrália) *www.ecotourism.org.au*

América Central e do Sul
- Certificate in Sustainable Tourism *www.turismo-sostenible.co.cr*

Europa
- Voluntary Initiatives for Sustainability in Tourism *www.visit21.net*
- Green Tourism Business Scheme (RU) *www.green-business.co.uk*
- Green Key (França, Suécia, Groenlândia, Estônia) *www.green-key.org*
- Legambiente (Italy) *www.legambiente.eu*

África do Sul
- Fair Trade in Tourism South Africa *www.fairtourismsa.org.za*

Geral
- Green Globe *www.greenglobe.org*

Prêmios que indicam um compromisso com o turismo responsável:
- Responsible Tourism Awards *www.responsibletourismawards.com*
- Tourism for Tomorrow Awards *www.tourismfortomorrow.org*
- IH&RA Green Hotelier of the Year

Leituras recomendadas
- Duffy, R (2002) *A Trip Too Far: Ecotourism, Politics and Exploitation,* Earthscan Publications
- Flannery, T (2006) *The Weather Makers: The History and Future Impact of Climate Change,* Text Publishing
- Hickman, L (2007) *The Final Call: In Search of the True Cost of Our Holidays*, Guardian Books
- Hickman, L (2005) *A Good Life: The Guide to Ethical Living*, Guardian Books
- *Pattullo, P (2006) Ethical Travel Guide*, Earthscan Publications
- Fennell, D (2003) *Ecotourism: An Introduction*, Routledge

Revistas
- Green Hotelier www.greenhotelier.com
- Green Futures *www.greenfutures.org.uk*
- Ethical Consumer *www.ethicalconsumer.org*
- The Ecologist *www.theecologist.org*
- New Consumer *www.newconsumer,org*

Sites
- Green Biz www.greenbiz.com
- No Impact Man http://noimpactman.typepad.com/blog
- Web of Hope www.webofhope.com

Índice

Agradecimentos

A Automobile Association agradece a todos os fotógrafos, empresas e acervos por seu auxílio durante a elaboração deste livro.

Abreviações dos créditos de fotografias: (e) esquerda; (d) direita; (a) alto; (b) embaixo; (c)centro; (ae) alto, à esquerda; (ad) alto, à direita; (ac) alto, centro; (be) embaixo, à esquerda; (bd) embaixo, à direita; (bc) embaixo, centro; (cae) centro, alto, à esquerda; (cbe) centro, embaixo, à esquerda; (cad) centro, alto, à direita; (cbd) centro, embaixo, à direita.

2ae: Gecko Villa, Tailândia; **2ad:** Base Camp Travel; **2cla:** Hôtel de la Paix, Camboja; **2cad:** Anjajavy l'Hôtel, Madagáscar; **2cbe:** Daintree EcoLodge & Spa, Austrália; **2cbd:** Bay of Fires, Austrália; **2be:** James Jeffrey; **2bd:** Gunya Titjikala, Austrália; **6e:** AA/R Newton; **6d:** Wilderness Lodge Arthur's Pass, Nova Zelândia; **7e:** Hoopoe Yurt Hotel, Espanha; **7d:** Kalmatia Sangam Himalaya Resort, Índia; **9e:** AA/A Mockford & N Bonetti; **9d:** AA/A Baker; **10e:** Darren Leal/O'Reilly's Rainforest Retreat, Austrália; **10d:** Bespoke Experience Ltd/Oliver Pilcher; **11e:** Whitepod, Suíça; **11d:** Anjajavy l'Hôtel, Madagáscar; **12:** AA/D Henley; **13:** AA/S L Day; **14:** Kalmatia Sangam Himalaya Resort, Índia; **15be:** AA/S L Day; **15bd:** AA/L K Stow; **17a:** Black Sheep Inn, Equador; **17c:** Black Sheep Inn, Equador; **17b:** Vamizi Island, Moçambique; **20ae:** Bathurst Inlet Lodge, Canadá; **20cae:** Tiamo Resort, Bahamas; **20cbe:** Maho Bay Camps & Estate Concordia Preserve, Ilhas Virgens Americanas; **20be:** The Colony Hotel, EUA; **20-21:** AA/Clive Sawyer; **25:** Banff Park Lodge, Canadá; **26-7:** Bathurst Inlet Lodge, Canadá; **28-31:** Robin Barton; **32e:** Balamku, Inn on the Beach, México; **32e:** AA/Clive Sawyer; **34-5:** Hotel Eco Paraíso Xixim, México; **36-7:** Villas Ecotucan, México; **38, 39a, 40:** Getty Images/Photodisc; **39b:** Wolfgang Kaehler/Alamy; **41a:** Mira/Alamy; **43:** The Colony Hotel, EUA; **44-5:** Dobson House, EUA; **46:** The Fairmont Chicago, EUA; **48-9:** Hotel Triton, EUA; **51:** Inn Serendipity, EUA; **52-3:** Bio-Beetle ECO Rental Cars; **54-55:** Tiamo Resort, Bahamas; **56:** Papillote Wilderness Retreat, Dominica; **58:** Maho Bay Camps & Estate Concordia Preserve, Ilhas Virgens Americanas; **60tl:** Yachana Lodge, Equador; **60cae:** Black Sheep Inn, Equador; **60cbe:** Black Sheep Inn, Equador; **60be:** La Quinta Sarapiquí Country Inn, Costa Rica; **60-1:** AA/B Davies; **64:** James Strachan/Robert Harding; **65:** Upperhall Ltd/Robert Harding; **67:** Steppingstones, Belize; **68-9:** Finca Rosa Blanca Country Inn, Costa Rica; **70-1:** AA/C Sawyer; **72:** Hotel Punta Islita, Costa Rica; **74-5:** Lapa Rios, Costa Rica; **76-7:** La Quinta Sarapiquí Country Inn, Costa Rica; **78-9:** M Spanowicz/Chalalán Ecolodge; **80:** Gardenia Robinson; **81-4:** Alex Robinson; **86-7:** Fazenda San Francisco, Brasil; **88-93:** Alex Robinson; **95:** Black Sheep Inn, Equador; **96:** Kapawi Lodge, Equador; **98-9:** Yachana Lodge, Equador; **100-1:** Alex Robinson; **102-3:** Pantiacolla Lodge, Peru; **104-5:** Tambopata Research Centre e Posada Amazonas, Peru; **106:** Suriname Vacations; **108ae:** Locanda della Valle Nuova, Itália; **108cae:** Hoopoe Yurt Hotel, Espanha; **108 cbe:** Anna's House, Irlanda do Norte; **108b:** Casa del Grivo, Itália; **108-9:** AA/D Tarn; **113:** Bedruthan Steps Hotel, Inglaterra; **114-15:** Rebecca Ford; **116-17:** The Eco-lodge, Inglaterra; **118-19:** The Hen House, Inglaterra; **120a:** Jim Wileman/Alamy; **121l:** Ashley Cooper/Corbis; **121r:** AA/N Setchfield; **122:** Rebecca Ford; **124-5:** Primrose Valley Hotel, Inglaterra; **126-7:** Strattons Hotel, Inglaterra; **128-9:** L'Auberge les Liards, França; **130-1:** Perché dans le Perche, França; **133a, 133b:** AA/T Harris; **134ae:** AA/T Mackie; **134ce:** AA/T Harris; **136-7:** mitArt, Alemanha; **139:**

Rebecca Ford; **140-1:** Casa del Grivo, Itália; **142-3:** Locanda della Valle Nuova, Itália; **144-5:** Anna's House, Irlanda do Norte; **146:** Robin Barton; **147:** AA/J Smith; **148:** Forestry Commission/Andy McCandlish; **150-1:** Aqua City Resort, Eslováquia; **152:** Hoopoe Yurt Hotel, Espanha; **154:** Digital Vision; **156-7:** Holistic Destinations; **158-9:** Whitepod, Suíça; **160-1:** Farol de Yediburunlar, Turquia; **162ae:** Buffalo Ridge Safari Lodge, África do Sul; 162cae: Kasbah du Toubkal, Marrocos; **162cbe:** Bespoke Experience Ltd/Oliver Pilcher; **162be:** Anjajavy l'Hôtel, Madagáscar; **162-3:** AA/C Sawyer; **166-7:** Base Camp Travel; **168-9:** Campi ya Kanzi, Quênia; **171:** Anjajavy l'Hôtel, Madagáscar; **172-4:** Festival Mundial de Música Gnaoua; **176:** Kasbah du Toubkal, Marrocos; **178-9:** Lalla Mira, Marrocos; **180:** Bespoke Experience Ltd; **182:** Ilha de Vamizi, Moçambique; **184-7:** Rupert Isaacson; **188-91:** Wilderness Safaris; **192:** Buffalo Ridge Safari Lodge, África do Sul; **194-5:** Hog Hollow Country Lodge, África do Sul; **196:** Vuyatela, África do Sul; **198:** AA/P Kenward; **199:** AA/E Meacher; **200:** AA/S McBride; **201e:** AA/P Kenward; **201d:** AA/C Sawyer; **202e:** Hal Thompson/Parque de Corais da Ilha de Chumbe, Tanzânia; **202d:** Heinz Heile/Chumbe Island Coral Park, Tanzânia; **204-5:** Fundu Lagoon, Tanzânia; **206-7:** Conservation Corporation África; **208e:** Peter Turnley/Corbis; **208-9c:** Paul W Liebhardt/ Corbis; **209bd:** David Turnley/Corbis; **210:** Classic Representation; **212e:** fl online/Alamy; **213d:** Rob Howard/Corbis; **214-5:** Wild Jordânia/RSCN; **216ae-cae:** Kalmatia Sangam Himalaya Resort, Índia; **216cbe:** Gecko Villa, Tailândia; **216be:** Boat Landing Guest House, Laos; **216-7:** Kalmatia Sangam Himalaya Resort, Índia; **220-1:** Hôtel de la Paix, Camboja; **222:** Steve Bloom/stevebloom.com; **225:** Cardamom House, Índia; **227:** Kalmatia Sangam Himalaya Resort, Índia; **228-30:** Villageways, Índia; **232-3:** Orchid Hotel, Índia; **234-5:** Wildernest Nature Resort, Índia; **236-7:** Yogamagic Canvas Ecotel, Índia; **238-9:** Nihiwatu, Indonésia; **240-1:** Linda Garland/ Panchoran Retreat, Indonésia; **242:** Yann Arthus-Bertrand/Corbis; **243e:** Marcin Suder/Corbis; **243d:** Yann Arthus-Bertrand/Corbis; **244-5:** The Boat Landing Guest House, Laos; **246-7:** Six Senses Resorts & Spas; **248-9:** Nomadic Expeditions; **251:** Tiger Mountain Pokhara Lodge, Nepal; **252ce:** AA/L K Stow; **252-4:** Ulpotha Retreat, Sri Lanka; **256-7:** Galapita, Sri Lanka; **259:** Richard Powers/Samakanda Bio-versity, Sri Lanka; **260:** Tree Tops Jungle Lodge, Sri Lanka; **263:** Gecko Villa, Tailândia; **264ae:** James Jeffrey; **264cae:** Burrawang West Station, Austrália; **264cbe:** Kooljaman, Austrália; **264be:** Jean-Michel Cousteau Fiji Islands Resort, Fiji; **264-5:** AA/M Cawood; **268-9:** Aquila Eco Lodges, Austrália; **270-1:** Bamurru Plains, Austrália; **272-3:** Bay of Fires, Austrália; **274:** Burrawang West Station, Austrália; **276-7:** Daintree EcoLodge & Spa, Austrália; **278-81:** Geoff Scholz; **282:** Gunya Titjikala, Austrália; **285:** Inala, Austrália; **286-7:** Kooljaman, Austrália; **288a:** John Carnemolla/ Corbis; **288-9:** Kevin Schafer/Corbis; **290:** John Van Hasselt/Corbis; **291:** Penny Tweedie/Corbis; **292-3:** Ningaloo Reef Retreat, Austrália; **294-5:** O'Reilly's Rainforest Retreat, Austrália; **296-7:** Paperbark Camp, Austrália; **298-9:** Rawnsley Park Station, Austrália; **300-1:** Tribewanted.com; **304-5:** Jean Michel-Cousteau Fiji Islands Resort, Fiji; **306-7:** Chris McLennan/Alamy; **308-9:** Awaroa Lodge, Abel Tasman National Park, Nova Zelândia; **311:** Wilderness Lodge Arthur's Pass, Nova Zelândia.

Capa: Paperbark Camp, Austrália
Quarta capa, da esquerda para a direita: Nihiwatu, Indonésia; Farol de Yediburunlar, Turquia; Anjajavy l'Hôtel, Madagáscar

Agradecimentos especiais a Bettina Koller, da Climate Care, pelo auxílio na estimativa dos custos de emissão incluídos no livro, e a Tourism Concern pela cessão do manual "Como Viajar sem Culpa".

ISBN 978-85-7914-023-5

PUBLIFOLHA

Divisão de Publicações do Grupo Folha
Al. Barão de Limeira, 401, 6º andar, CEP 01202-900, São Paulo, SP
Tel.: (11) 3224-2186/2187/2197
www.publifolha.com.br

COORDENAÇÃO DO PROJETO: PUBLIFOLHA
Coordenação editorial: Camila Saraiva
Coordenação de produção gráfica: Soraia Pauli Scarpa
Assistente de produção gráfica: Mariana Metidieri

PRODUÇÃO EDITORIAL: **Editora Página Viva**
Tradução: Andre Medina Carone, Eliana Rocha
Revisão: Francisco José Couto e Vera Caputo
Direção de arte: Priscylla Cabral
Assistência de arte: Vagner Facuri

AA TRAVEL GUIDES
Edição: Beth Hall
Projeto: Catherine Murray
Pesquisa iconográfica: Sarah Hopper
Produção: Lyn Kirby
Cartografia: Mapping Services Department of AA Publishing.
Mountain High Maps® Copyright© 1993 Digital Wisdom, Inc.
Colaboradores: Rebecca Ford, James Jeffrey, Nick Maes, Richard Newton, Alex Robinson, Rory Spowers (autores principais); Robin Barton; Richard Hammond; Rupert Isaacson (autores colaboradores); Susi Bailey (preparadora); Lisa Regan (revisora); Marie Lorimer (indexadora).

Dados Internacionais de Catalogação na Publicação (CIP)
(Câmara Brasileira do Livro, SP, Brasil)

Guia Viagens Ecológicas : lugares incríveis, experiências verdes / [tradução Andre Medina Carone e Eliana Rocha]. – São Paulo : Publifolha, 2009.

Título original: Green Rooms.
ISBN 978-85-7914-023-5

1. Ecoturismo - Guias 2. Turismo.

09-00781 CDD-338.4791

Índices para catálogo sistemático:
1. Ecoturismo : Guias 338.4791

A grafia deste livro segue as regras do **Novo Acordo Ortográfico da Língua Portuguesa**.

Foi feito o possível para garantir que as informações deste livro fossem as mais atualizadas disponíveis até o momento da impressão. No entanto, alguns dados como telefones, preços, horários de funcionamento e informações de viagem estão sujeitos a mudanças. Os editores não podem se responsabilizar por qualquer consequência do uso deste guia, nem garantir a validade das informações contidas nos sites indicados.

Os leitores interessados em fazer sugestões ou comunicar eventuais correções podem escrever para a Publifolha, Al. Barão de Limeira, 401, 6º andar, CEP 01202-900, São Paulo, SP, enviar um fax para: (11) 3224-2163 ou um e-mail para: atendimento@publifolha.com.br

FSC
Fontes Mistas
Grupo de produtos de florestas manejadas e de outras fontes controladas
Cert. nº CQ-COC-000012
www.fsc.org
© 1996 Forest Stewardship Council

Impresso na Itália pela gráfica Trento, uma empresa certificada pela FSC para imprimir livros com seu papel misto, de acordo com a cadeia de custódia e os padrões de rotulagem.